U0908284

应用技术型高等教育财经类专业“十三五”规划教材

成本管理会计学

张　倩　胡华夏　主　编

上海财经大学出版社

图书在版编目(CIP)数据

成本管理会计学/张倩,胡华夏主编.—上海:上海财经大学出版社,2016.8

(应用技术型高等教育财经类专业"十三五"规划教材)

ISBN 978-7-5642-2508-7/F·2508

Ⅰ.①成… Ⅱ.①张…②胡… Ⅲ.①成本会计-高等学校-教材 Ⅳ.①F234.2

中国版本图书馆 CIP 数据核字(2016)第 173274 号

□ 责任编辑 徐 超
□ 封面设计 张克瑶

CHENGBEN GUANLI KUAIJI XUE

成本管理会计学

张 倩 胡华夏 主 编

上海财经大学出版社出版发行
(上海市武东路 321 号乙 邮编 200434)
网 址:http://www.sufep.com
电子邮箱:webmaster @ sufep.com
全国新华书店经销
上海景条印刷有限公司印刷装订
2016 年 8 月第 1 版 2016 年 8 月第 1 次印刷

787mm×1092mm 1/16 15.25 印张 380 千字
印数:0 001—4 000 定价:35.00 元

前　言

自20世纪80年代中后期以来，高新技术迅速发展，技术创新不断运用于产业经济，导致企业生产技术体系及生产组织管理发生了巨大变化，从而对会计信息提出了更高的要求。成本会计不仅要提供用于企业资产计价和损益确定的可靠性信息，而且要提供与企业经营管理具有高度相关性的信息。在此背景下，成本会计与管理会计呈现相互渗透、相互交融、合二为一的发展趋势。本书以企业成本信息的生产系统、管理决策系统、管理控制与业绩评价系统为主线，系统阐述了成本管理会计的基本理论、基本方法和基本应用。本书在结构体系和内容安排上具有以下特点：

第一，注重理论的基础性、规范性和前瞻性，广泛吸取中西方成本管理会计学科的理论与方法，注重理论联系实际与应用价值。

第二，内容和结构新颖，融成本会计和管理会计于一体，有利于读者对成本管理会计的全面理解。

第三，运用大量的图表和例题，以帮助读者理解教材中相关的原理和计算分析方法。

本书由张倩、胡华夏担任主编；王珏负责编写第二章和第三章，余浪负责编写第七章、第八章、第九章，陈雪梅负责编写第十章和第十一章，张倩负责编写第一章、第四章、第五章和第六章；胡华夏负责统稿。

目　录

第一章　成本管理会计概述

【本章要点提示】

● 掌握成本会计的定义和发展过程
● 掌握管理会计的定义和发展过程
● 掌握成本会计和管理会计的联系
● 掌握成本会计和财务会计的联系

【本章内容引言】

管理会计是从传统会计中分离出来的一个新的会计学科分支。它拓宽了会计的管理职能,具有决策、计划、控制和评价等具体职能;它侧重研究企业内部未来和现在资金运动的规划与控制;它把决策会计和责任会计作为自己的基本内容;它吸收了现代管理科学的最新成果,是一门综合性的边缘学科。本章主要介绍管理会计的形成与发展、管理会计的基本内容、管理会计的目标与对象、管理会计的主要特点以及与财务会计的区别和联系。

第一节　成本管理会计及其财务会计之间的关系

一、成本会计与管理会计

成本会计可以从广义和狭义上去理解。狭义的成本会计指成本核算会计,它反映企业在生产经营活动中资产的消耗情况并计算产品或劳务成本的完成情况。因此,它主要履行的是会计的核算职能。按此理解,它与折旧会计、存货会计、所有者权益会计等共同成为财务会计的构成部分。广义的成本会计则除了成本核算外,还包括成本计划、成本控制、成本分析等内容。因此,它更多地履行了会计的监督职能。

管理会计是指以强化企业内部经营管理,实现最佳经济效益为最终目的,以现代企业经营活动为对象,通过对财务会计信息的深加工和利用,实现对经济过程的预测、决策、规划、控制、责任考核评价等职能的一系列活动。它使会计的监督、控制等职能在现代企业内部经营管理中得到更加直接的发挥，因而有人称其为内部经营管理会计。一个普遍接受的观点是，作为一门学科，管理会计是现代会计的一个重要分支，它与财务会计构成现代企业会计的重要内容。

二、成本管理会计

成本管理会计可以理解为“成本会计＋管理会计”。当然，我们不能认为这是简单的相加。

在我国，传统的方法是分别编写独立的“成本会计”和“管理会计”；而在西方，则更多的是将成本会计和管理会计的内容有机地糅合在一起，成本会计部分被处理成为管理会计的基础——为管理决策提供成本相关信息，书名一般就称《管理会计》。我们认为，这种编写方法是有一定道理的：

首先，它将成本信息的提供作为进行管理决策的基础，这样就能“淡化成本核算方法，强调成本核算目的”。这与我国提倡的“算管结合、算为管用”有异曲同工之妙。

其次，成本会计和管理会计本身具有非常密切的关系，内容上有一定的交集。一方面，广义成本会计中的成本计划、成本控制、成本考核分析等活动，是对成本进行的管理活动，它们本身就是管理会计在预测、计划、预算、控制、分析、考核等活动环节的重要内容；另一方面，作为服务于企业经营管理的管理会计，关注点之一自然是成本，凡是涉及成本的问题，都是管理会计要研究的内容。

三、管理会计与财务会计

虽然管理会计与财务会计同属于现代会计的两大分支，但两者在许多方面存在明显的区别。为了更好地掌握管理会计的特点，必须明确管理会计与财务会计的关系。

（一）管理会计与财务会计的区别

为了便于集中比较，现将管理会计与财务会计的区别作简要归纳，如表1－1所示。

表1－1　管理会计与财务会计的区别

比较项目	管理会计	财务会计
基本目标	主要服务于企业内部管理，必要时也对外报告	向企业外部利害关系各方提供资料，兼顾企业内部管理
基本职能	规划未来、控制现在和评价过去，着重于规划未来	着重于反映过去，提供信息
核算对象	可以是整个企业，也可以是某个责任部门，甚至是某个责任人；可以是生产经营活动的全过程，也可以是某个阶段或某一方面	以整个企业生产经营活动的全过程为对象
会计主体	以各责任单位为会计主体，同时兼顾局部与整体两个方面	以整个企业作为会计主体
约束条件	不必遵循会计准则、会计制度及其他法律规范，处理方法具有很大的灵活性	必须遵循会计准则、会计制度及其他法律规范，处理方法灵活性较小
核算方法	不必严格按照固定的核算程序、方法及规定的凭证、账表格式组织核算，广泛运用高等数学知识，但不要求绝对精确	采用相对固定的核算程序、方法及规定的凭证、账表格式，运用一般的数学方法，并力求精确
会计报告	采用多种计量单位，没有固定的格式和内容，不定期编报，不一定对外报送	统一采用货币计量，按规定格式定期对外编报
法律效力	管理会计报告不是正式报告，不具有法律效力	财务会计报告是正式报告，具有法律效力

应当注意的是，上述区别并不是绝对的。从广泛意义上讲，财务会计同样是为了满足管理的需要，而现代管理会计的许多可行性分析也常常作为向外提供的资料。因此，管理会计与财务会计很难截然区分。

(二)管理会计与财务会计的联系

管理会计虽与财务会计有区别，但两者还是密切联系的。管理会计利用财务会计资料对企业经济效益进行预测、决策，而这种预测、决策是否正确，最终还是要通过财务会计进行检验，管理会计不能离开财务会计单独存在，两者有着千丝万缕的联系。管理会计与财务会计的联系主要表现在以下几个方面。

1. 最终目标一致

尽管财务会计与管理会计采用不同方法，提供不同性质的会计信息，但它们提供会计信息的最终目标是一致的，均为提供与经济决策相关的信息。信息的决策有用性是财务会计与管理会计共同的目标。财务会计通过对外提供财务报告，对企业外部投资者、债权人的经济决策施加影响，提供决策支持。管理会计通过规划、控制、组织活动，为企业内部管理人员的经济决策进行参谋和咨询，提供决策支持；两者的目标都是为决策者的经济决策提供有用的、相关的会计信息。

2. 原始资料同源

财务会计与管理会计所反映的都是企业的生产经营活动，只是两者所处的立场不同而已，均以表现生产经营活动的原始资料为依据。由于财务会计有一整套会计核算程序和方法对原始资料进行系统的整理、记录和加工，因此财务会计核算的信息往往成为管理会计的基础；管理会计主要通过对财务会计信息的进一步加工，结合其他资料，为企业管理提供内部管理所要求的会计信息。财务会计与管理会计的原始资料是同源的，它们都反映企业的生产经营活动。

3. 会计信息同质

虽然管理会计在许多会计概念、会计原则、会计方法上不同于财务会计，但管理会计是会计系统的一个分支，它是以会计手段为企业内部管理服务的，因此它所提供的、为企业管理服务的会计信息同样具备系统、全面、货币计量等会计信息的基本特征，即财务会计与管理会计均为信息使用者提供以货币形式表现的综合性财务信息。

第二节　成本管理会计的形成与发展

管理会计是以现代管理科学为基础，以提高企业经济效益为目的，以一系列特定的技术、方法为手段，对企业整个经济活动进行规划、决策、控制和考核的一种管理活动。

管理会计有着比传统会计更为广泛和深刻的内容。虽然它是从传统会计体系中分离出来的，但在职能作用和方式、方法等方面突破了传统会计的框架，对帮助企业管理者科学制定经营决策、强化企业内部管理和提高经济效益等起着重要作用，是现代企业管理的重要工具。

一、管理会计的形成与发展

会计是随着社会经济的发展而产生、发展起来的，管理会计作为会计的一个分支，也必然随着社会经济的发展而产生、发展。管理会计的形成与发展大致经历了执行性管理会计和决策性管理会计两个阶段。

(一)执行性管理会计阶段(20世纪初~50年代)

执行性管理会计是以泰罗制科学管理学说为基础形成的会计信息系统。泰罗制科学管理学说的核心是强调提高生产效率和工作效率,通过他所倡导的著名的时间研究、动作研究等,来制定在一定客观条件下认为可以实现的同时又是最有效率的标准,以实现生产的标准化,杜绝生产中的一切损失和浪费。

列宁曾对泰罗制作过全面分析。他说:“资本主义在这方面的最新发明——泰罗制——也同资本主义其他一切进步的东西一样,有两个方面:一方面是资产阶级剥削的最巧妙的残酷手段;另一方面是一系列的最丰富的科学成就,即按科学来分析人在劳动中的机械动作,省去多余的笨拙的动作,制定最精确的工作方法,实行最完善的计算和监督制度等等。”①列宁在这里所说的“最完善的计算和监督制度”,当时在会计上的具体体现,主要包括标准成本、预算控制和差异分析等方面。它是会计为配合泰罗制的广泛实施,在计算和监督方面所取得的重大进展,特别是将严密的事前计算、事中控制和事后分析引进会计体系中,使会计的工作内容不再局限于事后的核算,从而为会计更好地服务企业管理开辟了一条新的途径。此时,管理会计事实上已初步形成。

然而,以标准成本、预算控制和差异分析为主要内容的管理会计存在很大的局限性。因为其基本点只是在企业的战略、方向等重大问题已经确定的前提下,协助解决在执行中如何提高生产效率和生产经济效益问题,而生产效率和生产经济效益的高低,通常可借助于投入与产出的对比关系来表现。把标准成本和差异分析纳入会计体系中,通过严密的事前计算、事中控制与事后分析,促进企业用较少的材料、工时和一定的生产设备,生产出较多的产品,从而降低企业的生产成本,提高生产经济效果。其主要缺陷在于,与企业管理全局、企业与外界关系有关的问题没有在会计体系中得到应有的反映。因而,总的来说,还只是一种局部性、执行性的管理会计,仍处于管理会计发展历程中的初级阶段。

(二)决策性管理会计阶段(20世纪50年代以后)

从20世纪50年代起,资本主义世界进入第二次世界大战后的所谓战后期。战后期的资本主义经济有许多新特点,主要表现在:一方面,现代科学技术突飞猛进并大规模应用于生产,使生产力获得迅速发展;另一方面,资本主义企业进一步集中,跨国公司大量涌现,企业的规模越来越大,生产经营日趋复杂,企业外部的市场情况瞬息万变,竞争更加激烈。这些新的条件和环境,对企业管理提出了新的要求,即迫切要求实现企业管理现代化。它包括:一方面,强烈要求企业的内部管理更加合理化、科学化;另一方面,要求企业具有灵活反应和高度的适应能力,否则就会在激烈的竞争中被淘汰。第二次世界大战后资本主义经济发展的这种新的形势和要求,是第二次世界大战前风靡一时的泰罗制科学管理学说无法适应的。

首先,泰罗制科学管理学说着眼于对生产过程进行科学管理,其重点放在通过对生产过程的个别环节、个别方面的高度标准化,为尽可能提高生产和工作效率创造条件,但对企业管理的全局、企业与外部的关系等则很少考虑。这种理论在新的情况下就显得有些本末倒置。因为在新的情况下,大量的实践证明,企业的生存发展、盛衰成败首先取决于企业采取的方针、决策是否正确,所定的目标是否同外界的客观经济情况相适应。如果方针决策不对,经营目标定偏了,企业的个别环节效率再高也无济于事,还会在激烈的竞争中被淘汰。因此,现代管理科学认为提高企业生产经营各个环节、各个方面的生产工作效率固然很重要,但更重要的是正确

① 列宁:《苏维埃政权当前的任务》,《列宁选集》第三卷,人民出版社1960年版。

地进行经营决策。所谓"管理的重心在经营,经营的重心在决策",正是适应新的情况而提出来的企业管理的新的指导方针。

其次,泰罗制科学管理学说没有把人当作具有积极性、创造性的人,而是把人当作机器的附属品,强调管得严,才能提高效率,从而使企业职工处于消极被动和极度紧张的状态。这势必引起企业职工的强烈不满和反对,因而不可能取得预想的效果。

正是由于泰罗制科学管理学说具有以上两个根本性的缺陷,不能适应第二次世界大战后资本主义经济发展的新的形势和要求,必然被现代管理科学所取代。以运筹学和行为科学为支柱的现代管理科学的形成与发展,对现代管理会计的形成和发展在理论上起着奠基和指导作用。现代管理会计在新的历史条件下,以现代管理科学为基础,一方面丰富和发展了其早期形成的一些技术方法;另一方面,又大量吸收了现代管理科学中的运筹学、行为科学等方面的研究成果,把它们引进、应用到会计中来,形成了一个新的、与管理现代化相适应的会计信息系统。

现代管理会计与执行性管理会计的不同在于:它是一种全局性的、以服务企业提高经济效益为核心的决策性管理会计。它包含了执行性管理会计,但无论从广度或深度的角度看,原始意义上的执行性管理会计与现代管理会计不可同日而语。这是因为,生产效率和生产经济效果一般可在企业内部体现,其高低和好坏主要是执行中的问题;而经济效益一般不能直接在企业内部体现,必须通过企业同外界的联系才能体现,其好坏主要取决于经营决策是否正确。一般来说,企业提高生产效率和生产经济效果是提高经济效益的基础,即企业在生产中节约劳动消耗和资金占用所取得的成果最终将会在企业的经济效益中得到体现;否则,经济效益提高也就成为无源之水、无本之木。但两者之间也可能存在矛盾和脱节。具体来讲,企业生产经营的经济效果与经济效益之间可能存在下面三种情况:

第一,企业生产经营的经济效果好,其所生产的产品也符合社会需要,因而表现为生产经营的经济效益也好,实现了两者之间的协调一致。

第二,企业生产经营的经济效果好,但其所生产的产品不符合或不完全符合社会需要,因而表现为生产经营的经济效益差。

第三,企业生产经营的经济效果差,即它为生产一定产品在劳动消耗或资金占用方面超过了社会平均水平。在这种情况下,即使其所生产的产品符合社会需要,其生产经营的经济效益也是差的。

现代管理会计为企业全面提高生产经营的经济效益服务,就是意味着要通过科学的预测、决策、计划、控制等各个环节,促使企业的经营状况符合上述第一种情况,尽量避免第二和第三种情况的出现。只有这样,才能实现微观经济效益与宏观经济效益的统一,保证企业总目标的完成与实现。

二、成本会计的大发展

科学管理运动始于金属制造业,其发动者是以泰罗为代表的一群工程师,他们为会计实务及技术方法的进一步发展提供了契机。

科学管理运动的目的在于:企业内部如何通过实现各项生产和工作标准化,来提高生产和工作效率,尽可能减少一切可以避免的浪费,从而达到提高企业利润的目的。泰罗等工程师进行了工作分析及时间、动作研究,建立起特定单位产出所需的人工和材料的科学标准,开创了将间接制造费用分配给产品成本的实务,并形成了以费用预算、标准成本法和差异分析为主的，具有科学管理特性的会计管理技术方法。

与此同时，学术界展开了对成本会计概念及其应用的深入研究。例如，成本账户被纳入企业复式记账会计体系；将所有间接制造费按直接人工成本进行分配的实务受到质疑；针对间接制造费的性质及其在管理决策上的考虑，出现了"不同目的，不同成本"的观念以及可避免和不可避免间接制造费、沉没成本、增量或差别成本等成本概念；变动成本和固定成本的相关期间进行区分，成本性态估计的时间序列和横截面统计分析的可能性及其相对于判断分析的优劣性得到认识等，成本会计信息独立于财务会计系统的重要性受到强调。

总结这一时期的成本会计理论和实务发展情况，我们还可进一步发现：当时的成本会计系统与资本会计系统、财务会计系统相互独立，其设计和运行归制造部门负责，其提供的成本信息被制造部门用来评价营业效率、进行定价决策、控制和激励工人业绩，而不是定位于企业整体的商业成功，也不是以编制对外财务报告为目的。

三、管理会计的基本内容

管理会计作为规划、控制企业未来生产经营活动的一种管理活动，其内容十分丰富。随着生产的发展和科学技术的不断进步，管理会计的内容和方法也在不断得到发展和充实。一般来说，管理会计的基本内容主要包括规划与决策会计、控制与业绩评价会计。

规划与决策会计是为管理者预测前景和规划未来服务的。所谓规划，就是事先确立目标、编制计划，并拟订出达到目标的具体方法，对企业未来的生产经营活动进行全面筹划。所谓决策，就是通过分析比较，确定是否要采取某项行动或在几种方案中选择出最优方案的过程。规划与决策会计首先是利用财务会计信息和其他有关信息，对利润、成本、销售及资金等专门项目进行科学的分析，在此基础上，将确定的目标用数量形式加以汇总、协调，编制企业的全面预算，再按责任会计的要求加以分解，形成各个责任中心的责任预算，用来规划和把握企业未来的经济活动。因而，规划与决策会计主要包括经营预测、短期经营决策、长期投资决策和全面预算等内容。

控制与业绩评价会计是为管理者分析过去和控制现在而服务的。所谓控制，就是通过一定的手段对生产经营活动施加影响，使之按预定的计划进行。所谓业绩评价，就是通过预算与实际执行情况的对比，分析两者的差异，找出产生差异的原因，确定经济责任，以此恰当地评价各责任中心的实绩和成果。控制与业绩评价会计首先是采取特定的方法，对企业日常发生的生产经营活动进行追踪和控制；然后根据责任会计的要求把实际发生数与预算数进行对比分析，并编制日常绩效报告，用来评价和考核各个责任中心的业绩与成果，确定其经济责任与奖惩。因此，控制与业绩评价会计主要包括预算控制和责任会计等内容。

管理会计的规划与决策、控制与业绩评价两部分功能是相互联系、不可分割的。对于一个具体企业而言，要开展生产经营活动，首先要制定一定的计划，并做出相应的决策；然后实施相应的控制，以促成计划的实现；同时在控制过程中取得的有关数据资料，又是未来制定新的计划和做出新的决策所不可缺少的数据资料，是使新的计划和决策建立在客观、合理基础上的重要依据和前提条件。

另外，管理会计中还有成本性态分析、本量利分析等重要内容，它们是规划与决策会计和控制与业绩评价会计的基础和前提，其基本理论和基本方法贯穿预测、决策、预算、控制的整个过程中，渗透企业管理的各个领域。

第三节　成本管理会计的基本理论

一、成本管理会计的目标

成本管理会计是适应企业加强内部经营管理，提高企业竞争力的需要而产生和发展起来的。因此，成本管理会计的最终目标是提高企业的经济效益，实现经济效益最优化。为实现企业最终目标，成本管理会计应实现以下两个分目标。

（一）为管理和决策提供信息

会计是一个信息系统。管理会计作为会计学的一个分支，其主要任务是向企业管理当局提供有关企业管理和经营决策的会计信息，主要包括：与预测、决策企业经营活动有关的信息，与预算和控制企业经营活动有关的信息，与考核和评价企业经营活动有关的信息，以及与维护企业资产安全、完整及资源有效利用有关的信息。会计人员向企业管理者提供管理会计信息时，应当认真选择并加工整理，确保所提供的会计信息对企业管理有用。

为保证管理会计信息的有用性，管理会计信息必须具备以下质量特征：

(1)相关性。这是指管理会计所提供的信息应当具有对决策有影响或对预期产生结果有用的特征。

(2)准确性。这是指管理会计所提供的信息在相关范围内必须正确地反映客观事实。

(3)一贯性。这是指同一企业不同时期应使用相同的规则、程序和方法，其目的在于使企业本身各个年度的管理会计信息能够相互可比。

(4)客观性。这是指由两个以上有资格的人利用相同的规则、程序和方法，对同样一组数据进行检验，可以得出基本相同的计量结果，得出基本相同的验证结论。

(5)灵活性。这是指数据能够成为几种不同类型的信息，从而为不同管理目的服务。灵活的信息分类能够更好地适应不同的管理要求，并减少管理所需要的信息数量。

(6)及时性。这是指管理会计必须为管理当局决策提供最为及时、迅速的信息。

(7)简明性。这是指管理会计所提供的信息，不论在内容上还是在形式上，都应当简单明了，易于理解，使信息使用者理解它的含义和用途，并懂得如何加以运用。

(8)成本效益性。这是指形成、使用管理会计信息所花费的代价与其在决策和控制上所取得的效果进行对比分析，借以确定在信息的形成、使用上如何以较小的代价取得较大的效果。

（二）参与企业的经营管理

管理会计的实质是会计与管理的直接结合，是一种会计管理。在现代管理理论的指导下，管理会计正在以各种方式积极参与企业的经营管理，表现为企业管理循环的每一步骤，都有与之相配合的管理会计步骤。其具体步骤为：

(1)企业管理方面做出决策，确定企业的经营目标，管理会计方面应参与决策并相应地编制预算；

(2)企业管理方面为完成经营目标，把目标分解落实到各车间部门，管理会计方面就要建立责任会计制度，制订各单位的预算；

(3)在企业管理的实际执行过程中，管理会计方面要进行内部控制；

(4)企业管理方面对实际执行情况进行检查，管理会计方面按责任会计进行业绩考核；

(5)企业管理方面总结过去，提出新的业务规划方案，管理会计方面就要对过去的效益进行分析，对新的业务规划方案进行预测，为下一循环的决策提供依据。

二、现代管理会计的对象

围绕什么是管理会计的对象，国内理论界基本形成三种不同的观点。

(一)现金流动论

该观点认为，管理会计的对象是企业的现金流动，其主要理由：一是一门学科研究的对象，应该贯穿该学科的始终，因为它是该学科有关内容的集中和概括，而从内容上看，现金流动贯穿了管理会计全过程的各个环节。二是通过现金可以把企业生产经营中的资金、成本、利润等各个方面联系起来，进行统一评价，为改善经营管理、提高经济效益提供重要的、综合性的信息。三是现金流动具有最大的综合性和敏感性，可以在预测、决策、预算、控制、考核、评价等各个环节发挥积极能动作用。

(二)价值差量论

该观点认为，管理会计的对象是价值差量，其主要理由：一是一般来说，现代管理会计的基本内容，包括成本性态分析与变动成本计算、盈亏临界点与本量利分析、经营决策分析与评价、资本支出决策分析与评价、标准成本系统、责任会计等都运用价值差量方法进行研究与分析，即价值差量问题贯穿管理会计工作的始终。二是价值差量具有很大的综合性。管理会计研究的"差量"问题，既有价值差量，又包括实物差量和劳动差量，后者是前者的基础，前者是后者的表现。三是现金流动不能作为管理会计的对象。因为现金流动仅在经营决策和资本支出决策的分析和评价中涉及，其他内容均不直接涉及现金流动，因此现金流动并不能在现代管理会计中贯穿始终。

(三)资金总运动论

该观点认为，管理会计的对象是企业及所属各级机构过去、现在和将来的资金总运动，其主要理由：一是管理会计与财务会计同属于现代会计的范畴，因而有着共同的对象——资金运动。所不同的是，管理会计的对象涵盖了所有时空的资金运动，而财务会计仅以过去的资金运动为对象。二是把资金总运动作为管理会计的对象，与管理会计的实践与历史发展相吻合。

以上三种观点各有其道理。我们认为：从实质上讲，管理会计的对象是企业的生产经营活动；从管理体现经济效益的角度上看，管理会计的对象是企业生产经营活动中的价值运动，并以价值差量为其主要表现形式。

三、现代管理会计的属性

管理会计与财务会计虽然同属于会计学的范畴，但各有其特点。要充分发挥管理会计的职能作用，必须明确管理会计的特点，而要掌握管理会计的特点；就必须了解管理会计的属性及其与财务会计的关系。

管理会计的基本属性，可以从它作为一项工作和作为一门学科这两个方面分别进行论述，从而可以使我们从中掌握它们之间的统一性。

(一)管理会计的工作属性

管理会计作为向企业管理者提供管理信息的会计信息系统，是管理信息系统的一个子系统，是决策支持系统的重要组成部分。

现代管理科学认为，决策是管理者的首要职能，而决策离不开信息。从一定意义上讲，管理就是正确地收集、加工和利用信息并做出决策。基于这一认识，现代管理科学把一个完整的管理信息系统区分为三个层次：决策系统；决策支持系统；执行与控制系统。与此相适应，管理人员也可区分为三种不同类型：决策人员：参谋人员；执行人员。会计人员作为信息专业者，属于决策支持系统中的参谋人员。

决策支持系统是决策系统的基础，参谋人员是决策人员的有力助手，这种关系表现为管理会计具有辅助性和专业性的基本特征。辅助性是指管理会计人员并不最终掌握决策权与执行权，但可有效地利用他们所掌握的相关信息，充分发挥信息职能去帮助、影响决策者和执行者。专业性是指管理会计机构是由有关领域有专长的专家组成，使其能提出优化决策目标的科学建议。管理会计人员的专业水平、工作质量及其效果，对实现决策的科学化具有重大影响。因此在实践中，只有正确认识管理会计机构及人员的地位、作用，才能保证所定的目标和措施能卓有成效地贯彻执行。这也是现代化管理的要求。

（二）管理会计的学科属性

管理会计作为一个信息系统，其学科属性是信息科学的一个组成部分。管理会计作为决策支持系统的一个重要组成部分，其学科属性又是“软科学”的一个组成部分。因此，管理会计的学科属性具有双重性。管理会计作为信息科学组成部分的属性，是由管理会计的职能所决定的，这一点是国内外会计学术界所公认的。管理会计作为“软科学”组成部分的属性，则是会计理论界的一个新观点。这是因为“软科学”是一门以研究决策为核心的新兴学科，为管理者进行决策提供科学的依据。管理会计的这种双重性表现为会计与管理的有机结合。

四、管理会计的主要特点

管理会计的特点是相对于财务会计而言所独具的某些特色或显著的不同之处。通过对管理会计与财务会计的比较，可以看出管理会计具有以下主要特点。

（一）侧重于为企业内部的经营管理服务

管理会计的目的主要是为企业内部各级管理人员提供有效经营和最优决策信息，为加强企业的内部管理、提高企业经济效益而服务，即管理会计侧重于为企业内部的经营管理服务。正是由于这一特点，才决定和派生出了管理会计的其他主要特点。财务会计虽然对内、对外都提供企业最基本的财务、成本信息，但主要侧重于为企业外部有经济利害关系的各方服务。需要强调的是，不能简单地认为，财务会计服务于外部，管理会计服务于内部。确切地讲，无论管理会计还是财务会计，都同时为企业内部、外部有关方面的人员服务，只是服务的侧重点有所不同。

（二）面向未来，控制现在

为了有效地服务于企业内部的经营管理，一方面要求管理会计运用其特有的理论和方法，对生产经营方面将要采取的各种方案进行科学的预测分析，并以此作为决策分析和编制预算的客观依据，即对未来将要发生的经济活动进行核算；另一方面，为确保规划的经营目标能得以实现，还必须切实地控制现在。管理会计以事前、事中核算为主的这一特点是其基本职能的客观反映，是由管理会计的目标特点派生出来的时间特点，与传统财务会计形成鲜明对比。财务会计主要是反映过去，单纯地提供和解释会计信息。与这一特点相适应，管理会计中较多地使用对有关指标的未来估计数据，虽然也使用一些历史数据，但需对其进行必要的加工与整理。

(三)同时兼顾生产经营的全局与局部

财务会计一般只提供企业全局的综合经济信息,而管理会计还要提供企业内部不同部门、不同产品、不同项目或过程等局部的有关生产经营的信息。管理会计的这一范围特点也是由其目标特点所决定的。因为要有效地服务于企业内部经营管理,就必须做到从全局着眼、综合考虑,以实现局部和整体的统一;否则,必然是各行其是,顾此失彼。因此,管理会计必须同时兼顾全局与局部两个方面,对哪一方面都不可偏废。

(四)核算方法灵活多样

如前所述,财务会计必须严格遵循会计准则、会计制度及其他法律规范,从凭证、账簿到报表要严格按照既定的会计程序进行,具有严密而稳定的结构。而管理会计主要是为企业内部改善经营管理提供有用的信息,在许多方面可以不受会计准则、会计制度及其他法律规范的制约,结构比较松散,领域更加广阔,核算方法更加灵活多样。无论是核算程序的确定,数据资料的来源,还是核算的具体方法和报告的编制形式,都不必拘泥于固定的格式,只要能满足企业内部的需要,就可以认为是"有效的"。

(五)数学方法的广泛运用

财务会计虽然也要应用一些数学方法,但范围较小,且一般只涉及初等数学。而管理会计为了在现代化的管理中能更好地发挥其经济作用,越来越多地借助现代数学方法来解决复杂的经济问题,使之朝着定量化方向发展。以数学武装管理会计,特别是大量吸收、运用运筹学和数理统计学中许多科学的方法,把复杂的经济活动用简明而精确的数学模式表达出来,并用高等数学方法对所掌握的有关数据进行科学的加工整理,以揭示有关对象之间的内在关系和最优数量关系,以便为管理者提供决策依据,这是现代管理会计的又一特点。数学方法的广泛运用,表明管理会计正在走向进一步的成熟与完善。

五、成本管理会计的基本假设

由于企业经营环境具有高度不确定性,会计人员对那些未经确切认识和无法证明论证的经济事务和会计事项,无法根据客观情况和发展趋势作出合乎情理的判断和解释,但会计人员却不能因此推脱必须进行的信息处理。这是会计假设存在的原因。它一方面指导会计人员如何作出判断,另一方面也让信息使用者了解会计信息产生所依据的环境。

对于成本管理会计的基本假设,西方少有专门研究,我国虽有专门研究,但是认识也不统一。一般而言,除财务会计的会计主体、持续经营、会计分期、货币计量这四大假设之外,管理会计还应建立如下一些基本假设。

(一)货币时间价值假设

此假设假定等量的货币在不同的时间点上具有不同的价值。这一假设在管理会计中具有非常重要的表现。首先,它是管理会计预测、决策的基础。例如,在长期投资活动中,必须采用考虑货币时间价值的一些经济指标来作为判断项目是否可行的依据。其次,它是管理会计控制的基础。例如,资金内部使用问题上,使用 EVA 指标来判断企业各部门资金使用效果,就是考虑了资金的时间价值。再次,它是管理会计预算编制的基础。传统的预算以静态预算为基础,未考虑货币时间价值,从而对企业生产经营产生不利影响。现代预算要求以货币时间价值假设为基础编制,以正确反映未来期间现金流量和流向,这对于正确考核部门业绩非常有利。

（二）风险价值可计量假设

管理决策都有一定的风险。按照风险程度的大小，分为确定型决策、风险型决策和不确定型决策。其中，不确定型决策由于对未来结果及其出现概率无法把握，而往往采用非数学计量方法进行。风险价值可计量假设，则假设风险具有价值且风险价值可以计量，这样，就可以把不确定型决策转化为风险型决策。虽然投资决策中风险价值只是一种虚拟的报酬，现实中不一定存在一定的客体供计量，但是，这一假设为管理会计解决现实问题提供了可能。

（三）成本习性假设

成本习性假设是指企业的成本都可以按其成本总额与业务量的依存关系，划分为固定成本和变动成本。这里的成本，可以是某一具体的费用项目，如完工产品质量检测费，可以是产品生产成本，还可以是维持某部门或某类业务的营运成本，如财务部门一年的办公经费。实际上，企业的很多成本并非严格意义上的变动成本和固定成本，它们与业务量的关系是非线性的。另外，各种成本能够划分为变动成本和固定成本，也是在"一定期间和一定业务量范围"之内才行。但是，这不妨碍成本习性假设成为成本管理会计的重要假设。管理会计中运用最为广泛的"本—量—利"分析法、弹性预算编制方法、标准成本差异分析法，等等，都是以这一假设为前提的。

本章小结

管理会计是现代会计的一个重要的学科分支，它是随社会经济的发展而产生、发展起来的，主要经历了执行性管理会计和决策性管理会计两个阶段。管理会计主要运用预测、决策、预算、控制、评价和考核等方法手段对企业未来及现在的各项经济活动进行规划与控制，为提高企业经济效益服务。管理会计与财务会计之间既有联系又存在一定的区别，两者相辅相成、相互联系，共同构成了现代会计的两个重要的学科分支。

关键概念

管理会计　执行性管理会计　决策性管理会计　管理信息系统

讨论及思考题

1. 什么是管理会计？它是怎样形成和发展起来的？

2. 管理会计的基本内容有哪些？规划与决策会计和控制与业绩评价会计之间的关系怎样？

3. 管理会计与财务会计之间有哪些主要区别？又有哪些联系？

4. 简要说明我国企业会计工作中属于管理会计的内容。

5. 人们已普遍认识到"经济越发展，会计越重要"，但在当前有些企业和其他经济组织管理中，为什么管理会计并没有得到足够的重视？

第二章 生产费用在完工产品和在产品之间的分配

【本章要点提示】

- 掌握生产费用的归集
- 掌握生产费用在完工产品和在产品中分配的方法

【本章内容引言】

通过各项费用的归集和分配，生产过程中发生的各种生产费用已全部归集在“生产成本——基本生产成本”账户的各个产品成本计算对象中，将这些费用加上月初在产品费用，即为生产费用累计数。若月末无在产品，则生产费用累计数就是月末在产品成本；若月末存在一定量的在产品，则需将生产费用累计在完工产品和月末在产品之间进行适当的分配。企业应根据在产品数量的多少，各月在产品数量变化的大小、各项费用比重的大小，以及定额管理基础的好坏等具体条件，采用合适的分配方法。本章主要介绍生产费用在完工产品和在产品之间如何分配的 7 种方法，即不计算在产品成本法、固定在产品成本法、在产品按所耗直接材料成本计价法、约当产量比例法、在产品按完工产品成本计价法、在产品按定额成本计价法、定额比例法。

第一节 在产品的概念及其数量的确定

经过费用的归集和分配，应计入本期的各种产品的生产费用都已记入了各种产品的生产成本明细账中。为了计算产品成本，还需加上期初在产品费用，然后将其在本期完工产品和期末在产品之间进行分配。

一、在产品数量的核算

企业的在产品是指已经投入生产，但还没有完成全部生产过程，不能作为商品销售的产品。在产品有广义和狭义之分。广义在产品是就整个企业而言的，指从材料投入生产开始，到最后验收入库待售前的一切未完工产品，包括期末正在各个车间加工的在产品和已经完成一

个或几个生产步骤但还需继续加工的半成品，以及等待验收入库的产品、正在返修或等待返修的废品等。而狭义的在产品是指正在某一车间或某一生产步骤中加工的在制品。

通过各项费用的归集和分配，基本生产车间在生产过程中发生的各项成本，已经集中反映在"生产成本——基本生产成本"科目及其明细账的借方，这些成本都是本期(以下均按月确定期间)发生的生产费用，并不是本月完工产品的成本。要计算出本月完工产品的成本，还要将本月发生的生产费用，加上月初在产品成本(两者之和称作生产费用合计或累计生产费用)，然后再将其在本月完工产品和月末在产品之间进行分配，以求得本月完工产品成本。

本月发生的生产费用和月初、月末在产品及本月完工产品成本四项费用、成本的关系可用下列公式表达：

月初在产品成本＋本月发生生产费用＝本月完工产品成本＋月末在产品成本

或者：

本月完工产品成本＝月初在产品成本＋本月发生生产费用－月末在产品成本

由于公式中前两项是已知数，所以，在完工产品和月末在产品之间分配成本的方法有两种：一是将前两项之和按一定比例在后两项之间进行分配，从而求得完工产品和月末在产品的成本；二是先确定月末在产品成本，再计算求得完工产品的成本。但无论采用哪一类方法，都必须取得在产品数量的核算资料。

在产品结存的数量，同其他材料物资结存的数量一样，应同时具备账面核算资料和实际盘点资料。企业一方面要做好在产品收发结存的日常核算工作，另一方面要做好在产品的清查工作。车间在产品收发结存的日常核算，通常是通过在产品收发结存账进行的。在实务工作中，即建立在产品台账，应分别车间并按照产品的品种和在产品名称设立，以便用来反映车间各种在产品的转入、转出和结存的数量。各车间应认真做好在产品的计量、验收和交接工作，并在此基础上根据领料凭证、在产品内部转移凭证、产成品检验凭证和产品交库凭证，及时完整登记在产品收发结存账。该账簿由车间核算人员登记。做好这两项工作，既可以从账面上随时掌握在产品的动态，又可以清查在产品的实际数量。这不仅对正确计算产品成本、加强生产资金管理以及保证在产品的安全完整有着重要意义，而且对保证账实相符有重要意义。

二、在产品清查的核算

为了核实在产品的数量，企业必须认真做好在产品的清查工作，可以定期进行清查，也可以不定期轮流清查。有的车间没有建立在产品的日常收发核算，则每月月末都必须清查一次在产品，以便取得在产品的实际盘存资料。清查后，应根据盘点结果和账面资料编制在产品盘点表，填明在产品的账面数、实存数和盘存盈亏数，以及盈亏的原因和处理意见。对于报废和毁损的在产品，还要登记残值。

在产品发生盘盈时，盘盈在产品的成本，借记"生产成本"科目，并记入相应的生产成本明细账各成本项目，贷记"待处理财产损溢"科目；按管理权限报经批准进行处理时，借记"待处理财产损溢"科目，贷记"管理费用"科目。在产品发生盘亏和毁损时，借记"待处理财产损溢"科目，贷记"生产成本"科目，并从相应的生产成本明细账各成本项目中转出，冲减在产品成本；毁损在产品的残值，借记"原材料"科目，贷记"待处理财产损溢"科目；按管理权限报经批准进行处理时，应借记"管理费用"科目、"其他应收款"等有关科目，贷记"待处理财产损溢"。

第二节　生产费用在完工产品和在产品之间分配

每月月末，当月生产成本明细账中按照成本项目归集了该种产品的本月生产成本以后，如果产品已经全部完工，生产成本明细账中归集的月初在产品生产成本与本月发生的生产成本之和，就是该种完工产品的成本。如果产品全部没有完工，生产成本明细账中归集的月初在产品生产成本与本月发生的生产成本之和，就是该种在产品的成本。如果既有完工产品又有在产品，生产成本明细账中归集的月初在产品生产成本与本月发生的生产成本之和，则应当在完工产品和月末在产品之间，采用适当的分配方法进行分配和归集，以计算完工产品和月末在产品的成本。

企业应当根据在产品数量的多少、各月在产品数量变化的大小、各项成本比重的大小，以及定额管理基础的好坏等具体条件，采用适当的分配方法将生产成本在完工产品和在产品之间进行分配。常用的分配方法有：不计算在产品成本法、固定在产品成本法、在产品按所耗直接材料成本计价法、约当产量比例法、在产品按完工产品成本计价法、在产品按定额成本计价法、定额比例法等。

一、不计算在产品成本法

不计算在产品成本法，是指将某种产品本月归集的生产费用全部计入该种完工产品成本的一种方法。用公式表示为：

本月完工产品成本＝本月发生生产费用

这种方法适用于月末没有在产品或在产品数量很小的产品，如采矿企业的产品。采用不计算在产品成本法时，即使有少量月末在产品，也不计算其成本。

二、固定在产品成本法

固定在产品成本法，是指各月不具体计算月末在产品实际成本，而是固定地按年初在产品成本来计价的一种方法。用公式表示为：

月初在产品成本（年初固定数）＋本月发生生产费用－月末在产品成本（年初固定数）＝本月完工产品成本

从公式可知，各月完工产品成本仍然是该月发生生产费用。与不计算在产品成本法不同之处是，产品成本明细账上有在产品成本，只不过是年初固定数。

这种方法适用于各月月末在产品数量较少，或者虽然在产品数量较多，但各月月末在产品数量稳定、起伏不大的产品，如化工企业、炼铁企业的产品，由于化学反应装置和高炉容积是固定的，其在产品成本就按年初数固定。

采用这种方法时，在每年年末需要根据实际盘存资料，采用其他方法计算年末在产品成本，以免在产品以固定不变的成本计价延续时间太长，使在产品成本与实际出入过大而影响产品成本计算的正确性并导致企业存货资产反映失实。

三、在产品按所耗直接材料成本计价法

在产品按所耗直接材料成本计价法，是指月末在产品只计算其所耗直接材料成本，不计算

直接人工等加工成本的一种方法。也就是说，产品的直接材料成本（月初在产品的直接材料成本与本月发生的直接材料成本之和）需要在完工产品和月末在产品之间进行分配，而生产产品本月的加工成本全部由完工产品成本负担。用公式表示为：

本月完工产品成本＝月初在产品材料成本＋本月发生生产费用－月末在产品材料成本

这种方法适用于各月月末在产品数量过多、各月在产品数量变化较大、直接材料成本在生产成本中所占比重较大且材料在生产开始时一次就全部投入的产品，如酿酒、造纸等行业的产品。

四、约当产量比例法

约当产量比例法，是指将月末在产品数量按其完工程度折合为约当产量，然后将累计生产费用按照完工产品产量和月末在产品约当产量的比例分配计算完工产品成本和月末在产品成本的一种方法。所谓约当产量就是在产品按其完工程度折合成的相当于完工产品的产量。

这种方法适用于月末在产品数量较多、各月在产品数量变化较大，且生产成本中直接材料成本和直接人工等加工成本的比重相差不大的产品。其计算公式如下：

在产品约当产量＝在产品数量×完工程度

$$单位成本=\frac{月初在产品成本+本月发生成本}{产成品产量+月末在产品约当产量}$$

月末在产品成本＝单位成本×月末在产品约当产量

【例2－1】 某公司的A产品本月完工370台，在产品100台，平均完工程度为30％，发生生产成本合计为800 000元。分配结果如下：

$$单位成本=\frac{800\ 000}{370+100\times30\%}=2\ 000（元/台）$$

完工产品成本＝370×2 000＝740 000（元）

在产品成本＝100×30％×2 000＝60 000（元）

采用约当产量比例法，必须正确计算在产品的约当产量；而在产品约当产量正确与否，主要取决于在产品完工程度（即完工率）的测定是否正确，这对于费用分配的正确性影响很大。测定在产品完工程度的方法一般有两种：

一是平均计算，即一律按50％作为各工序在产品的完工程度。这是在各工序在产品数量和单位产品在各工序的加工量都相差不多的情况下，后面各工序在产品多加工的程度可以抵补前面各工序少加工的程度。这样，全部在产品完工程度均可按50％平均计算。

二是各工序分别测定完工率。为了提高成本计算的正确性，加速成本的计算工作，可以按照各工序的累计工时定额占完工产品工时定额的比率计算，事前确定各工序在产品的完工率。计算公式如下：

$$某工序在产品完工率=\frac{前面各工序工时定额之和+本工序工时定额}{产品工时定额}\times100\%$$

【例2－2】 某公司B产品单位工时定额400小时，经两道工序制成。各工序单位工时定额为：第一道工序160小时，第二道工序240小时。为简化核算，假定各工序内在产品完工程度平均为50％，则在产品完工程度计算结果如下：

$$第一道工序=\frac{160\times50\%}{400}\times100=20\%$$

第二道工序$=\frac{160+240\times 50\%}{400}\times 100\%=70\%$

有了各工序在产品完工程度和各工序在产品盘存数量，即可求得在产品的约当产量。各工序产品的完工程度可事先制定，产品工时定额不变时可长期使用。如果各工序在产品数量和单位工时定额都相差不多，在产品的完工程度也可按 50%计算。

应当指出，在很多加工生产中，材料是在生产开始时一次投入的。这时，在产品无论完工程度如何，都应和完工产品负担同样的材料成本。如果材料是随着生产过程陆续投入的，则应按照各工序投入的材料成本在全部材料成本中所占的比例计算在产品的约当产量。

【例 2－3】 某公司 C 产品本月完工产品产量3 000个，在产品数量 400 个，完工程度按平均 50%计算；材料在开始生产时一次投入，其他成本按约当产量比例分配。C 产品本月月初在产品和本月耗用直接材料成本共计1 360 000元，直接人工成本640 000元，制造费用960 000元。

C 产品各项成本的分配计算如下：

由于材料在开始生产时一次投入，因此应按完工产品和在产品的实际数量比例进行分配，不必计算约当产量。

(1)直接材料成本的分配：

完工产品应负担的直接材料成本$=\frac{1\ 360\ 000}{3\ 000+400}\times 3\ 000=1\ 200\ 000$(元)

在产品应负担的直接材料成本$=\frac{1\ 360\ 000}{3\ 000+400}\times 400=160\ 000$(元)

直接人工成本和制造费用均应按约当产量进行分配，在产品 400 个折合约当产量 200 个(400×50%)。

(2)直接人工成本的分配：

完工产品应负担的直接人工成本$=\frac{640\ 000}{3\ 000+200}\times 3\ 000=600\ 000$(元)

在产品应负担的直接人工成本$=\frac{640\ 000}{3\ 000+200}\times 200=40\ 000$(元)

(3)制造费用的分配：

完工产品应负担的制造费用$=\frac{960\ 000}{3\ 000+200}\times 3\ 000=900\ 000$(元)

在工产品应负担的制造费用$=\frac{960\ 000}{3\ 000+200}\times 200=60\ 000$(元)

通过以上按约当产量法分配计算的结果，可以汇总 C 产品完工产品成本和在产品成本：

C 产品本月完工产品成本＝1 200 000＋600 000＋900 000＝2 700 000(元)

C 产品本月在产品成本＝160 000＋40 000＋60 000＝260 000(元)

根据 C 产品完工产品总成本编制完工产品入库的会计分录如下：

借：库存商品——C 产品　　　　2 700 000

　贷：生产成本——基本生产成本——C 产品　　　　2 700 000

五、在产品按完工产品成本计价法

在产品按完工产品成本计价法，是指将在产品视同完工产品来分配费用的一种方法。

这种方法适用于月末在产品已接近完工，只是尚未包装或尚未验收入库的产品。它实际为约当产量比例法的一个特例，即在计算在产品约当产量时，其完工程度为100%。

六、在产品按定额成本计价法

在产品按定额成本计价法，是指月末在产品成本按预先制定的定额成本计算，实际生产费用脱离定额的差异全部由完工产品负担的一种方法。

这种方法适用于各项消耗定额或成本定额比较准确、稳定，且各月末在产品数量变化不是很大的产品。其计算公式如下：

月末在产品成本＝月末在产品数量×在产品单位定额成本

完工产品总成本＝(月初在产品成本＋本月发生生产成本)－月末在产品成本

$$完工产品单位成本=\frac{完工产品总成本}{产成品产量}$$

【例2－4】 承[例2－3]某公司C产品本月完工产品产量3 000个，在产品数量400个。在产品单位定额成本为：直接材料400元，直接人工100元，制造费用150元。C产品本月月初在产品和本月耗用直接材料成本共计1 360 000元，直接人工成本640 000元，制造费用960 000元。按定额成本计算在产品成本及完工产品成本。计算结果如表2－1所示。

表2－1　　产品成本计算表　　单位：元

项目	在产品定额成本	完工产品成本
直接材料	400×400＝160 000	1 360 000－160 000＝1 200 000
直接人工	100×400＝40 000	640 000－40 000＝600 000
制造费用	150×400＝60 000	960 000－60 000＝900 000
合计	260 000	2 700 000

根据C产品完工产品总成本编制完工产品入库的会计分录如下：

借：库存商品——C产品　　2 700 000

　　贷：生产成本——基本生产成本——C产品　　2 700 000

七、定额比例法

定额比例法，是指将产品的生产费用在完工产品和月末在产品之间按照两者的定额消耗量或定额成本比例分配的一种方法。采用该种方法时，直接材料成本，按直接材料的定额消耗量或定额成本比例分配。直接人工等加工成本，可以按各该定额成本的比例分配，也可按定额工时比例分配。这种方法适用于各项消耗定额或成本定额比较准确、稳定，但各月末在产品数量变动较大的产品。其计算公式如下(以按定额成本比例为例)：

$$直接材料成本分配率=\frac{月初在产品实际材料成本+本月投入的实际材料成本}{完工产品定额材料成本+月末在产品定额材料成本}$$

$$\begin{array}{c}完工产品应负担\\的直接材料成本\end{array}=\begin{array}{c}完工产品定\\额材料成本\end{array}\times\begin{array}{c}直接材料成\\本分配率\end{array}$$

$$\begin{array}{c}月末在产品应负担\\的直接材料成本\end{array}=\begin{array}{c}月末在产品定\\额材料成本\end{array}\times\begin{array}{c}直接材料成\\本分配率\end{array}$$

$$\text{直接人工成本分配率}=\frac{\text{月初在产品实际人工成本}+\text{本月投入的实际人工成本}}{\text{完工产品定额工时}+\text{月末在产品定额工时}}$$

$$\begin{array}{c}\text{完工产品应负担}\\\text{的直接人工成本}\end{array}=\begin{array}{c}\text{完工产品}\\\text{定额工时}\end{array}\times\begin{array}{c}\text{直接人工成}\\\text{本分配率}\end{array}$$

$$\begin{array}{c}\text{月末在产品应负担}\\\text{的直接人工成本}\end{array}=\begin{array}{c}\text{月末在产品}\\\text{定额工时}\end{array}\times\begin{array}{c}\text{直接人工成}\\\text{本分配率}\end{array}$$

【例 2—5】 某公司 D 产品本月完工产品产量 300 个，在产品数量 40 个；单位产品定额消耗为：材料 400 千克/个、100 工时/个。单位在产品材料定额 400 千克，工时定额 50 小时。有关成本资料如表 2—2 所示。要求按定额比例法计算在产品成本及完工产品成本。

表 2—2 **产品成本明细表** 单位：元

项目	直接材料	直接人工	制造费用	合计
期初在产品成本	400 000	40 000	60 000	500 000
本期发生成本	960 000	600 000	900 000	2 460 000
合计	1 360 000	640 000	960 000	296 000

按完工产品定额与在产品定额各占总定额的比例分配成本的有关过程如下：

(1)计算完工产品定额消耗：

完工产品直接材料定额消耗＝400×300＝120 000(千克)

完工产品直接人工定额消耗＝100×300＝30 000(小时)

完工产品制造费用定额消耗＝100×300＝30 000(小时)

(2)计算在产品定额消耗：

在产品直接材料定额消耗＝400×40＝16 000(千克)

在产品直接人工定额消耗＝50×40＝2 000(小时)

在产品制造费用定额消耗＝50×40＝2 000(小时)

(3)计算定额比例：

$$\text{在产品直接材料定额消耗比例}=\frac{160\ 000}{120\ 000+16\ 000}\times100\%\approx11.76\%$$

$$\text{在产品直接人工定额消耗比例}=\frac{2\ 000}{30\ 000+2\ 000}\times100\%\approx6.25\%$$

$$\text{完工产品直接材料定额消耗比例}=\frac{120\ 000}{120\ 000+16\ 000}\times100\%\approx88.24\%$$

$$\text{完工产品直接人工定额消耗比例}=\frac{30\ 000}{30\ 000+2\ 000}\times100\%\approx93.75\%$$

$$\text{在产品制造费用定额消耗比例}=\frac{2\ 000}{30\ 000+2\ 000}\times100\%\approx6.25\%$$

(4)分配成本：

完工产品应负担的直接材料成本＝1 360 000×88.24％ ＝1 200 064(元)

在产品应负担的直接材料成本＝1 360 000×11.76％＝159 936(元)

完工产品应负担的直接人工成本＝640 000×93.75％＝600 000(元)

在产品应负担的直接人工成本＝640 000×6.25％＝40 000(元)

完工产品应负担的制造费用=960 000×93.75%=900 000(元)

在产品应负担的制造费用=960 000×6.25%=60 000(元)

通过以上按定额比例法分配计算的结果，可汇总D产品完工产品成本和在产品成本：

D产品本月完工产品成本=1 200 064+600 000+900 000=2 700 064(元)

D产品本月在产品成本=159 936+40 000+60 000=259 936(元)

根据D产品完工产品总成本编制完工产品入库的会计分录如下：

借：库存商品——D产品　　　2 700 064

　　贷：生产成本——基本生产成本——D产品　　　2 700 064

本章小结

通过各项费用的归集和分配，生产过程中发生的各种生产费用已全部归集在“生产成本——基本生产成本”账户的各个产品成本计算对象中，将这些费用加上月初在产品费用，即为生产费用累计数。若月末无在产品，则在生产费用累计数即为本月完工产品成本；若月末全部未完工，则生产费用累计数就是月末在产品成本；若月末存在一定量的在产品，则需将生产费用累计数在完工产品与月末在产品之间进行适当的分配。

企业应根据在产品数量的多少、各月在产品数量变化的大小、各项费用比重的大小，以及定额管理基础的好坏等具体条件，采用合适的分配方法。常用方法主要有：在产品不计算成本法、约当产量比例法、在产品按定额成本计价法、在产品按所耗原材料费用分配法、在产品按固定成本计价法、定额比例法。

关键概念

约当产量比例法　　定额成本计价法　　在产品不计算成本法　　定额比例法

讨论及思考题

1. 期初有在产品余额，假如期初在产品余额为1 000元，意味着什么？

2. 为什么要引进约当产量这个概念？要解决旧方法的什么问题？

3. 某企业10月份生产甲产品200件，月末完工产品192件，在产品8件。发生生产费用如下：直接材料费用65 472元，直接人工费用26 112元，制造费用19 776元。根据以上资料，用不计算在产品成本法填写表并写分录。

第三章 产品成本计算的基本方法

【本章要点提示】

- 掌握品种法适用的范围和计算过程
- 掌握分批法适用的范围和计算过程
- 掌握分步法适用的范围和计算过程

【本章内容引言】

本章主要介绍三种产品成本计算的基本方法:品种法是按产品品种组织成本计算,适用于大量大批单步骤生产;分批法按批别产品组织成本计算,适用于单件小批生产的企业及企业新产品试制、大型设备修造等;分步法按产品在加工过程中的步骤组织成本计算,适用于大量大批连续式多步骤生产企业。

第一节 产品成本计算的品种法

一、品种法的适用范围和特点

(一)品种法的含义

产品成本计算的品种法,是以产品品种作为成本计算对象来归集生产费用,计算产品成本的一种方法。

计算产品成本时,无论采用何种成本计算方法,最终都需要计算出各种产品的实际总成本和单位成本,因此品种法是产品成本计算最基本的方法。

(二)品种法的适用范围

(1)品种法主要适用于大量大批的单步骤生产的企业,如发电、供水、采掘等企业。这类企业的生产过程在工艺上不可间断,因而不可能或不需要按照生产步骤计算产品成本;又因是大量大批同种类产品的生产,没必要按批别计算产品成本。

(2)在大量大批多步骤生产的企业中,如果企业生产规模较小,或者车间是封闭式的,而且成本管理上不要求提供各步骤的成本资料时，也可以采用品种法计算产品成本，如小型水泥厂、砖瓦厂、造纸厂等企业。

(3)企业的辅助生产（如供水、供电、供汽等）车间也可以采用品种法计算其产品（或劳务）的成本。

(三)品种法的特点

1. 以产品品种作为成本计算对象

如果只生产一种产品，只需为该产品开设一本成本明细账，账内按成本项目设立专栏即可，这时发生的所有费用都是直接费用，都可以直接计入该产品成本明细账的有关成本项目；如果生产多种产品，则应按产品品种分别设置产品成本明细账，直接费用直接计入各明细账有关成本项目，间接费用分配计入各明细账有关成本项目。

2. 成本计算期一般定期按月进行

采用品种法计算成本的企业主要是大量大批单步骤生产的企业，由于不断重复生产一种或几种产品，不可能在产品全部完工以后才计算成本，因而一般定期（每月月末）计算产品成本，成本计算期与会计报告期一致，与产品生产周期不一致。

3. 生产费用是否在完工产品和在产品之间分配视情况而定品种法下，月末计算成本时，如果没有在产品或者在产品数量很少，则不需要计算月末在产品成本，各种产品的成本明细账中归集的全部生产费用，就是该产品的总成本，用总成本除以产量，即可得出产品的单位成本；如果月末有在产品，而且数量较多，则应将成本明细账内归集的生产费用采用适当的分配方法，在完工产品和月末在产品间进行分配，以便计算产成品成本和月末在产品成本。

二、品种法的计算程序和举例

(一)品种法的计算程序

1. 按产品品种设置有关成本明细账

在"生产成本"总分类账户下，设置"基本生产成本"和"辅助生产成本"二级账；同时，按产品品种开设产品成本明细账（或产品成本计算单），并按成本项目设置专栏；还应开设"辅助生产成本明细账"（按生产车间或品种）和"制造费用明细账"（按生产车间），账内按成本项目或费用项目设置专栏。

2. 归集和分配本月发生的各项费用

根据生产过程中发生的各项费用的原始凭证和相关资料，编制各种费用汇总表和分配表，进行账务处理后，登记"产品成本明细账"、"辅助生产成本明细账"、"制造费用明细账"及"期间费用明细账"。

(1)根据领料凭证和退料凭证及有关分配标准，汇总和分配材料费用，并登记有关明细账。

(2)根据各车间、部门薪酬结算凭证及有关分配标准，汇总和分配人工费用，并登记有关明细账。

(3)根据各车间、部门耗电数量、电价和有关分配标准，编制外购动力费用分配表，并登记有关明细账。

(4)根据各车间、部门计提固定资产折旧的方法，编制折旧费用计算表，分配折旧费用，并登记有关明细账。

(5)根据货币资金支出业务，按用途分类汇总各种付款凭证，登记各项费用。

(6)对应直接计入当期损益的管理费用、销售费用和财务费用，应分别计入有关期间费用明细账。

3. 归集和分配辅助生产费用

在设有辅助生产车间的企业，应根据有关付款凭证和费用分配表归集辅助生产费用，编制辅助生产成本明细账；对本期辅助生产费用总额，采用适当的方法分配给各受益对象，编制辅助生产费用分配表，进行账务处理，并据以登记有关明细账。

辅助生产车间如果单独核算制造费用，则应在分配辅助生产费用前分别转入各辅助生产成本明细账。

4. 归集和分配基本生产车间制造费用

根据有关付款凭证和费用分配表归集基本生产车间制造费用明细账，对本期制造费用总额，采用一定的方法在各种产品之间进行分配，编制制造费用分配表，进行账务处理，并据以登记产品成本明细账(或产品成本计算单)。

5. 计算完工产品成本和在产品成本

根据各种费用分配表和其他有关资料，登记产品成本明细账(或产品成本计算单)，对归集的生产费用合计数，采用适当的方法，分配计算各种完工产品成本和在产品成本。如果月末没有在产品，则本月发生的生产费用就全都是完工产品成本。

6. 结转完工产成品成本

根据各成本计算单中计算出来的本月完工产品成本，汇总编制“完工产品成本汇总表”，计算出完工产品总成本和单位成本，并进行结转。

(二)品种法举例

【例 3—1】 汉欣工厂为大量大批单步骤生产的企业，设有一个基本生产车间，生产甲、乙两种产品，甲产品耗用的原材料随加工程度陆续投入，乙产品耗用的原材料于生产开始时一次投入。还设有一个辅助生产车间——运输车间。根据生产特点和管理要求，企业采用品种法计算产品成本；对外购动力不单设成本项目，而是计入制造费用；对辅助生产车间的制造费用不通过“制造费用”科目核算，发生时直接计入“生产成本——辅助生产成本”。该厂对产品成本按直接材料、直接人工、制造费用分设了专栏。该厂 2015 年 5 月有关产品成本核算资料如下：

1. 产品生产资料(如表 3—1 所示)

表 3—1 **产品生产资料**

2015 年 5 月 单位：件

产品名称	月初在产品	本月投产	完工产品	月末在产品	在产品完工率
甲	800	7 200	6 500	1 500	60%
乙	320	3 680	3 200	800	40%

2. 月初在产品成本(如表 3—2 所示)

表 3—2 **月初在产品成本**

2015 年 5 月 单位：元

产品名称	直接材料	直接人工	制造费用	合计
甲	80 900	58 600	60 920	200 420
乙	61 760	29 480	27 280	118 520

3. 该厂本月发生生产费用资料

(1)材料费用。生产甲产品耗用材料44 100元,生产乙产品耗用材料37 040元,生产甲、乙产品共同耗用材料90 000元(甲产品材料定额消耗量为30 000千克,乙产品材料定额消耗量为15 000千克)。运输车间耗用材料9 000元,基本生产车间耗用消耗性材料19 380元。

(2)人工费用。基本生产车间生产工人薪酬100 000元,运输车间人员薪酬8 000元,基本生产车间管理人员薪酬16 000元,行政管理部门管理人员薪酬10 000元。

(3)外购动力费用。应付外购电费15 000元,其中:甲、乙产品动力用电12 000元,基本生产车间照明用电1 100元,运输车间用电1 200元,行政管理部门用电 700 元。

(4)其他费用。计提固定资产折旧费8 200元,其中基本生产车间5 800元、运输车间1 300元、行政管理部门1 100元;发生办公费4 800元,其中基本生产车间4 020元、运输车间 400 元、行政管理部门 380 元;发生修理费为5 000元,其中基本生产车间2 600元、运输车间1 600元、行政管理部门 800 元。办公费和修理费全部用银行存款支付。

4. 工时记录情况

甲产品耗用实际工时为9 000小时,乙产品耗用实际工时为11 000小时。

5. 辅助生产车间提供劳务情况

运输车间共完成8 600千米运输工作量,其中基本生产车间耗用7 000千米,企业行政管理部门提供1 600千米。

6. 该厂所选择的有关费用分配方法

(1)甲、乙产品共同耗用材料按定额耗用量比例分配;

(2)甲、乙产品共同耗用的生产工人薪酬费用、外购动力费用按生产工时比例分配;

(3)辅助生产费用按运输千米比例分配;

(4)制造费用按生产工时比例分配;

(5)按约当产量法分配计算甲、乙完工产品和月末在产品成本。

根据以上资料,采用品种法核算产品成本的程序和相关账务处理如下:

1. 成本核算对象和明细账的设置

汉欣工厂以生产的甲、乙两种主要产品作为成本核算对象。在“生产成本”总分类账户下,设置“基本生产成本”和“辅助生产成本”二级账,并按甲、乙两种产品开设产品成本明细账(或产品成本计算单)。同时,还应开设“辅助生产成本明细账”和“制造费用明细账”。

2. 归集和分配本月发生的要素费用

(1)编制材料费用分配表,如表 3—3 所示。

表 3—3　　材料费用分配表

2015 年 5 月　　单位:元

应借科目		直接计入金额	分配计入金额			合计
			定额消耗量(千克)	分配率	分配金额	
基本生产成本	甲产品	44 100	30 000	2(元/千克)	60 000	104 100
	乙产品	37 040	15 000		30 000	67 040
	小计	81 140	45 000		90 000	171 140
辅助生产成本	运输车间	9 000				9 000
制造费用		19 380				19 380
合　计		109 520			90 000	199 520

材料费用分配的会计分录如下：

借：生产成本——基本生产成本——甲产品　　104 100

——乙产品　　67 040

生产成本——辅助生产成本——运输车间　　9 000

制造费用　　19 380

贷：原材料　　199 520

(2)编制职工薪酬费用分配表，如表 3—4 所示。

表 3—4

职工薪酬费用分配表

2015 年 5 月　　单位：元

应借科目		直接计入金额	分配计入金额			合计
			生产工时(小时)	分配率	分配金额	
基本生产成本	甲产品		9 000	5(元/小时)	45 000	45 000
	乙产品		11 000		55 000	55 000
	小计		20 000		100 000	100 000
辅助生产成本	运输车间	8 000				8 000
制造费用		16 000				16 000
管理费用		10 000				10 000
合　计		34 000			100 000	134 000

职工薪酬费用分配的会计分录如下：

借：生产成本——基本生产成本——甲产品　　45 000

——乙产品　　55 000

生产成本——辅助生产成本——运输车间　　8 000

制造费用　　16 000

管理费用　　10 000

贷：应付职工薪酬　　134 000

(3)编制外购动力费用分配表，如表 3—5 所示。

表 3—5

外购动力费用分配表

2015 年 5 月　　单位：元

应借科目		直接计入金额	分配计入金额			合计
			生产工时(小时)	分配率	分配金额	
基本生产成本	甲产品		9 000	0.6(元/小时)	5 400	5 400
	乙产品		11 000		6 600	6 600
	小计		20 000		12 000	12 000
辅助生产成本	运输车间	1 200				1 200
制造费用		1 100				1 100
管理费用		700				700
合　计		3 000			12 000	15 000

外购动力费用分配的会计分录如下：

借：生产成本——基本生产成本——甲产品　5 400

　　　　　　　　　　　　　——乙产品　6 600

　　生产成本——辅助生产成本——运输车间　1 200

　　制造费用　1 000

　　管理费用　800

　　贷：应付账款　15 000

(4)编制折旧费用计算表，如表3—6所示。

表3—6　**折旧费用计算表**

2015年5月　单位：元

应借账户	月应提折旧额
辅助生产成本——运输车间	1 300
制造费用	5 800
管理费用	1 100
合　计	8 200

计提折旧的会计分录如下：

借：生产成本——辅助生产成本——运输车间　1 300

　　制造费用　5 800

　　管理费用　1 100

　　贷：累计折旧　8 200

(5)编制其他费用分配表，如表3—7所示。

表3—7　**其他费用分配表**

2015年5月　单位：元

应借账户	办公费	修理费	合计
辅助生产成本——运输车间	400	1 600	2 000
制造费用	4 020	2 600	6 620
管理费用	380	800	1 180
合　计	4 800	5 000	9 800

其他费用分配的会计分录如下：

借：生产成本——辅助生产成本——运输车间　2 000

　　制造费用　6 620

　　管理费用　1 180

　　贷：银行存款等　9 800

3. 归集和分配辅助生产费用

(1)编制辅助生产成本明细账，如表3—8所示。

表 3—8 **辅助生产成本明细账**

车间名称:运输车间 2015 年 5 月 单位:元

2015 年		凭证号数	摘　要	机物料	职工薪酬	电费	折旧费	办公费	修理费	合计
月	日									
5	31	表 3—3	分配材料费用	9 000						9 000
	31	表 3—4	分配职工薪酬费用		8 000					8 000
	31	表 3—5	分配外购动力费用			1 200				1 200
	31	表 3—6	计提折旧费用				1 300			1 300
	31	表 3—7	分配其他费用					400	1 600	2 000
	31		本月合计	9 000	8 000	1 200	1 300	400	1 600	21 500
	31	表 3—9	本月分配转出	9 000	8 000	1 200	1 300	400	1 600	21 500

(2)编制辅助生产费用分配表,如表 3—9 所示。

表 3—9 **辅助生产费用分配表**

车间名称:运输车间 2015 年 5 月 单位:元

应借账户	费用项目	耗用劳务数量(千米)	分配率	分配额
制造费用	运输费	7 000	2.5	17 500
管理费用	运输费	1 600		4 000
合　计		8 600		21 500

辅助生产费用分配的会计分录如下:

借:制造费用 17 500

　　管理费用 4 000

　　贷:生产成本——辅助生产成本 21 500

4. 归集和分配基本生产车间制造费用

(1)编制制造费用明细账,如表 3—10 所示。

表 3—10 **制造费用明细账**

2015 年 5 月 单位:元

2015 年		凭证号数	摘　要	机物料	职工薪酬	电费	折旧费	办公费	修理费	运输费	合计
月	日										
5	31	略	分配材料费用	19 380							19 380
	31		分配职工薪酬费用		16 000						16 000
	31		分配外购动力费用			1 100					1 100
	31		计提折旧费用				5 800				5 800
	31		分配其他费用					4 020	2 600		6 620
	31		分配辅助生产费用							17 500	17 500
	31		本月合计	19 380	16 000	1 000	5 800	4 020	2 600	17 500	66 400
	31		本月分配转出	19 380	16 000	1 000	5 800	4 020	2 600	17 500	66 400

（2）编制制造费用分配表，如表 3－11 所示。

表 3－11

制造费用分配表

2015 年 5 月

单位：元

应借账户		生产工时（小时）	分配率	分配额
生产成本——基本生产成本	甲产品	9 000	3.32	29 880
	乙产品	11 000		36 520
合　计		20 000		66 400

制造费用分配的会计分录如下：

借：生产成本——基本生产成本——甲产品　　29 880

　　　　　　　　　　　　　——乙产品　　36 520

　贷：制造费用　　66 400

5. 计算完工产品成本和在产品成本

（1）甲、乙产品的产品成本明细账分别如表 3－12、表 3－13 所示。

表 3－12

产品成本明细账

产品名称：甲产品　　2015 年 5 月　　单位：元

2015 年		凭证号数	摘　要	直接材料	直接人工	制造费用	合计
月	日						
5	1		月初在产品成本	80 900	58 600	60 920	200 420
	31	表 3－3	分配材料费用	104 100			104 100
	31	表 3－4	分配职工薪酬费用		45 000		45 000
	31	表 3－5	分配外购动力费用			5 400	5 400
	31	表 3－11	分配制造费用			29 880	29 880
	31		生产费用合计	185 000	103 600	96 200	384 800
	31	表 3－14	结转完工产品成本	162 500	91 000	84 500	338 000
	31	表 3－14	月末在产品成本	22 500	12 600	11 700	46 800

表 3－13

产品成本明细账

产品名称：乙产品　　2015 年 5 月　　单位：元

2015 年		凭证号数	摘　要	直接材料	直接人工	制造费用	合计
月	日						
5	1		月初在产品成本	61 760	29 480	27 280	118 520
	31	表 3－3	分配材料费用	67 040			67 040
	31	表 3－4	分配职工薪酬费用		55 000		55 000
	31	表 3－5	分配外购动力费用			6 600	6 600
	31	表 3－11	分配制造费用			36 520	36 520

续表

2015年		凭证号数	摘 要	直接材料	直接人工	制造费用	合计
月	日						
	31		生产费用合计	128 800	84 480	70 400	283 680
	31	表3—15	结转完工产品成本	102 400	76 800	64 000	243 200
	31	表3—15	月末在产品成本	26 400	7 680	6 400	40 480

(2)甲、乙产品的产品成本计算单分别如表3—14、表3—15所示。

表3—14 **产品成本计算单**

产品名称:甲产品 完工产品:6 500件 在产品:1 500件 完工程度:60%

2015年5月 单位:元

项 目	直接材料	直接人工	制造费用	合计
月初在产品成本	80 900	58 600	60 920	200 420
本月生产费用合计	104 100	45 000	35 280	184 380
生产费用合计	185 000	103 600	96 200	384 800
本月完工产品数量	6 500	6 500	6 500	
月末在产品数量	1 500	1500	1 500	
月末在产品完工程度	60%	60%	60%	
月末在产品约当产量	900	900	900	
约当总产量	7 400	7 400	7 400	
费用分配率(元/件)	25	14	13	
本月完工产品成本	162 500	91 000	84 500	338 000
月末在产品成本	22 500	12 600	11 700	46 800

表3—15 **产品成本计算单**

产品名称:乙产品 完工产品:3 200件 在产品:800件 完工程度:40%

2015年5月 单位:元

项 目	直接材料	直接人工	制造费用	合计
月初在产品成本	61 760	29 480	27 280	118 520
本月生产费用合计	67 040	55 000	43 120	165 160
生产费用合计	128 800	84 480	70 400	283 680
本月完工产品数量	3 200	3 200	3 200	
月末在产品数量	800	800	800	
月末在产品完工程度	100%	40%	40%	
月末在产品约当产量	800	320	320	
约当总产量	4 000	3 520	3 520	

续表

项　目	直接材料	直接人工	制造费用	合计
费用分配率(元/件)	32	24	20	
本月完工产品成本	102 400	76 800	64 000	243 200
月末在产品成本	26 400	7 680	6 400	40 480

6. 结转完工产成品成本。

编制完工产品成本汇总表，如表 3—16 所示。

表 3—16 **完工产品成本汇总表**

2015 年 5 月　单位：元

产品	产量	完工产品总成本				完工产品单位成本
		直接材料	直接人工	制造费用	合计	
甲产品	6 500(件)	162 500	91 000	84 500	338 000	52
乙产品	3 200(件)	102 400	76 800	64 000	243 200	76
合　计		264 900	167 800	148 500	581 200	

结转完工产成品成本的会计分录如下：

借：库存商品——甲产品　338 000

——乙产品　243 200

贷：生产成本——基本生产成本——甲产品　338 000

——乙产品　243 200

第二节　产品成本计算的分批法

一、分批法的适用范围和特点

(一)分批法的含义

产品成本计算的分批法，是指以产品批别作为成本计算对象来归集生产费用，计算产品成本的一种方法。因分批法多是根据购买者订单来确定产品的批量的，故分批法又称为订单法。

(二)分批法的适用范围

分批法主要适用于小批、单件，管理上不要求分步骤计算成本的多步骤生产，如：精密仪器、专用设备、重型机械和船舶的制造，新产品的试制、机器设备修理、来料加工和辅助生产的工具模具制造等。分批法具体可适用于以下几种情况：

(1)根据购买者订单生产的企业。这类企业需根据购买者的要求，生产特殊规格和特定数量的产品。购买者的订单可能是单件的大型产品，如船舶、大型锅炉、重型机器，也可能是多件同样规格的产品，如特种仪器、制服等。

(2)产品种类经常变动的小规模生产企业。这类企业规模小，要不断根据市场需要变动产品的数量和品种，不可能按产品设置流水线大量生产，必须按每批产品的投产来计算成本，如生产门窗把手、插销等的小五金工厂。

(3)承担修理业务的企业或企业生产单位(车间、分厂)。修理业务多种多样,这种企业往往要根据合同规定,在生产成本上加约定利润。这种约定利润可以是在成本的基础上加一定百分比的利润或一定数额利润,向客户收取货款,所以要报每次修理业务的成本,按每次修理业务归集费用,如修船等业务。

(4)从事新产品试制、自制设备等生产任务的生产单位。这类生产多是一次性的,可以按批次计算成本。

(三)分批法的特点

1. 以产品的批别(单件产品为件别)作为成本计算对象

在小批、单件生产中,产品的种类和每批产品的批量,大多根据购买者订单确定。但是,如果一张订单中不止一种产品时,可将这几种产品分为几批;如果几张订单都订有同一种产品,且数量都不多,可将其合并为一批;如果一张订单中虽只有一种产品,但数量较大,则可按最优批量将其划分为数批;如果订单中只有一件产品,但较大型和复杂,生产周期长,也可按产品的组成部分将其分为数批投产。因此,分批法的成本计算对象就不是单纯的购买者订单,而主要是企业生产部门下达的生产任务通知单(又称内部订单或工作令号)。财会部门应按"生产任务通知单"的生产批号设置"生产成本明细账"(或产品成本计算单),直接费用直接计入各明细账有关成本项目,间接费用分配计入各明细账有关成本项目。

2. 成本计算期是不定期的

在分批法下,要按月归集各批产品的实际生产费用,但只有该批产品全部完工以后才能计算其实际成本。因此,成本计算期是不定期的,与生产周期一致,与会计报告期不一致。

由于产品批量小,批内产品一般都能同时完工或在相距不远的时间内全部完工,因而在月末计算成本时,一般不存在生产费用在完工产品与在产品之间分配的问题。某批产品完工前,生产成本明细账中所归集的生产费用就全部是在产品成本,产品完工时,生产成本明细账中所归集的生产费用就全部是完工产品成本。

当然也可能存在批内产品跨月陆续完工交货情况,为了使收入与费用配比,这时就需要分情况采用一定的方法来计算本月完工产品成本。

(1)若批内产品跨月陆续完工的情况不多,可采用简便的分配方法。即按计划单位成本、定额单位成本或最近一期相同产品的实际单位成本计算完工产品成本。但在该批产品全部完工时,应重新计算该批产品的实际总成本和单位成本;而对已经转账的完工产品成本,不作账目调整。

(2)若批内产品跨月陆续完工的情况较多,月末批内完工产品的数量占全部批量的比重较大,则生产费用在完工产品与在产品成本之间的分配,应相应采用定额比例法或约当产量法或在产品按定额成本计价法等方法。

为了使同一批产品尽量同时完工,避免跨月陆续完工的情况,减少在完工产品和在产品之间分配费用的工作,企业在合理组织生产的前提下,可以适当减少产品的批量。

二、分批法的计算程序和举例

(一)分批法的计算程序

1. 按产品批别设置生产成本明细账

分批法以产品批别作为成本计算对象,因此,应当按产品批别设置生产成本明细账(或产品成本计算单)，用以归集和分配生产费用，计算各批产品的实际总成本和单位成本。

2. 按产品批别归集和分配本月发生的费用

企业当月发生的生产费用，能够按照批别划分的直接计入费用，应直接计入各批产品生产成本明细账(或产品成本计算单)，对多批产品共同发生的间接计入费用，按照适用的分配方法，在各批产品之间进行分配以后，再分别计入各批产品生产成本明细账(或产品成本计算单)。

3. 归集和分配辅助生产费用

在设有辅助生产车间的企业，应根据有关付款凭证和费用分配表归集辅助生产费用，编制辅助生产成本明细账，对本期辅助生产费用总额，采用适当的方法分配给各受益对象，编制辅助生产费用分配表，进行账务处理，并据以登记有关明细账。

4. 分配基本生产车间制造费用

根据有关付款凭证和费用分配表归集基本生产车间制造费用明细账，对本期制造费用总额，采用一定的方法在各批产品之间进行分配，编制制造费用分配表，进行账务处理，并据以登记产品生产成本明细账(或产品成本计算单)。

5. 计算完工产品成本

采用分批法一般不需要在完工产品与在产品之间分配生产费用。某批产品全部完工，则该批别产品生产成本明细账(或产品成本计算单)归集的生产费用合计数就是该批产品的实际总成本。

6. 结转完工产品成本

期末，根据成本计算结果结转本期完工产品的实际总成本。

上述分批法计算程序，除了产品生产成本明细账的设置和完工产品成本的计算与品种法有所区别外，其他与品种法是完全一致的。

(二)分批法举例

【例 3－2】 汉光工厂属单件小批多步骤生产企业，按购货单位要求小批生产甲、乙、丙三种产品，产品成本计算采用分批法，设置了直接材料、直接人工、制造费用三个成本项目。2015年 5 月份的有关成本计算资料如下：

1. 各生产批别产量、费用资料如下：

(1)08301 号甲产品 50 件，3 月份投产，本月全部完工，3、4 两月累计费用为：直接材料 8 000元，直接人工4 000元，制造费用1 800元。本月发生费用：直接人工1 500元，制造费用 700 元。

(2)08401 号乙产品 10 件，4 月份投产，本月完工 6 件，未完工 4 件，在产品完工程度为 50%。4 月份发生生产费用为：直接材料50 000元，直接人工25 000元，制造费用 18 000 元。本月发生费用：直接人工 11 000 元，制造费用 6 000 元。

(3)08501 号丙产品 15 件，本月份投产，尚未完工，本月发生生产费用为：直接材料20 000元，直接人工 8 000 元，制造费用 4 000 元。

2. 其他资料

(1)三种产品的原材料均在生产开始时一次投入，三批产品的购货单位都是华中公司。

(2)08401 号乙产品本月完工产品数量在批内所占比重较大(60%)，采用约当产量比例法在完工产品和月末在产品之间进行分配费用。

根据以上资料，采用分批法核算产品成本的程序和相关账务处理如下：

1. 成本核算对象和明细账的设置

汉光工厂以产品的批别作为成本核算对象。由于没有辅助生产车间，因而“生产成本”总分类账户下不需要分设“基本生产成本”和“辅助生产成本”二级账，只需按批号设置产品生产成本明细账（产品成本计算单），本月只需为 08501 号丙产品设置产品生产成本明细账（产品成本计算单），因 08301 号甲产品和 08401 号乙产品的生产成本明细账已在以前月份设置。

2. 按产品批别归集和分配本月发生的费用

分批法下，各种费用的分配过程和账务处理方法与品种法相同，在此省略相关过程，直接列出各批产品成本计算单。

(1)08301 号甲产品成本明细账如表 3－17 所示。

表 3－17 **产品成本计算单**

产品批号:08301 产品名称:甲产品 产品批量:50 件

投产日期:3 月 2 日 完工日期:5 月 22 日 完工数量:50 件

2015 年 5 月 单位:元

项 目	直接材料	直接人工	制造费用	合 计
月初在产品成本	8 000	4 000	1 800	13 800
本月生产费用合计		1 500	700	2 200
生产费用合计	8 000	5 500	2 500	16 000
完工产品总成本	8 000	5 500	2 500	16 000
完工产品单位成本	160	110	50	320

08301 号甲产品，本月全部完工，3、4、5 三个月份累计生产费用全部为完工产品成本，除以完工产品数量，为完工产品单位成本。

(2)08401 号乙产品成本明细账如表 3－18 所示。

表 3－18 **产品成本计算单**

产品批号:08401 产品名称:乙产品 产品批量:10 件

投产日期:4 月 5 日 完工日期:5 月 31 日 完工数量:6 件

2015 年 5 月 单位:元

项 目	直接材料	直接人工	制造费用	合 计
月初在产品成本	50 000	25 000	18 000	93 000
本月生产费用合计		11 000	6 000	17 000
生产费用合计	50 000	36 000	24 000	110 000
本月完工产品数量	6	6	6	
月末在产品数量	4	4	4	
月末在产品完工程度	100%	50%	50%	
月末在产品约当产量	4	2	2	
约当总产量	10	8	8	
费用分配率(元/件)	5 000	4 500	3 000	12 500
本月完工产品成本	30 000	27 000	18 000	75 000
月末在产品成本	20 000	9 000	6 000	35 000

(3)08501 号丙产品成本明细账如表 3—19 所示。

表 3—19　　　　**产品成本计算单**

产品批号:08501　　产品名称:丙产品　　产品批量:15 件

投产日期:5 月 8 日　　完工日期:　　完工数量:

2015 年 5 月　　单位:元

项　目	直接材料	直接人工	制造费用	合计
月初在产品成本				
本月生产费用合计	20 000	8 000	4 000	32 000

08501 号丙产品本月未完工,发生的费用均为在产品成本。

3. 结转完工产成品成本

编制完工产品成本汇总表,如表 3—20 所示。

表 3—20　　　　**完工产品成本汇总表**

2015 年 5 月　　单位:元

批次	产品	产量	完工产品总成本				完工产品单位成本
			直接材料	直接人工	制造费用	合计	
08301	甲产品	50(件)	8 000	5 500	2 500	16 000	320
08401	乙产品	6(件)	30 000	27 000	18 000	30 000	1 250
合计			38 000	32 500	20 500	46 000	

结转完工入库产品成本的会计分录如下:

借:库存商品——甲产品　　16 000

　　　　　——乙产品　　75 000

　贷:生产成本——08301 号　　16 000

　　　　　　——08401 号　　75 000

三、简化的分批法

(一)简化的分批法的含义

在小批、单件生产的企业或车间中,有时同一月份投产的产品批数很多,并且月末未完工的批数也很多,如果采用前述分批法计算各批产品成本,各种间接计入费用在各批产品之间的分配工作将非常繁重。因此,在这种情况下可采用一种简化的分批法。所谓简化的分批法是指采用分批法进行成本计算时,各批产品成本明细账在产品完工前只登记直接费用和生产工时,每月发生的间接费用则是在生产成本二级账中分别累计起来,到产品完工时,按照完工产品累计工时的比例,在各批完工产品之间进行分配。由于这种方法只对完工产品分配间接费用,而不分批计算在产品成本,故又称为不分批计算在产品成本的分批法。

采用简化的分批法,将生产费用在各成本计算对象之间的横向分配和生产费用在完工产品和期末在产品之间的纵向分配结合起来,大大简化了成本核算工作。

这种方法,仍应按照产品批别设立产品成本明细账,但在各该批产品完工以前,账内只需按月登记直接计入费用(如原材料费用)和生产工时,而不必按月分配、登记各项间接计入费用，计算各该批在产品的成本；只是在有完工产品的那个月份，才分配间接计入费用，计算、登记各该批完工产品的成本。

（二）简化分批法的适用范围

适用于投产批数繁多而且月末未完工批数较多的企业。

（三）简化分批法的特点

1. 必须设立基本生产成本二级账

除按产品批别设置产品生产成本明细账（产品成本计算单）外，还必须设立基本生产成本二级账。基本生产成本二级账和产品生产成本明细账平行登记。

产品生产成本明细账只按月登记该批产品的直接计入费用（如原材料费用）和生产工时。各月发生的间接计入费用（如职工薪酬和制造费用）不是按月在各批产品之间进行分配，而是按成本项目登记在基本生产成本二级账中，只是在有完工产品的月份才向本月完工产品分配登记间接计入费用；未完工产品的间接计入费用仍然保留在基本生产成本二级账中。

2. 不分批计算月末在产品成本

基本生产成本二级账按成本项目登记全部批次产品的累计生产费用（包括全部直接计入费用和全部间接计入费用）和累计生产工时。在有完工产品的月份，将完工产品应负担的间接计入费用分配转入到各完工产品生产成本明细账（产品成本计算单）后，基本生产成本二级账反映的是全部批次月末在产品成本。而各批次未完工产品的生产成本明细账（产品成本计算单）中也只反映月末在产品的累计直接计入费用和累计工时，不反映在产品成本。

3. 通过计算累计费用分配率来分配间接计入费用

简化的分批法将间接计入费用在各批次产品之间的分配和在本月完工产品与月末在产品（全部批次）之间的分配一次完成。间接计入费用的分配，是通过计算累计费用分配率来进行的。其计算公式如下：

$$\text{全部产品某项累计间接费用分配率}=\frac{\text{全部产品某项累计间接费用}}{\text{全部产品累计工时}}$$

$$\text{某批完工产品应负担的间接费用}=\text{该批完工产品累计工时}\times\text{全部产品某项累计间接费用分配率}$$

（四）简化的分批法举例

【例 3—3】 汉华工厂生产组织属于小批生产，生产批别多，生产周期长，每月末经常有大量未完工的产品批数。该厂没有辅助生产车间。为简化核算工作，该厂采用简化的分批法计算产品成本。该厂 2015 年 8 月份有关成本计算资料如下：

1. 8 月份生产批号

(1)08601 号甲产品 8 件，6 月投产，本月全部完工；至上月末累计原材料费用80 000元，生产工时10 500小时；本月原材料费用25 000元，生产工时3 500小时。

(2)08701 号乙产品 10 件，7 月投产，本月完工 4 件；至上月末累计原材料费用68 000元，生产工时20 000小时；原材料为一次投入，本月生产工时18 000小时；完工产品实际工时16 000小时。

(3)08702 号丙产品 15 件，7 月投产，本月尚无完工产品。至上月末累计原材料48 000元，生产工时8 000小时；本月原材料58 000元，生产工时9 000小时。

(4)08801 号丁产品 12 件，本月初投产，本月尚无完工产品；本月原材料25 000元，生产工时6 000小时。

2. 至上月末全部产品的累计职工薪酬为32 000元,制造费用为17 500元;本月发生职工薪酬为28 000元,制造费用为20 000元。

根据以上资料,采用简化的分批法核算产品成本的程序和相关账务处理如下:

1. 设置基本生产成本二级账和产品生产成本明细账(产品成本计算单)

因在以前月份已设置了基本生产成本二级账,以及08601号甲产品、08701号乙产品和08702号丙产品的产品生产成本明细账,本月只需设置08801号丁产品的产品生产成本明细账。

2. 登记基本生产成本二级账和产品生产成本明细账,计算累计间接费用分配率,分配结转本月完工产品应负担的间接计入费用

(1)基本生产成本二级账见表3－21。

表3－21 **基本生产成本二级账**

2015年8月 单位:元

2015年		摘　要	直接材料	生产工时	直接人工	制造费用	成本合计
月	日						
7	31	月末在产品成本	196 000	(38 500)	32 000	17 500	245 500
8	31	本月发生费用	108 000	(36 500)	28 000	20 000	156 000
8	31	累计生产费用	304 000	(75 000)	60 000	37 500	401 500
8	31	累计间接费用分配率			0.8	0.5	
8	31	完工转出成本	132 200	(30 000)	24 000	15 000	171 200
8	31	月末在产品成本	171 800	(40 000)	36 000	22 500	230 300

上表中:

累计直接人工分配率＝60 000/75 000＝0.8(元/工时)

累计制造费用分配率＝37 500/75 000＝0.5(元/工时)

完工产品直接材料费用＝105 000＋27 200＝132 200(元)

完工产品生产工时＝14 000＋16 000＝30 000(工时)

(2)产品生产成本明细账分别如表3－22、表3－23、表3－24、表3－25所示。

表3－22 **产品生产成本明细账**

产品批号:08601　　产品名称:甲产品　　产品批量:8件

投产日期:6月2日　　完工日期:8月20日　　完工数量:8件

2015年8月 单位:元

2015年		摘　要	直接材料	生产工时	直接人工	制造费用	成本合计
月	日						
7	31	月末累计	80 000	(10500)			
8	31	本月发生	25000	(3500)			
8	31	月末累计	105 000	(14 000)			
8	31	累计间接费用分配率			0.8	0.5	
8	31	完工产品成本(8件)	105 000	(14 000)	11 200	7 000	123 200
8	31	完工产品单位成本	13 125		1 400	875	15 400

上表中：

完工产品直接人工＝14 000×0.8＝11 200(元)

完工产品制造费用＝14 000×0.5＝7 000(元)

表 3－23　　产品生产成本明细账

产品批号:08701　　产品名称:乙产品　　产品批量:10 件

投产日期:7 月 5 日　　完工日期:8 月 31 日　　完工数量:4 件

2015 年 8 月　　单位:元

2015 年		摘　要	直接材料	生产工时	直接人工	制造费用	成本合计
月	日						
7	31	月末累计	68 000	(20 000)			
8	31	本月发生费用		(18000)			
8	31	月末累计	68 000	(38000)			
8	31	累计间接费用分配率			0.8	0.5	
8	31	完工产品成本(4 件)	27 200	(16 000)	12 800	8 000	48 000
8	31	完工产品单位成本	6 800		3 200	2 000	12 000
8	31	月末在产品余额	40 800	(22000)			

上表中：

$$完工产品直接材料=\frac{68\ 000}{10}\times 4=27\ 200(元)$$

完工产品直接人工＝16 000×0.8＝12 800(元)

完工产品制造费用＝16 000×0.5＝8 000(元)

表 3－24　　产品生产成本明细账

产品批号:08702　　产品名称:丙产品　　产品批量:15 件

投产日期:7 月 8 日　　完工日期:　　完工数量:

2015 年 8 月　　单位:元

2015 年		摘　要	直接材料	生产工时	直接人工	制造费用	成本合计
月	日						
7	31	月末累计	48 000	8 000			
8	31	本月发生费用	58 000	(9 000)			
8	31	月末累计	106 000	(17 000)			

表 3－25　　产品生产成本明细账

产品批号:08801　　产品名称:丁产品　　产品批量:12 件

投产日期:8 月 2 日　　完工日期:　　完工数量:

2015 年 8 月　　单位:元

2015 年		摘　要	直接材料	生产工时	直接人工	制造费用	成本合计
月	日						
7	31	月末累计	25 000	(6000)			

3. 结转本月完工产品成本

根据成本计算结果，编制完工产品成本汇总表，如表3－26所示。

表3－26　　**完工产品成本汇总表**

2015年5月　　单位：元

批次	产品	产量	完工产品总成本				完工产品单位成本
			直接材料	直接人工	制造费用	合计	
08601	甲产品	8(件)	105 000	11 200	7 000	123 200	15 400
08701	乙产品	4(件)	27 200	12 800	8 000	48 000	12 000
合　计			132 200	24 000	15 000	171 200	

结转完工入库产品成本的会计分录如下：

借：库存商品——甲产品　　123 200

　　　　　　——乙产品　　48 000

　贷：生产成本——08601号　　123 200

　　　　　　　——08701号　　48 000

第三节　产品成本计算的分步法

一、分步法的适用范围和特点

(一)分步法的含义

分步法是指以产品的生产步骤作为成本计算对象来归集生产费用，计算产品成本的一种方法。

(二)分步法的适用范围

分步法用于大量、大批多步骤生产，并且管理上要求按生产步骤计算每个步骤的产品成本的企业，如纺织、冶金、造纸和机械制造等企业。

在这类企业中，产品生产可以分为若干个生产步骤，如纺织企业的生产可分为纺纱、织布、印染等步骤；机械制造的生产可分为铸造、加工、装配等步骤。从原材料投入生产到产成品制造完成要经过若干生产步骤，除最后一个步骤完工的产成品外，其余生产步骤完工的都是半成品。这些半成品可以用于以后的生产步骤继续加工或装配，也可以对外出售。为加强成本管理，不仅要求计算各种产成品的成本，而且要求按照生产步骤来计算成本。分步法的特点：

1. 以产品品种及所经过的生产步骤作为成本计算对象

如果企业只生产一种产品，成本计算对象就是该种产成品及其所经过的各生产步骤，基本生产成本明细账应该按照该产品的生产步骤开设；如果企业生产多种产品，成本计算对象则是各种产成品及其所经过的各生产步骤，基本生产成本明细账应该按照每种产品的各个生产步骤开设。

在进行成本计算、分配和归集生产费用时，直接费用直接计入各明细账有关成本项目，间接费用分配计入各明细账有关成本项目。

应当指出，在实际工作中，产品成本计算的分步与产品实际生产步骤（加工步骤）不一定完全一致。在大多数多步骤生产企业中，按分步法计算成本时，一个生产步骤就是一个计算步骤，但也存在多个生产步骤为一个计算步骤或一个生产步骤分多个计算步骤的情况。

2. 成本计算一般定期按月进行

在大批、大量的多步骤生产中，生产过程较长，大多可以间断，而且往往都是跨月陆续完工，因此成本计算期难以也没必要与产品生产周期保持一致，而是按月计算产成品成本，与会计报告期保持一致。

3. 通常需要在完工产品和在产品之间分配生产费用

由于在大批、大量的多步骤生产中，成本计算按月进行，与产品的生产周期不一致，因而在月末计算产品成本时，各生产步骤一般都存在未完工的在产品，因此需要采用适当的分配方法，将汇集在基本生产成本明细账中的生产费用，在完工产品与在产品之间进行分配。

（四）分步法的分类

根据各个企业生产工艺过程的特点和成本管理的要求不同，对各生产步骤成本的计算和结转有逐步结转和平行结转两种方法；相应地，产品成本计算的分步法也就分为逐步结转分步法和平行结转分步法。

1. 逐步结转分步法

这是指按生产步骤逐步计算并结转半成品成本，直到最后计算出产成品成本的方法。由于这种方法必须逐步计算每一步骤的半成品成本，因此也称作计算半成品成本的分步法。

逐步结转分步法主要适用于大批量连续式多步骤生产企业，如纺织企业。这类企业各生产步骤所生产的半成品，既可以转交给下一生产步骤继续加工，也可以作为商品对外出售。例如，纺织企业主要包括纺纱、织布、印染 3 个步骤，其第一个生产步骤生产的棉纱既可以继续加工成毛坯布，也可以对外出售，其第二个生产步骤生产的毛坯布既可以继续加工成印花布，也可以对外出售。为了考核和控制半成品成本或计算半成品销售成本，就需要计算半成品成本。

逐步结转分步法实际为品种法的多次连续使用，每一步骤都需要将该步骤的生产费用在半成品和本步骤的在产品之间进行分配。因此，月末在产品是指停留在每一生产步骤上正在加工的在制品，即狭义的在产品。

逐步结转分步法的半成品实物逐步转移，成本也随之逐步转移。

逐步结转分步法按照半成品成本在下一步骤成本计算单中反映的方式不同，又可分为逐步综合结转分步法和逐步分项结转分步法。

（1）逐步综合结转分步法，是指将上一生产步骤的半成品成本转入下一生产步骤时，不分成本项目，全部记入下一生产步骤生产成本明细账中的“直接材料”成本项目或专设的“半成品”成本项目中，综合反映各步骤所耗上一步骤所产半成品成本。

半成品成本的综合结转可以按照上一步骤所产半成品的实际成本结转，也可以按照企业确定的半成品计划成本或定额成本结转。半成品成本按实际成本综合结转时，由于各月所产半成品的实际单位成本不同，因而所耗半成品实际单位成本可根据企业的实际情况，采用先进先出法或加权平均法确定。

（2）逐步分项结转分步法，是指将上一生产步骤的半成品成本转入下一生产步骤时，按其原始成本项目，分别记入下一生产步骤生产成本明细账中对应的成本项目中，分项反映各步骤所耗上一步骤所产半成品成本。如果半成品通过半成品库收发，自制半成品明细账也要按照成本项目分别登记。

半成品成本的分项结转一般按照上一步骤所产半成品的实际成本结转。

2. 平行结转分步法

这是指将各生产步骤中应计入相同产成品成本的份额平行汇总，以求得产成品成本的方法。因这种方法按生产步骤归集费用时，只计算各步骤应计入产成品成本的份额，不计算和结转半成品成本，因此也称作不计算半成品成本的分步法。

平行结转分步法主要适用于大批、大量装配式多步骤生产企业，如电子产品制造企业。这类企业的生产过程基本是先将各种原材料平行地加工为各种零部件，然后再组装成产成品。由于在这类企业中，各生产步骤所生产的半成品的种类很多，半成品出售的情况较少，在管理上也不需要计算半成品成本，为了简化成本核算工作，可以采用平行结转分步法。在某些连续式多步骤生产企业，如果各生产步骤所产半成品仅供本企业下一步骤继续加工，不准备对外出售，也可以采用平行结转分步法。

平行结转分步法下的月末在产品为广义的在产品，既包括本步骤正在加工的在产品(狭义的在产品)，又包括本步骤已经加工完成，已经转入后续各生产步骤，但尚未最终制成产成品的半成品。

平行结转分步法的半成品实物转移而其成本不转移，仍保留在产出步骤的成本明细账中，各步骤的生产费用，只是各步骤本身发生的费用，没有上一步骤转入的费用。比如，当材料是一次投料时，除第一步骤生产费用中包括所耗用的直接材料、直接人工和制造费用外，其他各步骤只有本步骤发生的直接人工和制造费用。

如何正确确定各步骤生产费用应计入产成品成本的份额，即每一步骤的生产费用如何在完工产成品和广义在产品之间进行分配，是采用这一方法的关键所在。在实际工作中，通常是采用在产品按约当产量法或定额比例法来计算分配。

(五)分步法的计算程序

采用分步法计算产品成本，一般先应按照产品品种及其生产步骤设置基本生产明细账，然后按照直接费用直接计入、间接费用分配计入的原则归集和分配各生产步骤的成本，再计算最终完工产成本。但由于各生产步骤成本计算和结转方式的不同，逐步结转分步法和平行结转分步法的成本计算具体程序是不相同的。

1. 逐步结转分步法的计算程序

采用逐步结转分步法，其成本计算具体程序是：归集第一生产步骤发生的各种生产费用，计算第一生产步骤所产生的半成品成本，并将其转入第二生产步骤；归集第二生产步骤发生的各种费用，加上第一生产步骤转入的半成品成本，计算第二生产步骤所产半成品成本，并将其转入第三生产步骤。依次计算直至最后生产步骤，计算出完工产品成本。在设有半成品仓库的企业，还应在半成品仓库和有关生产步骤(生产半成品和领用半成品的生产步骤)之间，随着半成品实物的收入(生产完工验收入库)和发出(生产领用)，进行半成品成本的转移。

逐步结转分步法的成本计算程序示意图如图 3—1 所示。

2. 平行结转分步法的计算程序

采用平行结转分步法，其成本计算具体程序是：首先，归集各生产步骤发生的各种生产费用，但不包括上一步骤转入的半成品成本；其次，将各生产步骤所发生的费用在本月最终完工产成品与月末在产品(广义在产品)之间进行分配，确定各生产步骤应计入产成品成本的份额；最后，将各生产步骤应计入产成品成本的份额直接相加，计算出产成品成本。

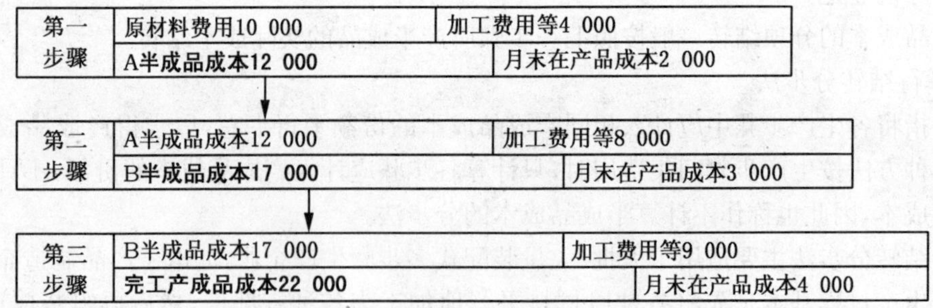

图 3—1　逐步结转分步法成本计算程序示意图

平行结转分步法的成本计算程序示意图如图 3—2 所示。

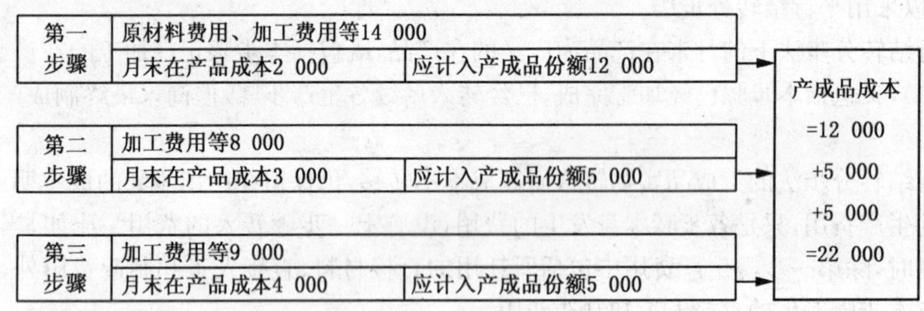

图 3—2　平行结转分步法成本计算程序示意图

二、逐步结转分步法举例

逐步结转分步法的重要特点就是按生产步骤逐步计算并结转半成品成本，除第一步骤外，其他生产步骤的生产费用都包括上步骤转来的费用。

(一)逐步综合结转分步法

【例 3—4】 汉强工厂大量生产甲产品，设有第一、第二、第三生产车间，甲产品需顺序经过三个车间加工，其中:第一车间生产的产品为甲产品的 A 半成品，A 半成品完工后全部直接交给第二车间继续加工为甲产品的 B 半成品，B 半成品完工后全部交半成品仓库；第三车间从半成品仓库领用 B 半成品继续加工为甲产品产成品，甲产品完工后全部交产成品仓库。该厂根据实际情况，采用逐步结转分步法计算甲产品成本，成本结转方式为半成品按实际成本综合结转；对经过半成品仓库收发的 B 半成品增设了“自制半成品——B 半成品”明细科目，半成品仓库发出的 B 半成品成本采用加权平均法计算。该厂对产品成本按直接材料、直接人工、制造费用分设了专栏。生产甲产品的原材料在第一车间生产开始时一次投入，第二、三车间转入或领用的半成品也分别于本车间生产开始时一次投入。企业采用约当产量法分配每步骤的完工产品(半成品)和在产品成本。

汉强工厂第一车间 A 半成品、第二车间 B 半成品、第三车间甲产品月初在产品成本和本月发生的生产费用见表 3—27，本月各生产车间产量记录见表 3—28。

表 3—27　　**生产费用资料**

产品:甲产品　　2015 年 7 月　　单位:元

项目	第一车间(A 半成品)	第二车间(B 半成品)	第三车间(甲产品)
月初在产品成本	10 000	26 000	47 050
其中:直接材料或半成品	6 000	15 500	32 300
直接人工	2 500	7 500	8 000
制造费用	1 500	3 000	6 750
本月发生生产费用	80 900	54 600	92 500
其中:直接材料	57 000		
直接人工	16 100	32 800	50 500
制造费用	7 800	21 800	42 000

表 3—28　　**产量记录**

产品:甲产品　　2015 年 7 月　　单位:件

项目	第一车间(A 半成品)	第二车间(B 半成品)	第三车间(甲产成品)
月初在产品	50	70	60
本月投产或上步骤转入	300	270	290
本月完工转入下步骤或入半成品库	270	280	300
月末在产品	80	60	50
月末在产品完工程度	50%	50%	50%

本月半成品仓库 B 半成品收发和结存情况为:月初结存 50 件,总成本为26 800元,本月第二车间入库 260 件,第三车间领用 290 件。

根据上述资料,产品成本计算程序如下:

1. 开设产品生产成本明细账(或成本计算单)

以甲产品及其所经过的生产步骤为成本核算对象设置第一车间 A 半成品、第二车间 B 半成品、第三车间甲产品的产品生产成本明细账(或成本计算单)。

2. 计算第一车间本月所产 A 半成品的实际成本

第一车间为生产甲产品的第一生产步骤,没有上步骤转入费用,只需将 A 半成品月初在产品成本和本月发生生产费用记入第一车间产品生产成本明细账后(或成本计算单),即可采用约当产量法分配 A 半成品和在产品费用,计算出 A 半成品的实际总成本。

第一车间产品生产成本计算单如表 3—29 所示。

表 3—29　　**第一车间产品成本计算单**

产品名称:A 半成品　　完工产品:270 件　　在产品:80 件　　完工程度:50%

2015 年 7 月　　单位:元

项　目	直接材料	直接人工	制造费用	合计
月初在产品成本	6 000	2 500	1 500	10 000

续表

项　目	直接材料	直接人工	制造费用	合计
本月本步骤发生生产费用	57 000	16 100	7 800	80 900
生产费用合计	**63 000**	**18 600**	**9 300**	**90 900**
本月完工产品数量	270	270	270	
月末在产品数量	80	80	80	
月末在产品完工程度	100%	50%	50%	
月末在产品约当产量	80	40	40	
约当总产量	**350**	**310**	**310**	
费用分配率(元/件)	180	60	30	
本月完工A半成品成本	48 600	16 200	8 100	72 900
月末在产品成本	14 400	2 400	1 200	18 000

根据计算结果，第一车间本月完工转入下一步骤的半成品成本为72900元，因为没有经过半成品仓库的收发，半成品成本可以在两个生产步骤产品生产成本明细账之间直接结转，不必编制结转完工半成品的会计分录。

3. 计算第二车间本月所产B半成品的实际成本

第二车间为生产甲产品的第二生产步骤，在归集本步骤生产费用时，应加上上一步骤转入的A半成品的成本。同样，也是采用约当产量法分配B半成品和在产品费用，计算出B半成品的实际总成本。第二车间产品生产成本计算单如表3－30所示。

表3－30　　第二车间产品成本计算单

产品名称：B半成品　　完工产品：280件　　在产品：60件　　完工程度：50%

2015年7月　　单位：元

项　目	半成品	直接人工	制造费用	合计
月初在产品成本	15 500	7 500	3 000	26 000
本月本步骤发生生产费用		32 800	21 800	54 600
本月上步骤转入生产费用	72 900			72 900
生产费用合计	**88 400**	**40 300**	**24 800**	**153 500**
本月完工产品数量	280	280	280	
月末在产品数量	60	60	60	
月末在产品完工程度	100%	50%	50%	
月末在产品约当产量	60	30	30	
约当总产量	**340**	**310**	**310**	
费用分配率(元/件)	260	130	80	
本月完工B半成品成本	72 800	36 400	22 400	131 600
月末在产品成本	15 600	3 900	2 400	21 900

根据成本计算结果和完工半成品入库单，编制结转本月完工入库B半成品成本的会计分录如下：

借：自制半成品——B半成品　　131 600

　贷：生产成本——基本生产成本——第二车间（B半成品）　　131 600

4. 计算第三车间本月所产甲产品的实际成本

(1)计算第三车间本月领用B半成品成本。

因第三车间从半成品仓库领用B半成品，故需先计算本月第三车间领用B半成品成本。企业采用加权平均法计算领用半成品的成本，自制半成品明细账如表3—31所示。

表3—31　　自制半成品明细账

产品：B半成品　　2015年7月　　单位：元

2015		凭证号数	摘要	收入		发出		结存	
月	日			数量	金额	数量	金额	数量	金额
		略	月初余额					50	26 800
			本月入库	280	131 600				
			本月领用			290	139 200	40	19 200
			本月合计	280	131 600	290	139 200	40	19 200

表中，本月发出B半成品的加权平均单价和成本计算如下：

B半成品的加权平均单价$=\frac{26800+131600}{50+280}=480$(元)

本月领用B半成品的成本$=290\times480=139\ 200$(元)

根据计算结果，编制结转第三车间领用B半成品成本的会计分录如下：

借：生产成本——基本生产成本——第三车间（甲产品）　　139 200

　贷：自制半成品——B半成品　　139 200

(2)第三车间生产费用在完工产品和月末在产品之间的分配。

第三车间为生产甲产品的最后生产步骤，在归集本步骤生产费用时，应加上从半成品仓库领用的B半成品的成本。同样，也是采用约当产量法分配本月完工甲产品和月末在产品费用，计算出甲产品的实际总成本。第三车间产品生产成本计算单如表3—32所示。

表3—32　　第三车间产品成本计算单

产品名称：甲产品　　完工产品：300件　　在产品：50件　　完工程度：50%

2015年7月　　单位：元

项　目	半成品	直接人工	制造费用	合计
月初在产品成本	32 300	8 000	6 750	47 050
本月本步骤发生生产费用		50 500	42 000	92 500
本月领用半成品成本	139 200			139 200
生产费用合计	**171 500**	**58 500**	**48 750**	**278 750**
本月完工产品数量	300	300	300	

续表

项 目	半成品	直接人工	制造费用	合计
月末在产品数量	50	50	50	
月末在产品完工程度	100%	50%	50%	
月末在产品约当产量	50	25	25	
约当总产量	**350**	**325**	**325**	
费用分配率(元/件)	490	180	150	
本月完工甲产品成本	147 000	54 000	45 000	246 000
月末在产品成本	24 500	4 500	3 750	32 750

根据计算结果和完工产品入库单，编制结转本月完工入库甲产品成本的会计分录如下：

借：库存商品——甲产品　　246 000

　贷：生产成本——基本生产成本——第三车间(甲产品)　　246 000

(二)成本还原

1. 成本还原的意义

从例[3－4]中可以看出，逐步结转分步法下综合结转半成品成本时，各步骤耗用上一步骤的半成品成本，是以“半成品”(或“直接材料”)项目综合反映在下一步骤产品生产成本明细账(或成本计算单)中，成本核算工作虽然比较简单，但不能提供按原始成本项目反映的成本资料。特别是在生产步骤较多的情况下，逐步综合结转以后，表现在产成品成本中的绝大部分费用都是“半成品”费用，而直接材料和制造费用只是最后一个步骤的费用，不能反映产品成本结构的实际情况。为了正确反映产品成本的构成，并进行成本对比和分析，就需要将产成品成本中的“半成品”项目的成本进行成本还原。

成本还原是将完工产品成本的“半成品”项目的综合成本，逆序逐步分解为原始的直接材料、直接人工和制造费用等成本项目的过程。

2. 成本还原的方法及步骤

第一步：从最后一步骤开始，把各步骤所耗上一步骤半成品的综合成本，按上一步骤所产半成品的成本结构，逐步分解、还原成按原始成本项目成本。

第二步：将各步骤还原后的相同成本项目加以汇总。

3.成本还原举例

【例 3－5】 汉强工厂本月第三车间完工入库甲产品 300 件，实际总成本为246 000元，其中所耗第二车间所产 B 半成品成本147 000元(见表 3－32)。这是一个综合成本，需要进行成本还原。计算过程如下：

1. 对甲产品所耗 B 半成品进行成本项目还原

根据第二车间所产 B 半成品的成本构成，对第三车间本月完工甲产品所耗 B 半成品成本147 000元进行成本项目还原，还原结果如表 3－33 所示。

表 3－33　半成品成本还原计算表

半成品名称：B 半成品　　2015 年 5 月　　单位：元

项目	B 半成品	A 半成品	直接人工	制造费用	合计
本月所耗 B 半成品综合成本	147 000				

续表

项目	B半成品	A半成品	直接人工	制造费用	合计
本月所产B半成品成本		72 800	36 400	22 400	131 600
本月所产B半成品成本构成		55.32%	27.66%	17.02%	100%
本月所耗B半成品的还原成本	－147 000	81 320	40 660	25 020	

注：小数点四舍五入。

2. 对甲产品所耗A半成品进行成本项目还原

从表3－33可知，对甲产品所耗B半成品进行成本项目还原后，仍有A半成品成本81320为综合成本，需要按本月所产A半成品的成本构成进行成本还原，还原结果如表3－34所示。

表3－34　　**半成品成本还原计算表**

半成品名称：A半成品　　2015年5月　　单位：元

项目	B半成品	直接材料	直接人工	制造费用	合计
本月所耗A半成品综合成本	81 320				
本月所产A半成品成本		48 600	16 200	8 100	72 900
本月所产A半成品成本构成		66.67%	22.22%	11.11%	100%
本月所耗A半成品的还原成本	－81 320	54 216	18 069	9 035	

3. 汇总还原后的各成本项目

成本还原后，将各步骤的相同成本项目相加，就可求得甲产品按成本项目反映的总成本和单位成本。汇总结果如表3－35所示。

表3－35　　**产品成本还原计算表**

产成品名称：甲产品　　2016年5月　　单位：元

成本项目	还原前总成本	还原后总成本	还原后单位成本
B半成品	147 000	0	0
直接材料		54 216＋0＋0＝54 216	180.7
直接人工	54 000	18 069＋40 660＋54 000＝112 729	375.8
制造费用	45 000	9 035＋25 020＋45 000＝79 055	263.5
合计	246 000	246 000	820

（三）逐步分项结转分步法

为了与逐步综合结转分步法相比较，逐步分项结转分步法仍采用汉强工厂的实例。但由于上一步骤转入的半成品成本是按原始成本项目反映的，月初在产品成本中的数额与逐步综合结转分步法下（见表3－27）是不相同的。逐步综合结转分步法，第二、三车间的月初在产品成本中的半成品成本15 500元、32 300元是包含了直接人工和制造费用的综合成本。在逐步分项结转分步法下，第二车间的半成品成本15 500元中，直接材料、直接人工和制造费用分别为9 200元、4 200元、2 100元；第三车间的半成品成本32 300元中，直接材料、直接人工和制造费用分别为22 000元、8 000元、2 300元。分项结转法下，各车间生产费用资料如表3－36所示。

表 3－36 生产费用资料

产品:甲产品 2015 年 7 月 单位:元

项目		第一车间(A 半成品)	第二车间(B 半成品)	第三车间(甲产品)
月初在产品成本		10 000	26 000	47 050
其中:直接材料	本步骤发生	6 000	0	0
	上步骤转入	9 200	22 000	
直接人工	本步骤发生	2 500	7 500	8 000
	上步骤转入		4 200	8 000
制造费用	本步骤发生	1 500	3 000	6 750
	上步骤转入		2 100	2 300
本月发生生产费用		80 900	54 600	92 500
其中:直接材料		57 000		
直接人工		16 100	32 800	50 500
制造费用		7 800	21 800	42 000

根据上述资料和前述汉强工厂资料,产品成本计算程序如下:

1. 开设产品生产成本明细账(或成本计算单)

产品生产成本明细账(或成本计算单)的开设同综合结转法。

2. 计算第一车间本月所产 A 半成品的实际成本

因是第一生产步骤,没有上一步骤转入费用,其计算过程与综合结转法计算过程完全相同。不同的只是需分项结转到下一生产步骤。为使分项结转计算程序完整,仍列示第一车间产品生产成本计算单,如表 3－37 所示。

表 3－37 第一车间产品成本计算单

产品名称:A 半成品 完工产品:270 件 在产品:80 件 完工程度:50%

2015 年 7 月 单位:元

项　目	直接材料	直接人工	制造费用	合计
月初在产品成本	6 000	2 500	1 500	10 000
本月本步骤发生生产费用	57 000	16 100	7 800	80 900
生产费用合计	**63 000**	**18 600**	**9 300**	**90 900**
本月完工产品数量	270	270	270	
月末在产品数量	80	80	80	
月末在产品完工程度	100%	50%	50%	
月末在产品约当产量	80	40	40	
约当总产量	**350**	**310**	**310**	
费用分配率(元/件)	180	60	30	
本月完工 A 半成品成本	48 600	16 200	8 100	72 900
月末在产品成本	14 400	2 400	1 200	18 000

3. 计算第二车间本月所产B半成品的实际成本

采用逐步分项结转分步法时，从上一步骤转入的直接人工费用、制造费用，对本步骤而言是已全部投入的，月末在产品应与本月完工半成品同等分配，不需按在产品完工程度折合约当产量。因此，应对每一个成本项目都区分为上步骤转入和本步骤发生，以利于正确计算月末在产品成本。

第二车间产品生产成本计算单如表3－38所示，其中上步骤转入费用和本步骤发生费用用斜线隔开表示，对约当产量、费用分配率等也用斜线区分。

表3－38　　第二车间产品成本计算单

产品名称:B半成品　　完工产品:280件　　在产品:60件　　完工程度:50%

2015年7月　　单位:元

项　目	直接材料	直接人工	制造费用	合计
月初在产品成本	9 200/	4 200/7 500	2 100/3 000	15 500/105 000
本月本步骤发生生产费用		/32 800	/21 800	/54 600
本月上步骤转入生产费用	48600/	16200/	8100/	72900/
生产费用合计	**57800/**	**20060/40300**	**10200/24800**	**88400/65100**
本月完工产品数量	280/	280/280	280/280	
月末在产品数量	60/	60/60	60/60	
月末在产品完工程度	100%/	100%/50%	100%/50%	
月末在产品约当产量	60/	60/30	60/30	
约当总产量	**340/**	**340/310**	**340/310**	
费用分配率(元/件)	170/	60/130	30/80	
本月完工B半成品成本	47 600/	16 800/36 400	8 400/22 400	131 600
月末在产品成本	10 200/	3 600/3 900	1 800/2 400	15 600/6 300

根据成本计算结果和完工半成品入库单，编制结转本月完工入库B半成品成本的会计分录仍为：

借:自制半成品——B半成品　　131 600

　　贷:生产成本——基本生产成本——第二车间(B半成品)　　131 600

为了简化工作，如果各成本项目中不区分上步骤转入费用和本步骤发生费用，应当在考虑这两种费用投入的不同情况后，再确定月末在产品各成本项目的完工程度或已完成的定额工时等，以正确地将生产费用在本月完工半成品与月末在产品之间进行分配。

4. 计算第三车间本月所产甲产品的实际成本

(1)计算第三车间本月领用B半成品成本。因第三车间从半成品仓库领用B半成品，故需先计算本月第三车间领用B半成品成本。逐步分项结转分步法下，自制半成品明细账中的B半成品成本，也应当分成本项目计算。企业采用加权平均法计算领用半成品的项目成本，B半成品期初余额26 800元，其中直接材料、直接人工、制造费用分别为15 100元、6 200元、5 500元。自制半成品明细账如表3－39所示。

表 3－39　　　　自制半成品明细账

产品:B半成品　　　　2015 年 7 月　　　　单位:元

2008 年		凭证号数	摘要	数量	金额合计	其中		
月	日					直接材料	直接人工	制造费用
		略	月初余额	50	26 800	15 100	6 200	5 500
			本月入库	280	131 600	47 600	53 200	30 800
			本月领用	290	139 200	55 100	52 200	31 900
			月末结存	40	19 200	7 600	7 200	4 400

表 3－39,本月发出 B 半成品的各成本项目加权平均单价和成本计算如下:

$$直接材料的加权平均单价=\frac{15\ 100+47\ 600}{50+280}=190(元)$$

本月领用 B 半成品的直接材料＝290×190＝55 100(元)

$$直接人工的加权平均单价=\frac{6\ 200+53\ 200}{50+280}=180(元)$$

本月领用 B 半成品的直接人工＝290×180＝52 200(元)

$$制造费用的加权平均单价=\frac{5\ 500+30\ 800}{50+280}=110(元)$$

本月领用 B 半成品的制造费用＝290×110＝31 900(元)

本月领用 B 半成品成本＝55 100＋52 200＋31 900＝139 200(元)

根据计算结果,编制结转第三车间领用 B 半成品成本的会计分录仍为:

借:生产成本——基本生产成本——第三车间(甲产品)　　139 200

　贷:自制半成品——B 半成品　　139 200

(2)第三车间生产费用在完工产品和月末在产品之间的分配。第三车间为生产甲产品的最后生产步骤,在归集本步骤生产费用时,应加上从半成品仓库领用的 B 半成品的成本。同样,也是采用约当产量法分项目、分上步骤转入和本步骤发生分配本月完工甲产品和月末在产品费用,计算出甲产品的实际总成本。第三车间产品生产成本计算单如表 3－40 所示。

表 3－40　　　　第三车间产品成本计算单

产品名称:甲产品　　完工产品:300 件　　在产品:50 件　　完工程度:50%

2015 年 7 月　　　　单位:元

项　目	直接材料	直接人工	制造费用	合计
月初在产品成本	21 900/	7 300/8 000	3 100/6 750	32 300/14 750
本月本步骤发生生产费用		/50 500	/42 000	/92 500
本月领用半成品成本	55 100/	52 200/	31 900/	139 200/
生产费用合计	**77 000/**	**59 500/58 500**	**35 000/48 750**	**278 750**
本月完工产品数量	300/	300/300	300/300	
月末在产品数量	50/	50/50	50/50	
月末在产品完工程度	100%/	100%/50%	100%/50%	

续表

项　目	直接材料	直接人工	制造费用	合计
月末在产品约当产量	50/	50/25	50/25	
约当总产量	**350/**	**350/325**	**350/325**	
费用分配率(元/件)	220/	170/180	100/150	
本月完工甲产品成本	66 000/	51 000/54 000	30 000/45 000	246 000
月末在产品成本	11 000/	8 500/4 500	5 000/3 750	24 500/8 250

根据计算结果和完工产品入库单，编制结转本月完工入库甲产品成本的会计分录如下：

借：库存商品——甲产品　　246 000

　贷：生产成本——基本生产成本——第三车间(甲产品)　　246 000

从计算结果可知，逐步分项结转分步法下，本月完工甲产品 300 件的实际总成本为 246 000元，其中直接材料、直接人工、制造费用分别为66 000元、105 000元、75 000元。这一结果与逐步综合结转分步法下各成本项目的成本(参见表 7－35)是有一定差异的，这是因为无论是进行成本还原时所依据的成本构成，还是在产品的完工程度的确定等都只是相对合理的假定。

三、平行结转分步法举例

运用平行结转分步法的关键就是要确定各步骤生产费用中应计入产成品成本的份额，在装配式多步骤生产企业和连续式多步骤生产企业中，计算方法略有不同。

(一)装配式多步骤生产

在装配式多步骤生产企业中，采用约当产量法计算应计入产成品成本的份额的计算公式为：

$$\text{某步骤应计入产成品成本的份额}=\text{产成品的产量}\times\text{单位产成品耗用该步骤半成品数量}\times\text{该步骤半成品单位成本}$$

上式中“该步骤半成品单位成本”，按下述公式计算：

$$\text{某步骤半成品单位成本(费用分配率)}=\frac{\text{该步骤月初在产品费用}+\text{该步骤本月发生费用}}{\text{该步骤完工半成品数量}+\text{该步骤月末在产品的当产量}}$$

【例 3－6】 汉盛工厂属于装配式多步骤生产企业，其生产的甲产品由一件 A 部件和两件 B 部件装配而成。A、B 部件分别由第一、二车间生产，然后由第三车间装配成产成品。第一、第二、第三车间分别为第一、第二、第三步骤，第一、第二生产车间的原材料均在生产开始时一次投放。企业根据生产特点，采用平行结转分步法计算甲产品成本，并采用约当产量法分配每步骤应计入完工产品(半成品)和在产品成本。本月 3 个车间的月初在产品成本和本月发生的生产费用见表 3－41，本月各步骤产量记录见表 3－42。

表 3－41　　**生产费用资料**

产品：甲产品　　2015 年 8 月　　单位：元

项　目	第一车间(A 部件)	第二车间(B 部件)	第三车间(甲产品)
月初在产品成本	16 300	18 200	9 000

续表

项　目	第一车间(A部件)	第二车间(B部件)	第三车间(甲产品)
其中:直接材料	7 400	8 500	
直接人工	5 900	5 700	6 500
制造费用	3 000	4 000	2 500
本月发生生产费用	69 000	64 300	38 600
其中:直接材料	35 000	39 500	
直接人工	24 000	15 000	24 100
制造费用	10 000	9 800	14 500

表 3－42　　产量记录

产品:甲产品　　2015 年 8 月　　单位:件

项　目	第一车间(A部件)	第二车间(B部件)	第三车间(甲产品)
月初在产品	150	250	150
本月投产	650	1 250	550
本月完工	550	1 200	600
月末在产品	250	300	100
月末在产品完工程度	40%	60%	80%

根据上述资料,产品成本计算程序如下:

1. 开设产品生产成本明细账(或成本计算单)

以甲产品及其所经过的生产步骤为成本核算对象设置第一步骤 A 部件、第二步骤 B 部件、第三步骤甲产品的产品生产成本明细账(或成本计算单)。

2. 计算第一、第二、第三步骤生产成本应计入产成品的份额

第一、第二、第三步骤生产成本计算单分别如表 3－43、表 3－44、表 3－45 所示。

表 3－43　　第一车间产品成本计算单

半成品名称:A 部件　　完工产品:550 件　　在产品:250 件　　完工程度:40%

2015 年 8 月　　单位:元

项　目	直接材料	直接人工	制造费用	合计
月初在产品成本	7 400	5 900	3 000	16 300
本月本步骤发生生产费用	35 000	24 000	10 000	69 000
生产费用合计	**42 400**	**29 900**	**13 000**	**85 300**
本月完工半成品数量	550	550	550	
月末在产品数量	250	250	250	
月末在产品完工程度	100%	40%	40%	
月末在产品约当产量	250	100	100	

续表

项 目	直接材料	直接人工	制造费用	合计
约当总产量	**800**	**650**	**650**	
费用分配率(元/件)	53	46	20	
应计入产成品成本的份额	31 800	27 600	12 000	71 400
月末在产品成本	10 600	2 300	1 000	13 900

表中，应计入产成品成本的份额计算如下：

应计入产成品的直接材料费用＝600×53＝31 800(元)

应计入产成品的直接人工费用＝600×46＝27 600(元)

应计入产成品的制造费用＝600×20＝13 900(元)

表 3－44 **第二车间产品成本计算单**

半成品名称:B 部件　　完工产品:1 200 件　　在产品:300 件　　完工程度:60%

2015 年 8 月　　单位:元

项 目	直接材料	直接人工	制造费用	合计
月初在产品成本	8 500	5 700	4 000	18 200
本月本步骤发生生产费用	39 500	15 000	9 800	64 300
生产费用合计	**48 000**	**20 700**	**13 800**	**82 500**
本月完工半成品数量	1 200	1 200	1 200	
月末在产品数量	300	300	300	
月末在产品完工程度	100%	60%	60%	
月末在产品约当产量	300	180	180	
约当总产量	**1 500**	**1 380**	**1 380**	
费用分配率(元/件)	32	15	10	
应计入产成品成本的份额	38 400	18 000	12 000	68 400
月末在产品成本	9 600	2 700	1 800	14 100

表中，应计入产成品成本的份额计算如下：

应计入产成品的直接材料费用＝600×2×32＝38 400(元)

应计入产成品的直接人工费用＝600×2×15＝18 000(元)

应计入产成品的制造费用＝600×2×10＝12 000(元)

表 3－45 **第三车间产品成本计算单**

产成品名称:甲产品　　完工产品:600 件　　在产品:100 件　　完工程度:80%

2015 年 8 月　　单位:元

项 目	直接材料	直接人工	制造费用	合计
月初在产品成本		6 500	2 500	9 000

续表

项　目	直接材料	直接人工	制造费用	合计
本月本步骤发生生产费用		24 100	14 500	38 600
生产费用合计		**30 600**	**17 000**	**47 600**
本月完工产品数量		600	600	
月末在产品数量		100	100	
月末在产品完工程度		80%	80%	
月末在产品约当产量		80	80	
约当总产量		**680**	**680**	
费用分配率(元/件)		**45**	**25**	
应计入产成品成本的份额		**27 000**	**15 000**	**42 000**
月末在产品成本		**3 600**	**2 000**	**5 600**

表中,应计入产成品成本的份额计算如下:

应计入产成品的直接人工费用=600×45=27 000(元)

应计入产成品的制造费用=600×25=15 000(元)

3. 根据各生产步骤生产成本计算单编制产品成本汇总计算表

产品成本汇总计算表如表 3-46 所示。

表 3-46　　产品成本汇总计算表

产品名称:甲产品　　产量:600 件

2015 年 8 月　　单位:元

项　目	直接材料	直接人工	制造费用	合　计
第一步骤计入产成品成本的份额	31 800	27 600	12 000	71 400
第二步骤计入产成品成本的份额	38 400	18 000	12 000	68 400
第三步骤计入产成品成本的份额	27 000	15 000	42 000	
总成本	70 200	72 600	39 000	181 800
单位成本(元/件)	117	121	65	303

根据产品成本汇总计算表和产成品入库单,结转完工产品成本,会计分录如下:

借:库存商品——甲产品　　181 800

　　贷:生产成本——基本生产成本——第一步骤(甲产品)　　71 400

　　　　　　　　　　　　　　　——第二步骤(甲产品)　　68 400

　　　　　　　　　　　　　　　——第三步骤(甲产品)　　42 000

(二)连续式多步骤生产

连续式多步骤生产企业中,采用约当产量法计算应计入产成品成本的份额的计算公式为:

$$\text{某步骤应计入产成品成本的份额}=\text{产成品的产量}\times\text{单位产成品耗用该步骤半成品数量}\times\text{该步骤半成品单位成本}$$

上式中"该步骤半成品单位成本",按下述公式:

$$\text{某步骤半成品单位成本(费用分配率)}=\frac{\text{该步骤月初在产品费用}+\text{该步骤本月发生费用}}{\text{完工产成品所耗该步骤半成品数量}+\text{该步骤月末广义在产品约当产量}}$$

上式中“该步骤月末广义在产品约当产量”，按下述公式计算：

$$\text{某步骤月末广义在产品约当产量}=\text{该步骤月末狭义在产品约当产量}+\text{处于后续步骤中的在产品数量之和}$$

上式中，因只有该步骤的在产品对本步骤而言是在产品，需按投料率或完工程度折算成约当产量，而处于后续步骤的在产品对本步骤而言已为完工半成品，无需再进行折算，直接相加即可。

【例 3－7】 汉发工厂大量生产甲产品，设有第一、第二、第三生产车间，甲产品需顺序经过 3 个车间逐步加工，其中：第一车间生产的产品为甲产品的 A 半成品，A 半成品完工后全部直接交给第二车间继续加工为甲产品的 B 半成品；B 半成品完工后全部直接交给第三车间继续加工为甲产品产成品，甲产品完工后全部交产成品仓库。原材料在生产开始时一次投入，一件产成品耗用一件 B 半成品，一件 B 半成品耗用一件 A 半成品。该厂根据实际情况，采用平行结转分步法计算甲产品成本，并采用约当产量法分配每步骤应计入完工产品(半成品)和在产品成本。本月 3 个车间的月初在产品成本和本月发生的生产费用见表 3－47，本月各步骤产量记录见表 3－48。

表 3－47　　**生产费用资料**

产品：甲产品　　2015 年 8 月　　单位：元

项　目	第一车间(A 半成品)	第二车间(B 半成品)	第三车间(甲产品)
月初在产品成本	22 200	16 500	26 400
其中：直接材料	11 000		
直接人工	7 700	10 000	18 000
制造费用	3 500	6 500	8 400
本月发生生产费用	55 000	38 100	19 800
其中：直接材料	34 000		
直接人工	13 000	25 100	14 000
制造费用	8 000	13 000	5 800

表 3－48　　**产量记录**

产品：甲产品　　2015 年 8 月　　单位：件

项　目	第一车间(A 半成品)	第二车间(B 半成品)	第三车间(甲产成品)
月初在产品	50	70	80
本月投产或上步骤转入	300	270	280
本月完工转入下步骤或入半成品库	270	280	300
月末在产品	80	60	60
月末在产品完工程度	50%	50%	50%

根据上述资料，产品成本计算程序如下：

1. 开设产品生产成本明细账（或成本计算单）

以甲产品及其所经过的生产步骤为成本核算对象设置第一步骤A半成品、第二步骤B半成品、第三步骤甲产品的产品生产成本明细账（或成本计算单）。

2. 计算第一、第二、第三步骤生产成本应计入产成品的份额

第一、第二、第三步骤生产成本计算单分别如表3—49、表3—50、表3—51所示。

表3—49　　第一车间产品成本计算单

半成品名称:A半成品　　完工产品:270件　　在产品:80件　　完工程度:50%

2015年8月　　单位:元

项　目		直接材料	直接人工	制造费用	合计
月初在产品成本		11 000	7 700	3 500	22 200
本月本步骤发生生产费用		34 000	13 000	8 000	55 000
生产费用合计		**45 000**	**20 700**	**11 500**	**77 200**
本月完工产成品数量		300	300	300	
广义在产品约当产量	本步骤在产品约当产量	80	40	40	
	后续步骤在产品数量	120	120	120	
	广义在产品约当产量	200	160	160	
约当总产量		**500**	**460**	**460**	
费用分配率(元/件)		90	45	25	
应计入产成品成本的份额		27 000	13 500	7 500	48 000
月末在产品成本		18 000	7 200	4 000	29 200

表中，有关数据计算如下：

本步骤在产品直接材料约当产量＝80×100%＝80(件)

本步骤在产品直接人工、制造费用约当产量＝80×50%＝40(件)

后续步骤在产品数量＝(第二步骤在产品约当量)60＋(第三步骤在产品约当量)60
＝120(件)

应计入产成品的直接材料费用＝300×90＝27 000(元)

应计入产成品的直接人工费用＝300×45＝13 500(元)

应计入产成品的制造费用＝300×25＝7 500(元)

表3—50　　第二车间产品成本计算单

半成品名称:B半成品　　完工产品:280件　　在产品:60件　　完工程度:50%

2015年8月　　单位:元

项　目	直接材料	直接人工	制造费用	合计
月初在产品成本		10 000	6 500	16 500
本月本步骤发生生产费用		25 100	13 000	38 100
生产费用合计		**35 100**	**19 500**	**54 600**
本月完工产成品数量		300	300	

续表

项目		直接材料	直接人工	制造费用	合计
广义在产品约当产量	本步骤在产品约当产量		30	30	
	后续步骤在产品数量		60	60	
	广义在产品约当产量		90	90	
约当总产量			**390**	**390**	
费用分配率(元/件)			90	50	
应计入产成品成本的份额			27 000	15 000	42 000
月末在产品成本		8 100	4 500	12 600	

表中,有关数据计算如下:

本步骤在产品直接材料约当产量=60×100%=60(件)

本步骤在产品直接人工、制造费用约当产量=60×50%=30(件)

后续步骤在产品数量=(第三步骤在产品数量)60(件)

应计入产成品的直接人工费用=300×90=27 000(元)

应计入产成品的制造费用=300×50=15 000(元)

表 3-51 **第三车间产品成本计算单**

产品名称:甲产品 完工产品:300 件 在产品:60 件 完工程度:50%

2015 年 8 月 单位:元

项目		直接材料	直接人工	制造费用	合计
月初在产品成本			18 000	14 000	32 000
本月本步骤发生生产费用			8 400	5 800	14 200
生产费用合计			**26 400**	**19 800**	**46 200**
本月完工产成品数量			300	300	
广义在产品约当产量	本步骤在产品约当产量		30	30	
	后续步骤在产品数量				
	广义在产品约当产量		30	30	
约当总产量			**330**	**330**	
费用分配率(元/件)			80	60	
应计入产成品成本的份额			24 000	18 000	42 000
月末在产品成本			2 400	1 800	4 200

表中,有关数据计算如下:

本步骤在产品直接材料约当产量=60×100%=60(件)

本步骤在产品直接人工、制造费用约当产量=60×50%=30(件)

应计入产成品的直接人工费用=300×80=24 000(元)

应计入产成品的制造费用=300×60=18 000(元)

3. 根据各生产步骤生产成本计算单编制产品成本汇总计算表

产品成本汇总计算表如表 3－52 所示。

表 3－52　　产品成本汇总计算表

产品名称：甲产品　　产量：300 件

2015 年 8 月　　单位：元

项　目	直接材料	直接人工	制造费用	合计
第一步骤计入产成品成本的份额	27 000	13 500	7 500	48 000
第二步骤计入产成品成本的份额		27 000	15 000	42 000
第三步骤计入产成品成本的份额		24 000	18 000	42 000
总成本	27 000	64 500	40 500	132 000
单位成本（元/件）	90	215	135	440

根据产品成本汇总计算表和产成品入库单，结转完工产品成本，会计分录如下：

借：库存商品——甲产品　　132 000

　贷：生产成本——基本生产成本——第一步骤（甲产品）　　48 000

　　　　　　　　　　　　　　——第二步骤（甲产品）　　42 000

　　　　　　　　　　　　　　——第三步骤（甲产品）　　42 000

本章小结

本章主要介绍了品种法、分步法和分批法的特点、适用范围、一般计算程序及账务处理过程。

关键概念

品种法　分步法　分批法　逐步结转分步法　平行结转分步法

讨论及思考题

1. 试分别简述品种法、分步法和分批法适用的范围。
2. 试分别简述品种法、分步法和分批法的特点。
3. 试分别简述品种法、分步法和分批法的计算程序。

第四章　成本性态分析

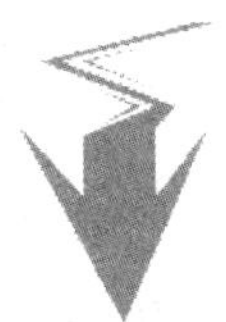

【本章要点提示】

- 掌握成本性态的分类
- 掌握混合成本分解的方法
- 掌握完全成本法和变动成本法的联系和区别

【本章内容引言】

成本性态分析是建立在成本性态分类的基础上所进行的数量分析，目的是将成本总额划分为变动成本和固定成本两个部分，并构建起成本总额与业务量的线性函数关系。成本性态分析是变动成本法的理论基础。本章主要介绍了成本的分类，混合成本如何分为固定成本和变动成本，完全成本法和变动成本法的比较，以及使用这两种方法下的存货成本和当期损益的区别。

第一节　成本性态的分类

成本是指为达到特定目的而消耗或放弃的资源，它是衡量企业经营管理水平高低和经济效益好坏的一个重要指标。企业为了实现有效经营，提高生产经营效果，在决策、预算和日常控制等各个环节，都必须对成本问题进行认真的分析研究。

成本可以按照各种不同的标准进行分类，以适应企业经营管理的不同需要。

传统会计中的成本是指企业为生产一定种类、一定数量产品所支出的各种生产费用的货币表现，所以也称为生产成本、制造成本或产品成本，按照具体的经济用途分为直接人工、直接材料和制造费用等项目。

管理会计的产生使成本概念更加多样化。管理会计为行使其预测、决策职能，将沉没成本、相关成本、机会成本等概念广泛应用于不同类型的经营管理决策中，极大地丰富了成本的内涵。管理会计人员应针对特定的管理需求，选择恰当的分类标准对成本进行分类。成本性态分类是管理会计进行成本分类的重要方法，是短期经营决策等多种决策方法的基础，具有重大意义。

所谓成本性态，亦称成本习性，是指成本总额与业务量之间在数量方面的依存关系。这里的业务量可以是产量、销量，也可以是直接人工小时、机器工作小时等，通常是指产量或销量；这里的成本总额，包括为取得营业收入而发生的全部生产成本和非生产成本。研究成本对业务量的依存性，进行成本性态分析，可以从数量上掌握成本与业务量之间的规律性联系，为企业优化管理决策资源，对于有效实施成本控制、挖掘成本降低潜力和争取最佳经济效益，都有很大的帮助。

企业的总成本按照成本性态分类，可以分为固定成本、变动成本和混合成本三类。

一、固定成本

固定成本是指在一定时期和一定业务量范围内，成本总额不受业务量变动的影响而保持固定不变的成本。例如，企业按直线法计提的厂房和机器设备的折旧费、管理人员的工资、财产保险费、广告费、职工培训费、租金等，均属于固定成本。

(一)固定成本的基本特征

由于固定成本总额不受业务量变动的影响而保持不变，从而单位固定成本与业务量的增减呈反比例的变动，由此可以得出固定成本的两个特点：

第一，固定成本总额(用 a 表示)的不变性。若设函数 y＝固定成本总额，则固定成本总额 y 与业务量 x 之间的关系是 $y=a$(如图 4－1 所示)。

第二，单位固定成本的反比例变动性。若设函数 y＝单位固定成本，则单位固定成本 y 与业务量 x 之间的关系是 $y=a/x$(如图 4－2 所示)。

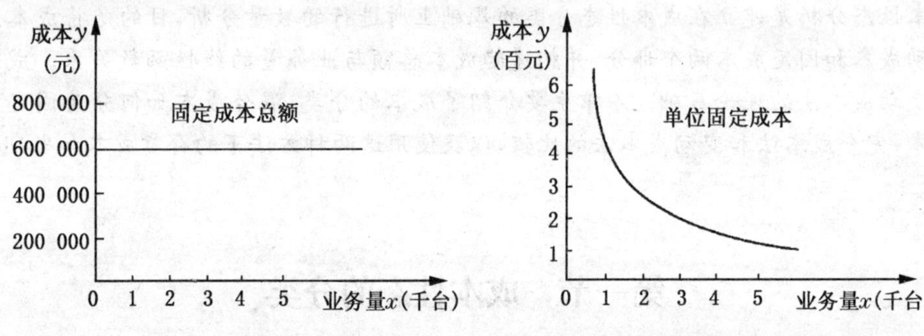

图 4－1 固定成本总额成本性态模型　　图 4－2 单位固定成本成本性态模型

【例 4－1】 某企业由于拓展业务需要，从某租赁公司租入一条计算机生产线，租金每年为600 000元，其最大的生产能力为每年5 000台，则产量在5 000台内变动时对于成本的影响见表 4－1。

表 4－1 产量在5 000台内变动时对于成本的影响

产量(台)	总成本(元)	单位产品负担的固定成本(元)
1 000	600 000	600
2 000	600 000	300
3 000	600 000	200
4 000	600 000	150
5 000	600 000	120

其成本性态模型如图 4—1 和图 4—2 所示。

(二)固定成本的分类

为了有效地控制固定成本,需要对不同性质的固定成本进行分类。通常,固定成本按其是否受管理当局短期计划和决策行为的影响,可以分为约束性固定成本和酌量性固定成本两类。

1. 约束性固定成本

约束性固定成本,也称"经营能力成本",是指管理当局无法通过短期决策改变其支出数额的固定成本。它和企业经营能力的形成及其正常维护直接相关,如固定资产折旧费、保险费、财产税、管理人员工资等。这些成本是企业保持正常生产经营能力的必要条件,具有很强的约束性;企业的经营能力一经形成,在短期内难以做出重大的改变,因而可以在企业生产经营的较长时期内继续存在和发挥作用。

2. 酌量性固定成本

酌量性固定成本,也称"抉择性固定成本",或"经营方针成本",它是指管理当局可以通过短期决策改变其不同时期支出数额的固定成本。它是由企业管理部门按照经营方针的要求,通过确定未来某一会计期间的有关预算形式形成的,如企业的开发研究费、广告费、职工培训费等。酌量性固定成本不同于约束性固定成本,其支出数额的多少可以改变,服从于企业每一会计期间生产经营的实际需要和财务负担能力,因而可以伴随经营方针和财务状况的改变而相应改变,一经确定,只能在某一特定的会计期间存在和发挥作用。

(三)固定成本的"相关范围"概念

对固定成本的所谓"固定性",我们不能作绝对化的理解,固定性是在一定范围条件内才存在的,这种范围被称为"相关范围"。一般而言,固定成本的相关范围包括两层含义:一是特定时间范围,二是特定的业务量范围。首先,从长期看,任何成本都是可以改变的,约束性固定成本和酌量性固定成本都会随着企业经营方针的改变而有所增减。例如,随着企业规模的不断扩大,企业需要将原有生产设备更新为拥有较大生产能力的设备;或随着科学技术的不断发展,企业以先进的设备取代原有技术较为落后的设备,这些都会导致固定成本总额的变化。其次,当企业的生产能力尚未达到饱和时,适当的产量增加不会改变固定成本;然而,当产量的增加超过了现有生产能力时,企业就必须添置新设备。于是,固定成本总额就会相应增加。所以,在研究固定成本时,必须以明确时间范围和业务量范围为前提。

二、变动成本

变动成本是指在一定时期和业务量范围内,成本总额随着业务量的变动而呈正比例变动的成本。企业生产成本中的直接材料、直接人工,制造费用中的产品包装费用,销售费用中按销售量摊销的销售佣金等,均属于变动成本。

(一)变动成本的基本特征

由于变动成本总额随业务量的变化呈正比例变化,从单位业务量观察,就会发现单位直接材料、单位直接人工等费用是固定不变的,即单位变动成本不受业务量的影响而保持不变,由此可以得出变动成本的两个特点:一是变动成本总额的正比例变动性。若设 y=变动成本总额,则变动成本总额 y 与业务量 x 之间的关系是 $y=bx$(如图 4—3 所示)。二是单位变动成本(用 b 表示)的不变性。若设 y=单位变动成本,则单位变动成本 y 与业务量 x 之间的关系是 $y=b$(如图 4—4 所示)。

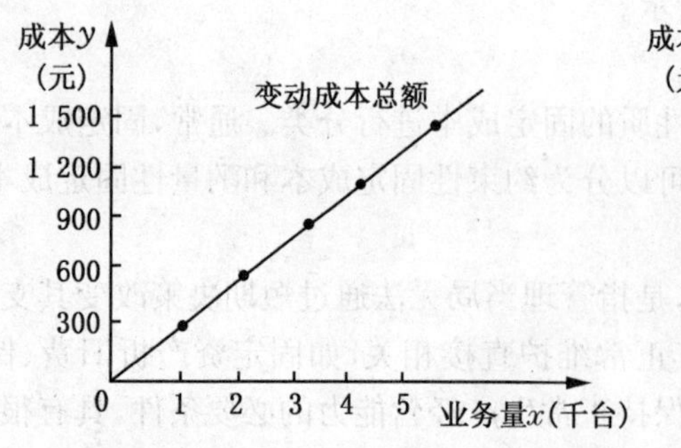

图 4—3 变动成本总额成本性态模型

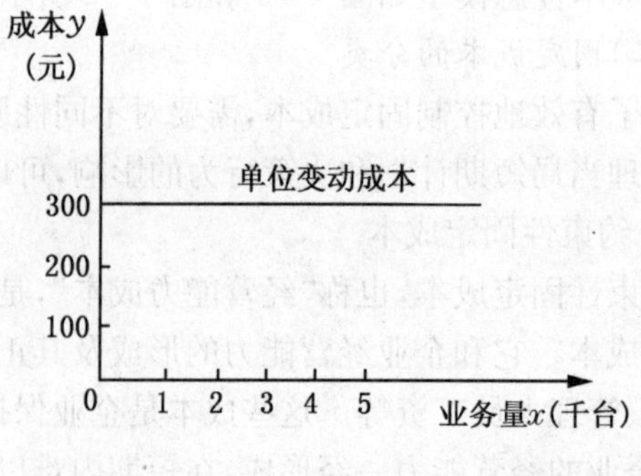

成本y
(元)
单位变动成本
300
200
100
0 1 2 3 4 5 业务量x(千台)

图 4—4 单位变动成本成本性态模型

【例 4—2】 承[例 4—1],若该企业每生产 1 台计算机,需要一个外购的 CPU,目前符合该企业要求的 CPU 市场价格为 300 元/件,则产量在一定范围内变动对于成本的影响,见表 4—2。

表 4—2 产量对于成本的影响

产量(台)	单位变动成本(元)	变动成本总额(元)
1 000	300	300 000
2 000	300	600 000
3 000	300	900 000
4 000	300	1 200 000
5 000	300	1 500 000

其成本性态模型如图 4—3 和图 4—4 所示。

(二)变动成本的分类

变动成本也可以分为两类,即酌量性变动成本和约束性变动成本。

1. 酌量性变动成本

这是指单位变动成本发生额由高层管理者经营决策行为决定的成本。例如,按照一定百分比从销售收入中提取的销售佣金,其金额的大小取决于高层管理者确定的提取比例。

2. 约束性变动成本

这是指单位变动成本发生额由工艺、设计技术等方面的原因决定而不受经营管理者决策影响的成本。例如,某计算机生产企业在生产过程中使用的是国外进口的处理器,该处理器的成本主要取决于国外厂商的生产技术以及市场价格,本企业很难改变,除非使用国产处理器从而改变整个企业的生产工艺。

(三)变动成本的"相关范围"概念

和固定成本相类似,变动成本总额与业务量之间的依存关系也需要保证一定的范围条件,也可以称为"相关范围",即在一定时期的业务量范围内,成本和业务量之间呈正比例线性关系,但在一定的业务量范围之外,这种关系就可能不存在或表现为非线性关系。例如,当企业的产销量较低时,其生产经营很难达到规模效应,这时单位产品所负担的直接材料和直接人工都比较多;随着企业产销量的增加,达到某种程度后资源利用率会提高,单位产品所负担的直接材料和直接人工等变动成本有所降低并保持稳定不变；当企业的产销量继续增加，并超过了生产能力后，单位产品负担的变动成本又会有所增加。所以，研究变动成本时也应该考虑一定的时间范围和业务量范围，当相关范围发生改变时，原有的单位变动成本将会被新的单位变动成本所取代。

三、混合成本

混合成本，是指成本总额受业务量变动的影响，但变动的幅度并不同业务量的变动保持正比例关系的成本，即混合成本既不属于固定成本也不属于变动成本，但又兼备了两者的某些特点的成本。

按照混合成本与变动成本的要求不同，可以将混合成本分为标准式混合成本和非标准式混合成本。

1. 标准式混合成本

标准式混合成本是由明显的固定成本和变动成本两部分组成的成本，它的固定部分是不受业务量影响的基数成本，变动部分是在基数成本的基础上随着业务量的增长而呈正比例增长的成本。设 y＝标准式混合成本总额，则标准式混合成本 y 与业务量 x 的关系为：$y=a+bx$（如图 4－5 所示）。

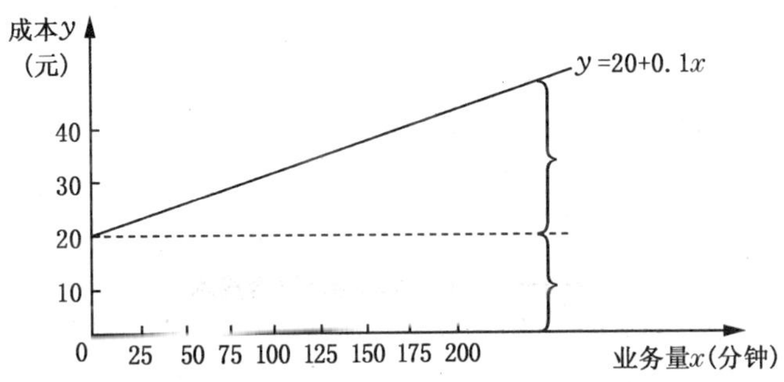

图 4－5　标准混合成本性态模型

【例 4－3】　某电信部门规定的固定电话费用中，每月固定月租为 20 元，在此基础上，通话业务每分钟再付费 0.1 元。这对于客户来说，话费支出就属于成本。现要求列出费用支出与业务量之间的数量依存关系。

解：客户的话费开支属于标准式混合成本，设其为 y，设业务量为 x，则两者的线性关系为：

$$y=20+0.1x$$

其成本性态模型如图 4－5 所示。

2. 非标准式混合成本

标准式混合成本以外的所有混合成本形式都可以称为是非标准式混合成本。非标准式混合成本的表现形式包括阶梯式非标准混合成本、低坡式非标准混合成本、曲线式非标准混合成本等（如图 4－6、图 4－7、图 4－8 所示）。

实践中，还有很多混合成本，其与业务量之间的依存关系无法准确地估计和测定，可以称为其他非标准式混合成本。

如果从较长时期和业务量的变动趋势看，所有的成本总额都是混合成本，即没有绝对不变的固定成本总额，也没有绝对不变的单位变动成本。“相关范围”的存在说明，成本性态不是成本自身固有的特性，它受到时间和数量的限制。所以，开展成本性态分析本质就是进行混合成本的分解，把成本总额限定在误差允许的范围内，用标准混合成本 $y=a+bx$ 的形式代替。

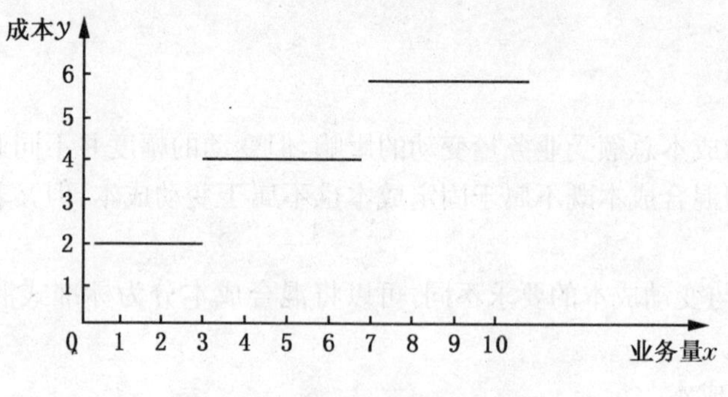

图 4-6 阶梯式非标准混合成本

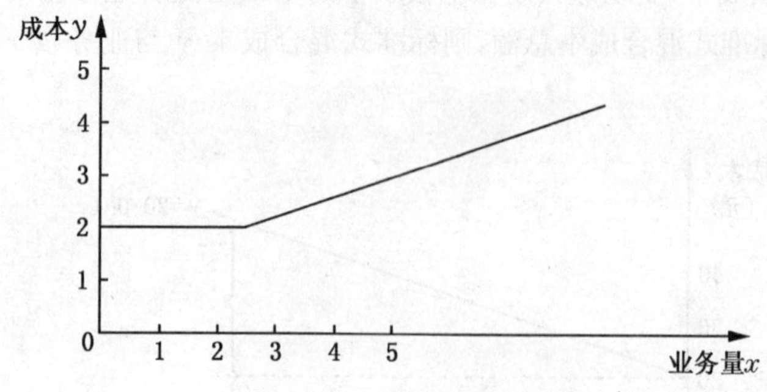

图 4-7 低坡式非标准混合成本

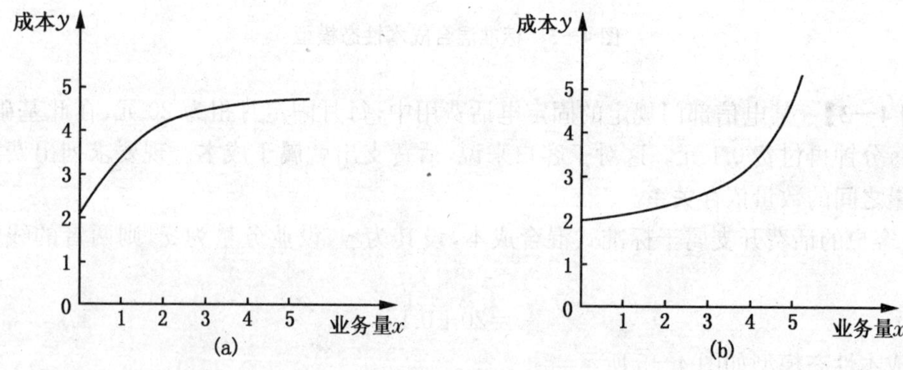

图 4-8 曲线式非标准混合成本

四、混合成本的分解

企业经营管理者为了规划和控制企业的经济活动，经常需要了解成本与业务量之间的变化关系。为此，管理会计人员需将全部成本按其习性分为变动成本和固定成本两大类。然而，在实际工作中，很多成本都是以“混合成本”的形式出现的，需要管理会计人员使用一些专门的方法，将其分解为变动成本和固定成本，这就是通常所说的混合成本的分解。所谓成本性态分析，就是在成本性态分类的基础上，将混合成本分解为变动成本和固定成本两部分后，分别纳入变动成本和固定成本两类成本中，以此建立成本总额与业务量函数关系的过程。

分解混合成本，一般采用的方法有历史成本分解法、工程研究法、账户分类法和合同认定法。

（一）历史成本分解法

历史成本分解法，是指根据混合成本的历史数据，依据以前各期的实际成本与业务量之间的依存关系，来推算一定期间、一定业务量范围之内固定成本和单位变动成本的平均值，并以此确定所估算的未来成本的一种方法。

历史成本分解法的准确程度，取决于用以分析的历史数据的恰当程度。为了保证成本分解的可靠性，必须注意以下几点：一是选择相关、可比的历史数据，保证所收集的数据不会因为会计政策的变化而产生较大的偏差。因为不同会计期间所采用的会计政策和方法的不同，会在很大程度上影响各期期间成本的可比性。二是选择恰当的会计期间，可以消除期限较长带来的不稳定因素的影响。三是选择恰当的业务量计量单位，保证选定的变量和成本之间存在密切的依存关系。

历史成本分解法可具体分为高低点法、散布图法和回归直线法。

1. 高低点法

高低点法是历史成本分解法中最简单的一种方法，其主要特点是：利用相关范围内业务量最高点和最低点所对应的成本最高点和最低点，来确定成本函数中固定成本和单位变动成本。

高低点法的计算原理是：在相关范围内，所收集的历史数据中成本 y 与业务量 x 是存在线性依存关系的，可以用函数 $y=a+bx$ 表示。根据成本性态分析，a 是相关范围内不变的固定成本，b 是相关范围内不变的单位变动成本，找到 a 和 b 的值，也就构建起了混合成本的线性函数。

在高低点法下，单位变动成本 b 的计算公式为：

b＝(最高点业务量的成本－最低点业务量的成本)/(最高业务量－最低业务量)

当 b 值确定后，可以根据下列公式中的任何一个，求出 a 值：

a＝最高业务量的成本－b×最高业务量

或：

a＝最低业务量的成本－b×最低业务量

【例 4－4】 设某企业 2×14 年度的维修成本历史数据如表 4－3 所示。假定下一年 1 月份该企业预计产量为1 300机器小时，则预计 2×15 年 1 月份将发生的成本为多少？

表 4－3　　某企业 2×14 年度的维修成本

月　份	机器工作小时（小时）	维修成本（元）
1	1 200	900
2	1 300	910
3	1 150	840
4	1 050	850

续表

月　份	机器工作小时(小时)	维修成本(元)
5	900	820
6	800	780
7	700	720
8	800	780
9	950	750
10	1 100	890
11	1 250	920
12	1 400	930

解　经过观察,发现业务量最高点和最低点分别是12月份的1 400小时和7月份的700小时,所对应的成本分别为930元和720元,所以b和a分别为:

$b=(930-720)/(1\,400-700)=0.3$

$a=930-0.3\times1\,400=510$

或

$a=720-0.3\times700=510$

则成本函数为$y=510+0.3x$

若2×15年1月份预计的产量为1 300机器小时,则预计的维修成本为:

$y=510+0.3\times1\,300=900$(元)

使用高低点法分解混合成本,计算简便。但因为它只选择了诸多历史资料中的两组数据作为计算依据,使得计算结果具有偶然性而不具有代表性,所以这种方法只适用于各期成本变动趋势稳定的情况。

2. 散布图法

散布图法,也称布点图法,是将所观察的历史数据,在坐标图上作点,绘出各期成本的散布图,并使用仪器在各成本点之间画出一条反映成本变动趋势的直线,据以确定固定成本和单位变动成本的一种方法。

散布图法的步骤为:

(1)描点。在平面直角坐标系中,绘制成本的散布点,以横轴代表业务量,纵轴代表成本。于是历史成本的数据就形成若干点散布于坐标图中,由此绘制的图即为散布图。

(2)画线。通过目测或使用仪器画出一条反映成本平均变动趋势的直线。注意,应尽量使画出的这条直线两边的散布点数量相同,从而使各点到直线的距离之和达到最小。

(3)读数。所画出的直线与纵轴的截距即为固定成本a,在所画出直线上任取一点x,即可计算得出b的值。依据的公式是:$b=(y-a)/x$。

【例4—5】　仍以前[例4—4]的成本资料为依据,设维修成本为y轴,设机器工作小时为业务量x轴,绘制散布图如图4—9所示。

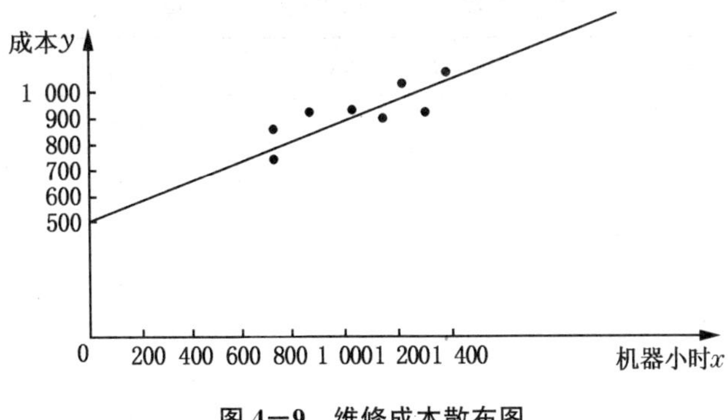

图 4－9　维修成本散布图

在图 4－9 中，所绘直线和纵轴的交点是 500，表示固定成本为 500 元，则斜率 b 的计算方法为：

在直线上任取一点，如令 $x=1200$，此时 $y=900$，则：

$b=(900-500)/1200=0.33$

由此可得成本函数：

$y=500+0.33x$

用散布图法分解混合成本应注意尽可能使所画的直线具有代表性，使成本点比较均匀地分布在直线的两侧，而对于个别异常的成本点可以不予考虑。这种方法的优点是，全面考虑了已知的所有成本数据，其图像可以反映成本的变动趋势，比较形象，易于理解，因此比用高低点法分解混合成本更精确。但由于画出的反映成本平均变动趋势的直线，仍带有一种随意性，所以不能达到较高的精确度，只适用于混合成本分解精确度要求不高的情况。

3. 回归直线法

回归直线法，是指根据一系列历史成本资料，用最小二乘法原理计算出能代表平均成本水平的直线截距和斜率，以其作为固定成本和单位变动成本的一种成本分解方法。它与高低点法和散布图法相比较，是一种更为精确的方法。

回归直线法的数学推导，是以混合成本的直线方程式 $y=a+bx$ 为基础的。其应用过程如下：

设成本 y 和业务量 x 的模型为 $y=a+bx$。为找到固定成本 a 和单位变动成本 b 的值，先以求和形式（$\sum$）表达各组数据的和。得：

$$\sum y=na+b\sum x \quad (4-1)$$

再以 x 乘以 $y=a+bx$ 式的每一项，并求和，得：

$$\sum xy=a\sum x+b\sum x^2 \quad (4-2)$$

由式(4－1)和式(4－2)组成联立方程式，求解得出：

$$b=(n\sum xy-\sum x\sum y)/(n\sum x^2-\sum x\sum x)$$

$$a=(\sum y-b\sum x)/n$$

【例 4－6】　根据前例 4－4 的资料，用回归直线法对维修成本进行分解。相关数据的计算见表 4－4。

表 4—4 **维修成本回归直线的相关数据计算**

月 份	机器工作小时(x)	维修成本(y)	xy	x^2
1	1 200	900	1 080 000	1 440 000
2	1 300	910	1 183 000	1 690 000
3	1 150	840	966 000	1 322 500
4	1 050	850	892 500	1 102 500
5	900	820	738 000	810 000
6	800	730	584 000	640 000
7	700	720	504 000	490 000
8	800	780	624 000	640 000
9	950	750	712 500	902 500
10	1 100	890	979 000	1 210 000
11	1 250	920	1 150 000	1 210 000
12	1 400	930	1 302 000	1 562 500
$\sum n$	12 600	10 040	10 715 000	13 770 000

将表中数据代入回归直线公式中,得:

$b=(12\times10\ 715\ 000-12\ 600\times10\ 040)/(12\times13\ 770\ 000-10\ 040\times10\ 040)=0.32$

$a=(10\ 040-0.32\times12\ 600)/12=500.67$

由此,可以得到维修成本的线性方程:

$y=500.67+0.32x$

还应指出的是,回归直线法是统计方法在成本性态分析中的应用,采用这一统计方法的前提是成本总额和业务量之间必须具有线性关系,否则得出的结果没有意义。因此,我们需要对线性的相关性做出分析。

线性关系常用相关系数 r 加以反映。所谓相关系数,是指两个变量 x 与 y 之间相关程度及其方向的系数,其计算公式为:

$$r=\frac{n\sum xy-\sum x\sum y}{\sqrt{[n\sum x^2-(\sum x)^2]\cdot[n\sum y^2-(\sum y)^2]}}$$

相关系数 r 的取值范围在 0 与 ±1 之间。当 $r=0$ 时,说明变量之间不存在相关关系;当 $r=1$ 时,说明两者是完全的正相关;当 $r=-1$ 时,说明两者是完全的负相关;当 $0<|r|<1$ 时,r 的数值反映 x 与 y 的相关程度。数值越大,相关程度越大;数值越小,相关程度越小。

由于成本和业务量之间不可能负相关,故在混合成本的分解中,r 的取值范围在 0～1。在管理会计中,一般 r 大于 0.8 时,就表明成本总额和业务量之间有密切联系,可以采用回归直线法进行成本性态分析。

综合以上三种方法,可以看出,回归直线法使混合成本的分解建立在科学分析和精确计算的基础之上,得到的结果更为精确,但计算却相对复杂得多。无论是高低点法、散布图法或是回归直线法,都是属于历史成本分析方法,只适用于存在可比历史成本数据的情况,倘若这一条件不满足，则需要采用其他方法进行混合成本的分解。

(二)工程研究法

工程研究法又称技术测定法，是由工程技术人员通过某种技术方法测定正常生产流程中"投入—产出"之间的规律性联系，以便逐项研究决定成本高低的每个因素，并在此基础上估算出固定成本和单位变动成本的一种方法。

采用这种方法的关键在于：准确测定反映在一定生产技术和管理水平条件下，投入的成本和产出的数量之间具有规律性联系的各种消耗量标准。例如，生产一定数量产品所需消耗的各种原材料的重量、机器小时、特定技术等级的人工小时等。将这些数量标准乘以相应的单位价格，便可得到各项标准成本。例如，企业详细的工程设计说明书中，一般都包括了制造某种合格产品所需的各种原材料及其标准耗用量，只要将其与原材料单位价格相结合，即可准确地测定出原材料成本是多少。根据工程设计说明书与时间动作研究，就可以准确地测定生产流程中每一步骤所消耗的时间(人工小时)，再将其乘以小时工资率，便可得到单位产品的标准人工成本。

用工程研究法分解成本的基本步骤是：(1)确定研究的成本项目；(2)对导致成本形成的生产过程进行观察和分析；(3)确定生产过程的最佳操作方法；(4)以最佳操作方法为标准，测定成本项目每一构成内容的标准成本，并以此为依据分别确定固定成本和变动成本。

采用工程研究法必须注意两个问题：一是工程研究法只有在能够测定出固定成本总额和单位变动成本的前提条件下，才是可行的；二是如果用工程研究法进行成本性态分析的成本较大，则应根据成本—效益原则进行取舍。

工程研究法适用于任何可以从客观立场进行观察的"投入—产出"过程，并要求产品的投入量和产出量之间的关系比较稳定。除了上述提到的直接材料、直接人工外，也可以用于办公费用、装运费用、仓储费用等非制造成本的测定。

工程研究法的优越性体现在：(1)其不仅可以对现有的生产流程进行测定，还可以将所有生产活动和辅助生产活动进行详细分析，以寻求改进工作的途径，找出最经济、最有效的程序和方法，使产品制造、工作效率及资源配置效益都有所提高。(2)其主要目的是确立理想的投入—产出关系，所以企业在建立标准成本和制定预算时，使用工程研究法具有较好的科学性和指导性。(3)它是在缺乏历史成本资料条件下可用的最有效的方法，也是用于检验历史成本分析结论的最佳方法。

工程研究法的局限性在于：(1)分析成本较高，需要耗用大量的人力、物力和时间。(2)对投入—产出关系的直接相关性要求过高，不能进行没有特定投入—产出关系的各项费用的分析。

(三)账户分类法

账户分类法是指根据各有关成本账户(包括明细账)的内容，按照它们与业务量之间的关系，判断其应当归属于固定成本或变动成本的一种成本分解方法。其中，性质与固定成本较为接近的归为固定成本；与变动成本相似的则归为变动成本；不能简单划分的，经过分解后再作归类。例如，大部分管理费用在正常业务量范围内变动不明显，可按固定成本处理；而材料、燃料费用等虽然与产销量不一定呈正比例的变化关系，但费用的发生与业务量之间关系密切，可视其为变动成本。

【例4—7】 某企业基本生产车间的月成本如表4—5所示，采用账户分类法对其成本进行分解。

表 4—5 某企业基本生产车间的月成本

产量 5 000 件								
项 目	原材料	直接人工	燃料动力	维修费	间接人工	折 旧	行政管理费	合 计
总成本(元)	10 000	12 000	4 000	2 000	2 000	8 000	2 000	40 000

经分析,原材料和直接人工通常为变动成本,燃料、动力费、维修费、间接人工等因素的变动虽然与业务量的变动不呈正比例关系,但由于我们没有其他可比较的实际成本资料,所以无法进行成本性态分析,只能将其视为变动成本;行政管理费用中包括多项支出,其中大部分与业务量没有明显的线性关系,虽然可能会发生变化,但基于上述原因,我们将其视为固定成本。分类情况见表 4—6。

表 4—6 固定成本与变动成本分类 单位:元

项 目	产量为 5 000 件时的成本总成本		
	总成本	固定成本	变动成本
原材料	10 000		10 000
直接人工	12 000		12 000
燃料和动力费	4 000		4 000
维修费	2 000		2 000
间接人工	2 000		2 000
折旧	8 000	8 000	
行政管理费	2 000	2 000	
合 计	40 000	10 000	30 000

根据表 4—6 中的分类结构,可将总成本分解为固定成本和变动成本两个部分,并以线性方程 $y=a+bx$ 表示。

其中:

$a=10\ 000$

$b=(40\ 000-10\ 000)/5\ 000=6$

即:$y=10\ 000+6x$

通过上述分析可见,账户分类法具有简便易行的优点,而且其计算结果可以直接揭示固定成本和变动成本的结构,内容更加具体明确。若实际总成本发生了超支或节约,还可以据此进一步查明成本差异形成的原因。因此,这种方法在实际工作中得到了广泛应用。

账户分类法不可避免地也存在一些缺陷:(1)该方法在确定成本性态时,仅依赖某一产量水平下的一组观测数据,无法反映成本随业务量变动的波动情况,据此进行的成本性态分析不一定完全符合客观实际。(2)该方法在很大程度上取决于会计人员对某一账户成本性态的主观判断。例如[例 4—7]中,如果间接人工费用中大部分为固定费用,则这种分类方法将使分解后得到的成本线性方程存在较大误差。

克服上述弊端的最佳方法就是联系多种业务量水平进行成本性态分析,通过对不同业务量水平下成本波动情况规律的总结,判断各类成本账户的特性。

(四)合同认定法

合同认定法是根据企业同供应商所签订的各种合同、契约中的收费标准，以及企业内部既定的各种管理和核算制度中所明确规定的计费方法，来确定成本中的固定成本和单位变动成本数额的成本分解方法。

这种方法特别适用于有明确计算方法的各种初始变量变动成本，如电费、水费、煤气费、电话费等各种公用事业费。其账单上的基数即为固定成本，而按照耗用量多少计价的部分属于变动成本。该方法也是在没有历史成本数据的条件下采用的。

上述各种混合成本的分解方法，各有其优缺点和适应性，它们并非孤立存在，在实际应用中常常相互补充和印证。

五、成本形态分析存在的问题

(一)“相关范围”的限定有局限性

如前所述，固定成本和变动成本的成本性态，只是在一定的时间范围和业务量范围内存在。这一限定本身，就促使成本性态分析不可避免地带有了一定的假定性。

(二)成本与产量之间完全线性关系的假定不可能完全切合实际

在进行成本性态分析时，假定在“相关范围”内成本的变动是线性的，可以用线性方程 $y=a+bx$ 来表示，但在大多数情况下，成本与业务量之间的关系是非线性的，若要准确地描述实际的成本性态，就需要使用非线性函数来进行分析，这样得出的结果可能比较精确，但过程过于复杂。例如，若使用二次或高次方程把引起成本变动的各种因素都纳入方程中，也可以进行成本形态分析，但这种分析需要花费更多的时间、精力，信息成本可能会大于信息收益，反而得不偿失。所以，不能简单地认为，只要将分析的计算复杂化，便可以带来良好的分析效果，其实不然。

第二节　变动成本法

一、变动成本法概述

变动成本法是美国会计学家哈里斯于 1936 年提出的，但最初并没有引起社会的广泛关注，在实际工作中也很少被采用。第二次世界大战后，随着经济和科学技术的迅猛发展，企业环境发生了重大改变，市场竞争日益激烈，企业管理当局强烈要求会计部门能够提供预测、决策、预算等方面的信息，以帮助其改善日常管理，加强内部控制与决策。从此，变动成本法受到世界各国的广泛重视，作为内部管理决策的重要工具，成为管理会计的一项重要内容。

所谓变动成本法，是指以成本性态分析为依据，在计算产品成本和存货成本时，只包括产品在生产过程中所消耗的直接材料、直接人工和变动制造费用，而不包括固定制造费用，而将固定制造费用列入“期间成本”项目内，从本期收益中扣除。由于变动成本法的成本计算不包括“固定制造费用”，故亦称为直接成本法或边际成本法。

变动成本法产生以后，为有所区别，人们将财务会计中传统的成本计算方法称为完全成本法。

所谓完全成本法，是指在计算产品成本和存货成本时，把一定时期发生的直接材料、直接人工和全部制造费用(包括变动制造费用和固定制造费用)都包括在内的方法。正因为完全成本法将所有“变动”或“固定”的制造费用全部“吸收”到了产品成本中,故亦称为归纳(或吸收)成本法。

变动成本法改变了完全成本法中将固定制造费用在本期销货与存货之间进行分配的传统做法,而由当期负担。其理论依据是,固定制造费用主要是为企业提供一定的生产经营条件而发生的,这些生产经营条件一旦形成,不管其利用程度如何,有关费用照常发生,不会因产量的增减变化而改变。它们实质上与特定的会计期间相联系,和企业生产经营活动持续的长短呈正比,并随时间的推移而消逝。所以,其效益不应递延到下一个会计期间,而应在发生的当期,全部列入利润表,作为该期收益的一个扣减项目。

二、变动成本法与完全成本法的比较

由于变动成本法与完全成本法对固定制造费用的处理方法不同,导致了两种方法的一系列差异。将两者进行比较,能够进一步认识变动成本法的本质及特征,从而更好地加以应用。

(一)应用的前提条件不同

变动成本法的应用前提是成本性态分析。首先要求把全部成本划分为变动成本和固定成本两部分,尤其要把具有混合成本性质的制造费用按生产量分解为变动制造费用和固定制造费用两部分,对具有混合成本性质的销售及管理等费用,则按销售量分解为变动费用和固定费用两部分。

完全成本法首先要求把全部成本按其经济用途分为生产成本和非生产成本两类。将生产领域中为产品生产发生的成本归入生产成本,将发生在日常行政管理、销售和资金筹集中的成本归入非生产成本。

(二)产品成本的构成内容不同

变动成本法下,产品成本只包括变动生产成本中的直接材料、直接人工和变动制造费用三个项目,固定生产成本(即固定制造费用)和非生产成本全部作为期间成本处理。非生产成本也可按成本性态划分为变动和固定两部分,在利润表中分开列示。

完全成本法下,产品成本则包括全部生产成本,只有非生产成本才作为期间成本处理。

依据它们的含义,变动成本法与完全成本法产品成本的构成内容见图 4－10 和图 4－11。

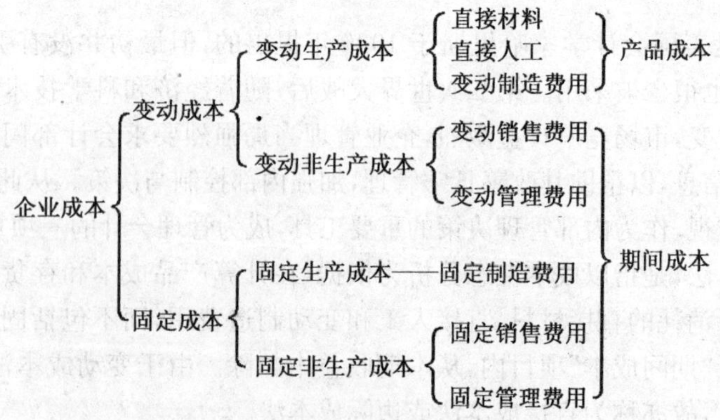

图 4－10 变动成本法下的成本结构

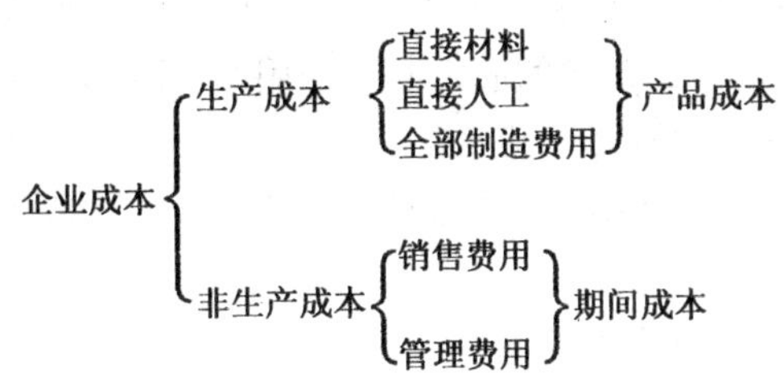

图 4—11　完全成本法下的成本结构

【例 4—8】 某企业只生产和销售一种产品，该产品 20×7 年期初存货数量为零，假定本年投产全部完工，有关产品生产资料见表 4—7。

表 4—7　　生产资料

项　目	数量(件)	项　目	金额(元)
期初存货数量	0	直接材料	200 000
本年投产完工量	5 000	直接人工	100 000
本年销售量	4 000	变动制造费用	50 000
单价	150 元/件	固定制造费用	100 000
		变动销售费用	4 000
		固定销售费用	16 000
		变动管理费用	3 000
		固定管理费用	27 000

要求：分别使用变动成本法和完全成本法计算企业的产品成本。

解：依据上述资料，用两种方法计算的产品成本和期间成本见表 4—8。

表 4—8　　产品成本计算

项　目		变动成本法		完全成本法	
		总成本	单位成本	总成本	单位成本
产品成本	直接材料	200 000	40	200 000	40
	直接人工	100 000	20	100 000	20
	制造费用			150 000	30
	变动制造费用	50 000	10		
	合　计	350 000	70	450 000	90
期间成本	固定制造费用	100 000			
	销售费用	20 000		20 000	
	管理费用	30 000		30 000	
	合　计	150 000		50 000	

上述计算结果说明，完全成本法下产品单位成本 90 元比变动成本法下产品单位成本 70 元多出 20 元。这正是由单位产品负担的固定制造费用 20 元所致。

(三)存货成本与销货成本的计算不同

在变动成本法与完全成本法下，由于产品成本及期间成本构成内容的不同，又会导致本期销货成本和存货成本构成内容的不同。

在本期销货数量和存货数量均不为零的情况下，本期所发生的产品成本最终会表现为销货成本和存货成本。变动成本法下，产品成本的成本结构中只包括变动生产成本，不包括固定制造费用；销货成本和存货成本中也只包括变动生产成本部分，而不包含固定制造费用。完全成本法下，产品成本的成本结构中包括了全部的生产成本，固定制造费用被计入产品成本；本期销货成本、期末库存成本的成本结构也是包括全部生产成本，其成本中均会包括一定份额的固定制造费用。因此，两种成本计算方法会导致所确定的期末存货成本与本期销售成本水平的不同。

【例 4－9】 仍以[例 4－8]所示的图表资料为依据，分别按照变动成本法和完全成本法计算本期销货成本和期末存货成本。

解：如前所述，本期投产产品全部完工，计算结果见表 4－9。

表 4－9　　营业成本及期末存货成本计算表

项　目	变动成本法	完全成本法
期初产成品存货成本(元)	0	0
本期产品成本(元)	350 000	450 000
可供销售产品成本(元)	350 000	450 000
单位产品成本(元)	70	90
期末产品存货数量(件)	1 000	1 000
期末产成品存货成本(元)	70 000	90 000
本期产品营业成本(元)	280 000	360 000

上述计算结果说明，在产销量不相等的情况下，两种方法所计算得出的期末存货成本不相等，两者的差额正是期末存货所负担的固定制造费用 20 000 元(20×1 000)。

(四)分期损益的计算不同

1. 损益计算的程序不同

如前所述，变动成本法下的产品成本结构和完全成本法下的成本结构并不相同，这种差异必然会对各期会计利润①的计算及利润表的编制产生影响。

变动成本法下，营业利润的计算步骤如下：

边际贡献＝营业收入－变动成本

营业利润＝边际贡献－固定成本

完全成本法下，营业利润的计算步骤如下：

毛利＝营业收入－营业成本

① 管理会计中使用的利润概念很多，但息税前利润在管理会计分析决策中有着特殊意义，本章在进行分期损益计算时指未扣除利息和所得税之前的营业利润。

营业利润＝毛利－期间成本

由于分期利润的计算程序不同，又会导致利润表的编制格式不同。在变动成本法下的利润表中，成本按照成本习性分类并排列，即营业收入减去变动成本得出边际贡献，然后从边际贡献中减去固定成本得到本期利润。在完全成本法的利润表中，成本按照经济用途和管理职能分类并排列，先由营业收入减去营业成本计算出毛利，然后从毛利中减去期间成本计算得出本期利润。

【例 4－10】 仍以[例 4－8]所示的图表资料为依据，分别按两种成本计算方法编制利润表。利润计算过程见表 4－10。

表 4－10　　**利润表**　　单位:元

按变动成本法计算		按完全成本法计算	
一、营业收入(4 000×150)	600 000	一、营业收入(4 000×150)	600 000
减:变动成本		减:营业成本	
变动生产成本(4 000×70)	280 000	期初存货成本	0
变动销售费用	4 000	＋本期生产成本	450 000
变动管理费用	3 000	可供销售产品成本	450 000
变动成本合计	287 000	－期末存货成本(1 000×90)	90 000
二、边际贡献	313 000	营业成本合计	360 000
减:固定成本		二、毛利	240 000
固定制造费用	100 000	减:期间成本	
固定销售费用	16 000	销售费用	20 000
固定管理费用	27 000	管理费用	30 000
固定成本合计	143 000	期间成本合计	50 000
三、营业利润	170 000	三、营业利润	190 000

上述计算结果说明，在期初存货为零且本期生产量大于销售量1 000件的情况下，完全成本法下计算的利润大于变动成本法下计算的利润，且差额正是期末存货所负担的固定制造费用20 000元。

2. 损益计算的结果不同

由于两种成本计算方法对固定制造费用的处理不同，在产销量不相等的情况下，两种方法各自计算得出的利润必不相等。

【例 4－11】 假定某企业某年度 1、2、3 三个月的收入、成本及生产数据资料如表 4－11 所示(为便于说明问题，假定三个月中产品的销售价格和成本未变)。

表 4－11　　**生产资料**

项　目	1月	2月	3月
期初存货(件)	0	2 000	2 000
本期生产(件)	10 000	10 000	10 000

续表

项　目		1月	2月	3月
本期销售(件)		8 000	10 000	12 000
期末存货(件)		2 000	2 000	0
销售单价(元/件)		10	10	10
生产成本	单位变动成本(元/件)	5	5	5
	固定制造费用(元)	10 000	10 000	10 000
固定销售及管理费用(元)		10 000	10 000	10 000

要求:依据以上资料,分别采用变动成本法和完全成本法计算各期损益,并编制利润表。

解:第一,从生产资料中得知,该企业连续三个月的生产量均为10 000件,而销售量呈逐期递增的趋势。

第二,变动成本法下,产品的单位生产成本等于单位变动成本 5 元/件,而完全成本法下的单位生产成本等于 6 元/件(5+10 000/10 000)。

第三,根据给定的资料,分别编制的利润表,见表 4—12 和表 4—13。

表 4—12　　变动成本法下利润表　　单位:元

项　目	1月	2月	3月
一、营业收入	80 000	100 000	120 000
减:变动成本	40 000	50 000	60 000
二、边际贡献	40 000	50 000	60 000
减:固定制造费用	10 000	10 000	10 000
固定销售及管理费用	10 000	10 000	10 000
三、营业利润	20 000	30 000	40 000

表 4—13　　完全成本法下利润表　　单位:元

项　目	1月	2月	3月
一、营业收入	80 000	100 000	120 000
减:营业成本			
期初存货成本	0	12 000	12 000
+本期生产成本	60 000	60 000	60 000
一期末存货成本	12 000	12 000	0
营业成本合计	48 000	60 000	72 000
二、毛利	32 000	40 000	48 000
减:销售及管理费用	10 000	10 000	10 000
三、营业利润	22 000	30 000	38 000

由上述两张利润表可以得出如下结论:

(1)当产量=销量时,两种方法下计算得出的利润相等。因为产销量平衡时,当期的变动成本和固定成本都会以不同的形式全部计入当期的利润表中(如 2 月份损益计算)。

(2)当产量>销量时,完全成本法下的利润大于变动成本法下的利润。原因在于:完全成本法下当期的期末存货会负担一部分固定制造费用,并在资产负债表中表现为流动资产的价值,不会体现在损益计算程序中;而变动成本法下,固定制造费用被作为期间成本全部在本期损益中扣除(如 1 月份损益计算)。

(3)当产量<销量时,完全成本法下的利润小于变动成本法下的利润。原因在于:销量大于产量表明期初存货也会在本期被销售出去。在完全成本法下,以前的存货在本期销售,意味着这部分存货所负担的以前时期的固定制造费用在本期被释放出来,从而增加了本期的成本总额,相应就降低了本期利润(如 3 月份损益计算)。

(4)从较长的时期看,如果各期产销量时多时少,各期产销量的差额相抵后又能保持基本稳定,则两种方法计算出的各期损益可能平衡或基本平衡。

三、变动成本法与完全成本法的评价

(一)完全成本法的评价

目前美国注册会计师协会(AICPA)、证券交易委员会(SEC)和国内税务局(IRS)都主张采用完全成本法来计算产品成本,并据以确定存货成本和利润。其理由是:变动成本和固定成本都是产品生产所必须支付的费用,而存货成本主要是反映一种物品达到规定存放条件和处于现有场所而发生的合适的成本与开支数额,其中包括一切直接和间接的支出,故变动成本和固定成本均应列入产品成本和存货成本中。正由于美国会计界的这些权威机构都主张采用完全成本法,因此,在财务会计中,企业编制对外报表,必须采用完全成本法。

1. 完全成本法的优点

当今世界正步入信息社会的高技术时代,国际、国内市场竞争激烈,企业为了应付竞争对手、追求高额利润,不得不经常更新设备,开发新产品;政府部门为了支持和鼓励企业采用高新技术,加快科学技术向生产力的转化,增强企业的竞争潜力,允许某些新兴行业采用加速折旧的方法,使固定资产的价值以超过实体周转率一倍以上的速度向产品成本转移。在这种情况下,如果采用完全成本法,就会使单位产品成本急剧变化。也就是说,产量越大,单位固定生产成本越低,于是整个单位产品成本也随之降低了。这就会大大刺激企业提高产品生产的积极性。

2. 完全成本法的缺点

按照经济学原理,商品只有销售出去,其价值才算得到社会的承认,企业才能获得收入和利润。在售价、单位变动成本和固定成本总额水平不变的情况下,多销售产品就应该多获得利润。但是,按照完全成本法所确定的息税前利润,往往不考虑企业所生产的产品是否能被销售出去以及何时销售出去,将生产成本全部计入产品成本,最终不能反映生产部门的真实业绩,会使管理人员对各期损益迷惑不解,甚至会促使企业片面追求高产量、高产值,盲目生产社会不需要的产品。通常表现为:

(1)有时尽管企业的某种产品各年的销售量相同,销售单价和成本水平(包括单位变动成本和固定成本总额)均无变动,但只要产量不同,各年的单位产品成本和息税前利润就有很大区别。

(2)有时尽管企业的某种产品本年的销售量超过去年,而销售单价和成本水平均无变动,但只要今年的期末存货量比去年显著减少,就会出现今年的息税前利润反而明显低于去年的情况。

(3)有时尽管企业的某种产品销售量各年不断下降，而销售单价和成本水平均无变动，但只要产量大幅度增产，反而会造成息税前利润增加的"奇怪"现象。

总之，完全成本法是一种"重生产、轻销售"的成本计算方法，其所确定的企业息税前利润，不仅受产量高低的影响，也与存货成本的增减密切相关。它既有悖于经济学原理，也会严重抹煞销售部门扩大产品销售的业绩。

【例 4－12】 假设有 3 个生产能力和产品品种完全相同的亏损企业，在采用完全成本法进行成本计算时，相关的成本、产销量和损益情况见表 4－14，试对其经营情况进行分析。

表 4－14 **相关资料**

项 目	A 企业	B 企业	C 企业
全部生产成本(元)	120 000	130 000	140 000
产量(件)	10 000	10 000	10 000
销售量(件)	10 000	5 000	1 000
单位产品成本(元/件)	12	13	14
销售价格(元/件)	10	10	10
营业收入(元)	100 000	50 000	10 000
营业成本(元)	120 000	65 000	14 000
毛利(元)	－20 000	－15 000	－4 000

本例中，A 企业的成本最低，并且所生产产品全部销售出去，故相对而言，其经营绩效应当是最好的；B 企业的成本较高，产品只销售了一半，其原因可能是销售不利或产品质量较差，故相对而言，其经营绩效次于 A 企业；C 企业的成本最高，产品仅销售了 10%，企业经营绩效最差。但由于采用了完全成本法，计算得出的销售毛利反而是 C 企业最优，亏损较少；B 企业次之；A 企业最差，亏损最多。不难设想，如果各企业完全停止销售，或产品没有市场，则不会出现亏损。

由此可见，完全成本法会起到鼓励企业少销售甚至不销售产品的消极作用，与企业的经营原则相矛盾，并错误地评价了企业销售业绩。

(二)变动成本法的评价

1. 变动成本法的优点

变动成本法的诞生，突破了传统的狭隘的成本观点，为强化企业的内部经营管理、提高经济效益开创了新思路。这种成本计算方法的优点，可归纳为以下几方面：

(1)从理论上讲，这种方法最符合"费用与收益相配比"这一原则。收入是管理者所取得的成就，成本、费用是为取得收入所发生的必要耗费。"收益与费用相配比"原则就是在确认收入的同时也将与之相对应的成本、费用进行确认，把两者进行比较得出本期利润，用以衡量管理者的工作绩效。变动成本法将生产成本中的变动制造费用计入产品成本，将已销售部分转化为销货成本与本期收入直接配比，将未销售部分转化为存货成本，与未来收入配比。生产成本中的固定制造费用，视为保持企业生产经营能力而发生的成本，并将它归入本期期间成本，一次全部与本期收入配比。变动成本法对变动生产成本和固定制造费用的处理，完全符合配比原则的要求。

(2)能够提供有用的管理信息,为预测前景、参与决策和规划未来服务。采用变动成本法求得的单位变动成本、边际贡献总额(边际贡献)以及其他有关信息(如边际贡献率、变动成本率、经营杠杆等),对管理当局的决策、规划十分有用。它们能够揭示出业务量与成本变动的内在规律,找出生产、销售、成本和利润之间的依存关系,提供各种产品的盈利能力、经营风险等重要信息。所有这些,能够帮助管理当局深入地进行本量利分析和边际贡献分析,有利于正确进行短期经营决策。

(3)便于分清各部门的经营管理责任,有利于进行成本控制和业绩评价。一般来说,变动生产成本的高低最能反映企业生产部门和供应部门的工作业绩。至于固定生产成本的高低,责任一般不在生产部门,通常应由管理部门负责,可通过事先制订费用预算的办法进行控制。另外,变动成本法所提供的信息还能把由于产量变动所引起的成本升降,同由于成本控制工作的好坏而造成的成本升降区分开来。这就不仅有利于进行科学的分析,以及采用正确的方法进行成本控制,还能对有关责任单位履行经营管理责任的工作实绩作出恰当的、实事求是的评价。

(4)促使企业管理当局重视销售环节,防止盲目生产。采用变动成本法,产量的高低与存货增减对利润都没有影响,在销售单价、单位变动成本和销售组合不变的情况下,企业息税前利润将随销售量同方向变动。这样可以促使管理当局重视销售环节,加强促销活动,并把主要精力集中在研究市场动态、了解消费者需求、搞好销售预测和以销定产等方面。否则,采用完全成本法,就可能出现销量增加,利润反而减少,甚至销量下降,利润反而增加的反常现象,其结果必然是盲目生产、仓库积压。

(5)简化成本计算,便于加强日常管理。采用变动成本法,把固定制造费用列作期间成本,从边际贡献总额中减除,可以省去许多间接费用的分摊手续。这不仅大大简化了产品成本的计算过程,避免间接费用分摊中的一些主观随意性,而且可以使会计人员从繁重的计算工作中解脱出来,集中精力向日常管理的广度和深度进军。

2. 变动成本法的局限性

(1)不符合传统的成本概念的要求。美国会计学会的成本概念和准则委员会认为:"成本是为了达到一个特定的目的而已经发生或可能发生的以货币计量的牺牲。"按照这个传统观念,产品成本就应该既包括变动成本也包括固定成本,而按变动成本法计算出来的产品成本,显然不能满足这个要求。何况变动成本与固定成本的划分,在很大程度上是假设的结果,而不是一种非常精确的计算。

(2)不能满足长期决策和定价决策的需要。尽管变动成本法所提供的信息在短期经营决策中能作为确定最优方案的重要依据,但不能解决诸如增加或减少生产能力,以及扩大或缩小经营规模等长期决策问题。因为从长期看,由于技术进步和通货膨胀等因素的影响,销售单价、单位变动成本和固定成本总额很难固定不变。另外,在定价决策中,一般需要掌握产品的全部成本资料(包括变动的和固定的成本信息),因为它们都应该得到补偿,而变动成本法所提供的产品成本资料,显然不能适应这方面的需要。

(3)从传统的完全成本法过渡到变动成本法时,会影响有关方面的利益。在实际工作中,如由原来的完全成本法过渡到变动成本法,一般要降低期末存货的计价(即在存货成本中要减去固定生产成本)。因为要等这些存货售出时才能实现利润,于是就会减少当期的息税前利润。这就会使企业迟延支付当期的所得税和股利,从而暂时影响当期税务机关的所得税收入和投资者的股利收益。

本章小结

本章主要介绍了混合成本如何分解为固定成本和变动成本，以及完全成本法与变动成本法两种不同的成本计算方法，并对两者的区别作了系统的分析，同时对两种方法所体现出的优劣进行了客观的评价，揭示了变动成本法的意义所在，为以后的本量利分析及管理预测、决策提供了理论和方法基础。

关键概念

生产成本　非生产成本　变动成本　固定成本　变动制造费用
固定制造费用　期间成本

讨论及思考题

1. 试分析变动成本法的前提条件。
2. 完全成本法与变动成本法有哪些区别？
3. 完全成本法的优缺点有哪些？
4. 试分析变动成本法的意义。

第五章　本量利分析

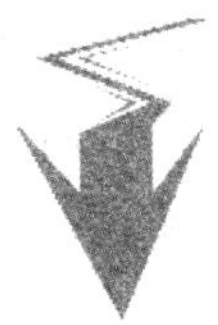

【本章要点提示】

- 掌握盈亏平衡点的计算
- 掌握各因素的变动对盈亏平衡点的影响
- 掌握安全边际的计算方法

【本章内容引言】

本量利分析是管理会计的基本方法之一，它所提供的分析原理、分析方法在管理会计中有着广泛的应用。本量利分析是在成本性态分析和变动成本法的基础之上，对成本、业务量及利润之间的关系进行分析研究，以揭示各因素之间内在依存关系的一种定量分析方法。本量利分析法可以为企业管理者提供其进行预测、决策、规划和控制的财务信息，帮助企业管理人员解决生产经营过程中的许多问题，诸如：产品销售收入达到怎样的水平才能保本，企业生产能力如何扩大，如何实现企业经营目标，等等。

第一节　本量利分析概述

本量利分析，是"成本—业务量—利润分析"的简称，是指在成本性态分类和变动成本法的基础上，应用数学方法来揭示固定成本、变动成本、业务量、单价、销售额和利润之间的内在依存关系，为会计预测、决策和规划提供必要的财务信息的一种定量分析方法。

一、本量利分析的基本假设

本量利分析是建立在一定的假设条件之上的，如果忽略了这些假设条件，就会削弱本量利分析的规律性和指导性，造成预测和决策的失误。管理会计中，盈亏临界分析和本量利分析的基本假设是一致的。这包括以下几个方面。

（一）成本性态分类假设

这一假定是指成本性态是完全可以预测的，全部成本可以按成本性态划分为固定成本和变动成本，即成本函数 $y=a+bx$ 的线性关系存在。由于固定成本和变动成本均存在各自的相关范围，导致总成本函数公式也需在一定的条件下才能成立。

（二）线性相关假设

这一假设是指在一定期间和一定业务量范围之内，本量利关系中存在若干线性关系，包括以下方面：

1. 产品的销售收入与销售量之间存在完全的线性关系

在本量利分析中，通常都假设产品的单价固定不变，且产品销售收入同销售量之间呈正比例的变动关系，可以用公式 $y=px$ 表示（其中，y 指销售收入，p 指单位价格，x 指相关范围内的业务量）。但是，在市场经济条件下，产品的价格受多种因素制约，在产品生命周期的不同阶段，价格往往不相等；而只有当产品处于成熟期或通货膨胀率非常低时，价格才会相对稳定，线性关系才会存在。如果没有这一假设，预计销售收入和实际销售收入之间会产生很大的差异，本量利分析的预测行为将会失去意义。

2. 变动成本与业务量之间存在完全的线性关系

在本量利分析中，变动成本总额和业务量呈正比例的变动关系，即单位产品变动成本保持不变。但这一假设也只是在相关范围内才成立，超过了相关范围，单位变动成本就会发生变化，成本与业务量的线性关系需重新构建。

3. 固定成本保持不变假设

在本量利分析中，固定成本在相关范围内保持不变。在一定生产能力、一定时期，这一假设成立；若超出相关范围，企业新增设备或增大规模，就会使固定成本增加。

（三）产销平衡假设

产销平衡是指每期生产出来的产品总是在当期全部销售出去，即生产数量和销售数量相等。因为产量的变动会影响本期成本的变动，销量的变动又会影响当期收入的变动，只有假设产销平衡，才不需考虑期末存货成本对本期利润的制约，从而可以简化决策分析过程。

（四）产品品种结构不变假设

在生产和销售多种产品的企业中，各种产品的边际贡献相同时，本量利分析将不受产品品种结构变化的影响。但是，在实际经济生活中，不同产品单位变动成本或者单位价格的差异造成了其边际贡献率的不相等，这就给本量利分析带来很大的难度。

若假定各种产品的品种结构保持不变，即各种产品在销售中所占的比重保持不变，可以使多品种的本量利分析在单一品种结构下进行，从而更有利于在相关范围内揭示各变量之间的内在规律。

二、本量利分析的基本模式

本量利分析的基本模式是用公式来表示成本、业务量和利润之间的依存关系，其中涉及到的因素包括：单价、单位变动成本、销售量、固定成本总额和营业利润。它们之间的关系可以用公式表示：

营业利润＝销售收入－（变动成本＋固定成本）

＝单价×销售量－单位变动成本×销售量－固定成本

＝（单价－单位变动成本）×销售量－固定成本

如果用符号替代上述公式中的各个因素，公式又可以表示为：

$$P=(p-b)x-a$$

其中，P 代表营业利润，p 代表单位价格，b 代表单位变动成本，x 代表销售量(业务量)，a 代表固定成本总额。

本量利分析的基本模式清楚地揭示了销售量、单价、单位变动成本、固定成本与利润之间的数量关系。

三、本量利分析中的基本概念

(一)边际贡献

边际贡献，也称贡献毛益，是指产品销售收入扣除变动成本后的余额。在本量利分析中，边际贡献是一个非常重要的概念，它反映了产品盈利能力的大小，也可称为边际收益或创利额。

企业一定时期发生的成本，按成本性态划分为固定成本和变动成本，销售收入在补偿了这些成本之后方可形成利润，否则企业就会亏损。在相关范围内，变动成本是随着业务量的变化呈正比例变化的，而固定成本不论销售量是多是少都会发生。一般认为，销售收入对变动成本的补偿可以从根本上揭示产品销售为企业做出的"贡献"水平，所以将它作为一个重要概念加以分析。

边际贡献有两种表现形式：一是用总体数额表示，即边际贡献总额，反映增加的销售总额所提供的贡献毛益总额；二是用单位数额表示，即单位边际贡献，反映每增加一个单位销售量所增加的贡献毛益。计算公式为：

边际贡献总额＝销售收入－变动成本

＝单价×销售量－单位变动成本×销售量

单位边际贡献＝单价－单位变动成本

如果企业产销多种产品，那么该企业的边际贡献总额为各种产品边际贡献总额之和，计算公式为：

$$企业边际贡献总额 = \sum(某种产品单位边际贡献 \times 销售量)$$

(二)边际贡献率与变动成本率

1. 边际贡献率

边际贡献率，也称贡献毛益率，是边际贡献的相对数形式，即边际贡献与销售收入的比率。

计算公式为：

边际贡献率＝边际贡献总额/销售收入×100％

＝单位边际贡献/单价×100％

边际贡献率反映了每一元销售收入创造的边际贡献额，该指标是判断产品盈利能力大小的主要依据。通常情况下，边际贡献率越高，产品创利能力越强；边际贡献率越低，产品创利能力越弱。

2. 变动成本率

变动成本率，是指变动成本与销售收入的比率。它是与边际贡献率相关的另一指标。

计算公式为：

变动成本率＝变动成本/销售收入×100％

＝单位变动成本/单价×100％

边际贡献率和变动成本率之间的关系可表示为：

边际贡献率＋变动成本率＝边际贡献总额/销售收入×100％＋变动成本/销售收入×100％＝1

可见，边际贡献率与变动成本率之间存在互补关系，变动成本率高的公司，其边际贡献率就低，企业创利能力也低；变动成本率低的公司，其边际贡献率就高，企业创利能力也高。对这一互补关系灵活应用，可以合理地处理成本、单价与业务量之间的关系，以达到提高企业获利能力的目的。

（三）边际贡献、固定成本及利润之间的关系

根据上述公式的推导，可将边际贡献、固定成本和营业利润之间的关系表示为下列几种方式：

营业利润＝边际贡献－固定成本

边际贡献＝营业利润＋固定成本

固定成本＝边际贡献－营业利润

由此可知，企业各种产品所提供的边际贡献首先用于补偿企业的固定成本，提供的边际贡献越大，超出固定成本的差额越大，为企业提供的利润也越多；反之，如果边际贡献小于固定成本，则企业会发生亏损。

【例5－1】 已知甲企业只生产一种产品，单价为200元，单位变动成本为140元/件，固定成本42 000元，20×5年预计的销售数量为800件。

要求：

(1)计算边际贡献总额、单位边际贡献和边际贡献率；

(2)计算预计的营业利润；

(3)计算变动成本率；

(4)验证边际贡献率和变动成本率之间的关系。

解：

(1)边际贡献总额＝(200－140)×800＝48 000(元)

单位边际贡献＝200－140＝60(元/件)

边际贡献率＝(60/200)×100％＝30％

(2)营业利润＝边际贡献－固定成本＝48 000－42 000＝6 000(元)

(3)变动成本率＝(140/200)×100％＝70％

(4)边际贡献率＋变动成本率＝30％＋70％＝1

第二节　盈亏临界分析

一、盈亏临界点的含义

盈亏临界点是指企业销售总收入等于销售总成本，营业利润等于零时所实现的销售量或销售额。由于此时企业处于不盈不亏、盈亏平衡的状态，所以又可称为保本点、两平点或损益平衡点。

当企业正好处于盈亏临界点时，利润为零；当企业的业务量超过该点时，利润大于零；当企业的业务量小于该点时，利润小于零。盈亏临界分析是要揭示企业处于保本状态时，本量利之间内在的依存关系。

盈亏临界点的表现形式有两种：一是实物量指标，即盈亏临界点销售量；二是货币量指标，

即盈亏临界点销售额。盈亏临界点分析，就是计算这两项指标。

二、盈亏临界点的计算

(一)单一品种产品盈亏临界点的计算

单一品种产品盈亏临界点的计算，以本量利基本公式为依据。

营业利润 P =销售收入总额－成本总额

=销售收入总额－变动成本－固定成本

$=px-bx-a$

令利润 P 为零，设盈亏临界点销售量为 x_0，盈亏临界点销售额为 y_0，则：

盈亏临界点销售量 x_0=固定成本/(单价－单位变动成本)

$=a/(p-b)$

盈亏临界点销售额 y_0=盈亏临界点销售量×单价

$=ap/(p-b)$

【例 5－2】 承[例 5－1]的资料为例，计算甲企业盈亏临界点所应实现的销售量和销售额。

解：

盈亏临界点销售量 x_0=42 000/(200－140)=700(件)

盈亏临界点销售额 y_0=700×200=140 000(元)

(二)多品种产品盈亏临界点的计算

现实生活中，大多数企业都以多品种形式生产。由于多品种产品的销售单价、单位变动成本、产品的实物计量等方面各不相同，实物量指标之间不具有可比性，因此多品种盈亏临界点将不再以实物量指标表示，只采用货币量指标表示。多品种盈亏临界点确定的方法有联合单位法、综合边际贡献法、顺序法等。

1. 联合单位法

在企业产品品种结构保持不变的情况下，可以采用联合单位法确定企业多品种产品盈亏临界点。所谓联合单位，是指按固定实物量比例构成所计算的、统一反映一组产品业务量的计量单位。例如，服装企业经过多年的销售经验发现，西装、领带之间的销售量长期保持着稳定的比例关系，一套西装对应两条领带，则这种 1∶2 的比例关系可以作为这一组产品的计量单位。联合单位法的具体计算步骤为：

(1)计算各种产品的实物量比例。

(2)计算联合单价、联合销售量、联合单位变动成本、联合单位边际贡献。

联合单价 $=\sum$ 各种产品的单价 × 各该产品的实物量比例

联合销售量=各种产品销售量的最小公倍数

联合单位变动成本 $=\sum$ 各产品的单位变动成本 × 各该产品的实物量比例

联合单位边际贡献=联合单价－联合单位变动成本

(3)确定多品种产品的盈亏临界点。

以联合单位表示的盈亏临界点销售量=固定成本总额/联合单位边际贡献

以联合单位表示的盈亏临界点销售额=以联合单位表示的盈亏临界点销售量×联合单价

【例 5－3】 设联运企业生产甲、乙、丙三种产品，其销售量规律体现了三者之间存在稳定的比例关系。固定成本总额为45 000。相关资料见表5－1。

表5－1　　甲、乙、丙三种产品的相关资料

产品名称	单价(元/件)	单位变动成本(元/件)	销售量(件)
甲	50	40	200
乙	40	20	600
丙	30	20	400

要求：采用联合单位法计算确定该企业下年度的盈亏临界点销售量和销售额。

解：

(1)甲、乙、丙三种产品的实物量比例为1∶3∶2。

(2)联合单价＝50×1＋40×3＋30×2＝230(元/件)

联合单位变动成本＝40×1＋20×3＋20×2＝140(元/件)

(3)盈亏临界点销售量＝45 000/(230－140)＝500(联合单位)

盈亏临界点销售额＝500×230＝115 000(元)

其中：

甲产品的盈亏临界点销售量＝500×1＝500(件)

乙产品的盈亏临界点销售量＝500×3＝1 500(件)

丙产品的盈亏临界点销售量＝500×2＝1 000(件)

甲产品的盈亏临界点销售额＝500×50＝25 000(元)

乙产品的盈亏临界点销售额＝1 500×40＝60 000(元)

丙产品的盈亏临界点销售额＝1 000×30＝30 000(元)

联合单位法实际上是将“多品种”产品的盈亏临界点计算问题转换成了“单一品种”产品盈亏临界点的计算问题，因此较适用于具有严格产出规律的联产品生产企业。

2. 综合边际贡献法

在产品品种结构稳定不变的情况下，企业可以在计算综合边际贡献率的基础上确定综合盈亏临界点及各种产品的盈亏临界点。由于多种产品的实物量计量方式不同，所以综合盈亏临界点不能用实物量指标来表示，只能用货币量指标表示。

综合边际贡献法的具体计算步骤为：

(1)计算全部产品的销售额：

全部产品的销售额＝$\sum$(各种产品的单价×销售量)

(2)计算各种产品的品种结构比重(各种产品销售额占总销售额的比重)：

某种产品的品种结构比重＝该产品的销售额/销售总额×100％

(3)计算综合边际贡献率：

综合边际贡献率＝$\sum$(各种产品的边际贡献率×各种产品的销售比重)

(4)计算综合盈亏临界点销售额：

综合盈亏临界点销售额＝固定成本总额/综合边际贡献率

(5)计算各种产品的盈亏临界点销售额及销售量：

某种产品的盈亏临界点销售额＝综合盈亏临界点销售额×该种产品的品种结构比重

某种产品的盈亏临界点销售量＝该产品的销售额/该产品的单价

【例 5—4】 某企业生产销售甲、乙、丙三种产品，固定成本总额为172 000元，假定产品品种结构在相关范围内不变，2014 年有关资料见表 5—2。

表 5—2　　**某企业相关资料**

产品名称	单价(元/件)	单位变动成本(元/件)	销售量(件)
甲	40	25	5 000
乙	10	6	10 000
丙	16	8	12 500

要求：计算该企业盈亏平衡时的销售额及各种产品的盈亏平衡销售额和销售量。

解：

(1)计算全部产品的总销售额：

预计 2015 年的全部销售额＝5 000×40＋10 000×10＋12 500×16＝500 000(元)

(2)计算各种产品的品种结构比重：

甲产品品种结构比重＝200 000/500000×100%＝40%

乙产品品种结构比重＝100 000/500000×100%＝20%

丙产品品种结构比重＝200 000/500000×100%＝40%

(3)计算综合边际贡献率：

甲产品边际贡献率＝(40－25)/40＝37.5%

乙产品边际贡献率＝(10－6)/10＝40%

丙产品边际贡献率＝(16－8)/16＝50%

综合边际贡献率＝37.5%×40%＋40%×20%＋50%×40%＝43%

(4)计算综合盈亏临界点销售额：

综合盈亏临界点的销售额＝172 000/43%＝400 000(元)

(5)计算各种产品的盈亏临界点销售额及销售量：

甲产品的盈亏临界点销售额＝400 000×40%＝160 000(元)

乙产品的盈亏临界点销售额＝400 000×20%＝80 000(元)

丙产品的盈亏临界点销售额＝400 000×40%＝160 000(元)

甲产品的盈亏临界点销售量＝160 000/40＝4 000(件)

乙产品的盈亏临界点销售量＝80 000/10＝8 000(件)

丙产品的盈亏临界点销售量＝160 000/16＝10 000(件)

综合边际贡献法在企业产品品种结构稳定不变时可以使用。当企业的品种结构发生变化时，相对应的综合边际贡献率肯定要发生改变，也必须对综合盈亏临界点进行调整。

3. 顺序法

顺序法是指按照事先规定的产品品种顺序，分别用各种产品的边际贡献补偿整个企业的固定成本，并以该原理来确定企业的盈亏临界点的一种方法。

使用顺序法计算盈亏临界点时，一般按照产品的边际贡献率的水平来确定品种顺序，并假定各种产品以该顺序出售。确定品种顺序时有两种方法：一是悲观的排序观点，即以边际贡献率由低向高的顺序排列各种产品；二是乐观的排序观点，即以边际贡献率由高向低的顺序排列各种产品。

【例 5—5】 某企业生产 A、B、C 三种产品，假设企业计划年度内固定成本总额为20 000元，有关资料见表 5—3。

表 5—3 某企业有关资料

产品名称	单价(元/件)	单位变动成本(元/件)	销售量(件)	销售收入(元)	边际贡献率	边际贡献(元)
A	40	30	1 000	40 000	25%	10 000
B	10	6	2 000	20 000	40%	8 000
C	20	10	500	10 000	50%	5 000

要求：采用顺序法计算企业的盈亏临界点销售额。

解：

(1)以悲观的排序方法排序，品种顺序见表 5—4。

表 5—4 以悲观排序法排序 单位：元

序　号	产品名称	累计边际贡献	固定成本	累计损益	累计销售收入
1	A	10 000	20 000	－10 000	40 000
2	B	18 000		－2 000	60 000
3	C	23 000		＋3 000	70 000

在表 5—4 中，累计损益为零时，达到企业的盈亏临界点，其对应的销售收入即为盈亏临界点销售额。如果在累计损益栏中找不到正好为零的点，则其由负转正的点，正是盈亏临界点。

盈亏临界点销售额＝60 000＋(20×2 000)/(20－10)＝64 000(元)

说明：在这一顺序下，企业的销售额达到64 000元时，企业处于盈亏临界状态。

(2)以乐观的排序方法排序，品种顺序见表 5—5。

表 5—5 以乐观排序法排序 单位：元

序　号	产品名称	累计边际贡献	固定成本	累计损益	累计销售收入
1	C	5 000	20 000	－15 000	10 000
2	B	13 000		－7 000	30 000
3	A	23 000		＋3 000	70 000

盈亏临界点销售额＝30 000＋(40×7 000)/(40－30)＝58 000(元)

说明：在这一顺序下，企业的销售额达到 58000 元时，企业处于盈亏临界状态。

4. 分算法

分算法是指将企业固定成本总额在各种产品之间以一定的标准进行分配后，再计算每一种产品的盈亏临界点的方法。

由于这种方法可以提供每种产品计划与控制所需的详细成本资料，因此在实际工作中颇受欢迎。如果企业经营品种较多，采用分算法计算时，固定成本的分配很难达到准确，分析结果的误差较大。因此，这种方法更适用于品种较少、品种结构较稳定的企业。

5. 主要品种法

主要品种法是指在产品品种主次分明的企业中，以边际贡献最大的产品作为主要产品来补偿固定成本，并以该主要产品的有关资料计算盈亏临界点进行本量利分析的一种方法。

取定的主要产品，需满足以下条件：

(1)企业生产经营中产品的品种主次分明；

(2)作为企业产品中的主要产品，其所提供的边际贡献额占全部产品边际贡献总额的比重很大，是企业生产经营的重点；

(3)次要产品的边际贡献占全部产品边际贡献总额的比重较小，且其发展余地不大，潜力也较小。

三、与盈亏临界点有关的指标

(一)安全边际

1.安全边际的概念和计算

多数企业在盈亏临界分析的基础之上，还要考虑企业经营的安全程度问题，进行安全边际的评价分析。

安全边际是指企业现有或预计的销售业务量(包括销售量和销售额两种形式)与盈亏临界点业务量之间的差量所确定的定量指标。一般表现为绝对量和相对量两种形式。

安全边际的绝对量，可以分为安全边际销售量(简称安全边际量)和安全边际销售额(简称安全边际额)，计算公式分别为：

安全边际量＝实际或预计销售量－盈亏临界点销售量

安全边际额＝实际或预计销售额－盈亏临界点销售额

安全边际额＝安全边际量×单价

安全边际的相对量指标是指安全边际率，它是安全边际量(额)与实际或预计销售量(额)的百分比值，计算公式为：

安全边际率＝安全边际量/实际或预计销售量×100％

＝1－盈亏临界点销售量/实际或预计销售量×100％

安全边际量和安全边际率都是正指标，即越大越好。

安全边际是与损益平衡相关的一项指标，反映了企业的安全程度。企业达到盈亏临界点，即损益平衡时，意味着企业总收入正好等于总成本，超过盈亏临界点部分的业务量才能给企业带来利润，而超额部分的衡量指标正是安全边际，超过盈亏临界点以上的安全边际所提供的边际贡献就是利润。安全边际越大，利润越多，企业发生亏损的可能性就越小，经营安全程度就越高；反之，安全边际越小，利润越少，企业发生亏损的可能性就越大，经营安全程度就越低。

西方一般采用安全边际率来评价企业经营的安全程度，表5－6列示了安全边际率与评价企业经营安全程度的一般标准。

表5－6　　企业经营安全程度的一般标准

安全边际率	10％以下	10％～20％	20％～30％	30％～40％	40％～50％
安全程度	危险	值得注意	较安全	安全	很安全

【例 5－6】 已知甲企业只生产一种钢铁产品，本期的单价为 10 元/件，单位变动成本为 6 元/件，固定成本总额为22 000元，销售量为10 000件。预计下期的单价、单位变动成本、固定成本均不变，预计下期销售量达到15 000件。

要求：计算企业本期和下期该种产品的安全边际、安全边际率，并对其进行评价。

解：

企业盈亏临界点为：

盈亏临界点销售量＝22 000/(10－6)＝5 500(件)

盈亏临界点销售额＝5 500×10＝55 000(元)

本期安全边际为：

本期安全边际量＝10 000－5 500＝4 500(件)

本期安全边际额＝100 000－55 000＝45 000(元)

本期安全边际率＝4 500/10 000×100％＝45％

下期安全边际为：

下期安全边际量＝15 000－5 500＝9 500(件)

下期安全边际额＝9 500×10＝95 000(元)

下期安全边际率＝9 500/15 000×100％＝63.3％

可见，将本期与下期的经营安全程度作比较的话，由于下期的安全边际大于本期，所以下期的经营安全程度也大于本期，下期经营亏损的可能性要小于本期。

2. 安全边际与利润

利润是指企业全部销售收入扣除全部成本后的余额。由于盈亏临界点销售量所创造的销售收入正好补偿了成本，边际贡献正好补偿了固定成本，所以，超过盈亏临界点的销售业务量(即安全边际)所创造的边际贡献就是企业的利润。

由此，可以得到安全边际和利润之间的相关性模型：

利润＝安全边际量×单位边际贡献

＝安全边际量×(单价－单位变动成本)

＝安全边际额×边际贡献率

从而有：

销售利润率＝安全边际率×边际贡献率

以上公式表明，超过盈亏临界点以上的安全边际所提供的边际贡献就是利润，安全边际越大，可以实现的利润就越多；当安全边际指标为零时，企业处于盈亏临界状态；当安全边际指标为负值时，企业处于亏损状态。企业销售利润率的水平受到边际贡献率和安全边际率两个指标的影响。

(二)盈亏临界点作业率

企业经营的安全程度，不仅可以用安全边际量、安全边际率等正指标来评价，也可以用反指标——盈亏临界点作业率来反映。

盈亏临界点作业率，又称为“危险率”，是指盈亏临界点业务量占实际或预计销售业务量的百分比。计算公式为：

盈亏临界点作业率＝盈亏临界点业务量×实际或预计销售业务量×100％

＝1－安全边际量/实际或预计销售量×100％

该指标是反指标，越小说明越安全。其与安全边际率的关系是：

安全边际率＋盈亏临界点作业率＝1

盈亏临界点作业率表明企业保本的业务量在正常业务量中所占的比重。多数企业的正常销售量都是根据其应当具有的生产经营能力来规划的，所以正常销售量可以代表企业的生产经营能力。于是，盈亏临界点作业率就表示了企业保本时生产能力的利用程度，该指标越低，说明企业的盈利能力越强。

四、盈亏临界图

在直角坐标体系下，使用解析几何模型反映本量利关系的图像，称为本量利分析图，也称为盈亏临界图、保本图或损益平衡图。其主要作用是可以清楚、直观、简明、形象地反映影响利润的有关因素变动对利润的影响程度，为管理人员进行利润的预测提供依据。

盈亏临界图通常有基本式、边际贡献式和量利式三种。

(一)基本式

基本式的盈亏临界图是最常见的并能反映最基本的本量利关系的图形，也可以叫作传统式的盈亏临界图。其制作方法是：

(1)在直角坐标体系中，以横轴表示销售量，以纵轴表示成本和销售收入。

(2)绘制固定成本线。在纵轴上确定固定成本的值，以此为起点，绘制一条平行于横轴的直线，即为固定成本线。

(3)绘制总成本线。以纵轴的固定成本为起点，以单位变动成本为斜率，绘制一条直线，即为总成本线，它表示固定成本和变动成本之和。

(4)绘制总收入线。以坐标原点为起点，以销售单价为斜率，绘制一条直线，即为总收入线。

(5)寻找盈亏临界点。总收入线和总成本线的交点即为盈亏临界点。

该盈亏临界图所反映的总成本是以固定成本为基础的，能揭示固定成本总额的不变性；同时也可反映亏损区、盈利区、盈亏临界点及安全边际之间的关系。

基本式的盈亏临界图又可以分为以实物量表示业务量的盈亏临界图和以货币量表示业务量的盈亏临界图，具体见图 5－1 和图 5－2。

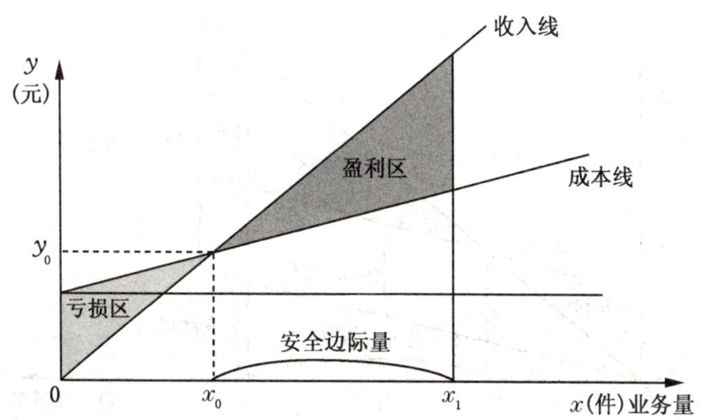

图 5－1　基本式(横轴由销量表示)盈亏临界图

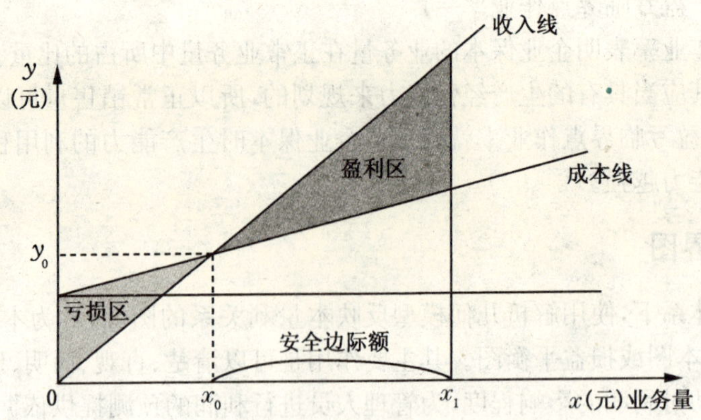

图 5－2　基本式(横轴由货币量表示)盈亏临界图

通过观察图 5－1 和图 5－2,可以发现以下规律:

(1)盈亏临界点不变,销售量越大,能实现的利润越多或亏损越少;销售量越小,能实现的利润越少或亏损越多。

(2)销售量不变,盈亏临界点越低,能实现的利润越多或亏损越少;盈亏临界点越高,能实现的利润越少或亏损越多。

(3)销售总成本不变,盈亏临界点受单价变动的影响而变动。单价越高,盈亏临界点就越低;反之,盈亏临界点就越高。

(4)销售收入不变,盈亏临界点受固定成本和变动成本的影响而变动。固定成本或单位变动成本越大,盈亏临界点就越高;反之,盈亏临界点就越低。

(二)边际贡献式

边际贡献式是盈亏临界图的又一种表现形式,其特点有两个方面:一是绘制总成本线时,以变动成本线 $y=bx$ 为依据,将之平行上移 a,得到总成本直线;二是总收入线和总成本线之间的距离表示边际贡献总额,边际贡献总额正好等于固定成本总额时,对应的点即为盈亏临界点。具体见图 5－3。

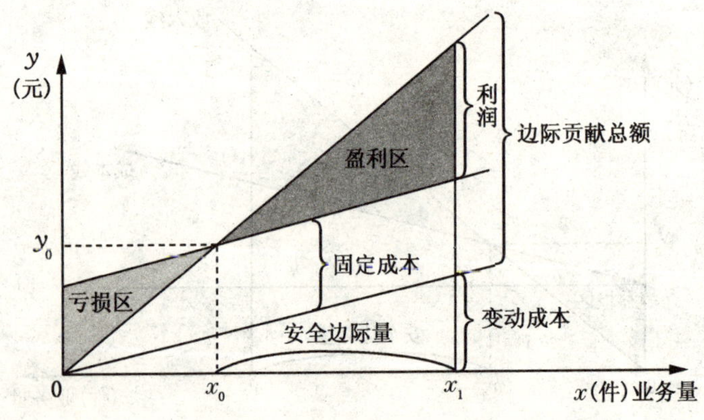

图 5－3　边际贡献式盈亏临界图

观察图 5－3,可以发现以下规律:

(1)只要单价大于单位变动成本,则必然有边际贡献存在。

(2)边际贡献应当首先补偿固定成本,只有超额的部分才构成企业的利润。

(三)量利式

量利式是单纯反映利润与销售量之间相互关系的一种盈亏临界图。其制作方法是:

(1)建立直角坐标体系,以横轴表示销售量,以纵轴表示利润或亏损。

(2)假定销售量为零,找到利润亏损的点,即纵轴反方向截距为固定成本 a 的点。

(3)在横轴上任取一点,计算该销售量对应的利润额,在坐标上标出该点,连接该点和固定成本点,便得到利润线。

(4)利润线与横轴的交点即为盈亏临界点。具体见图 5—4。

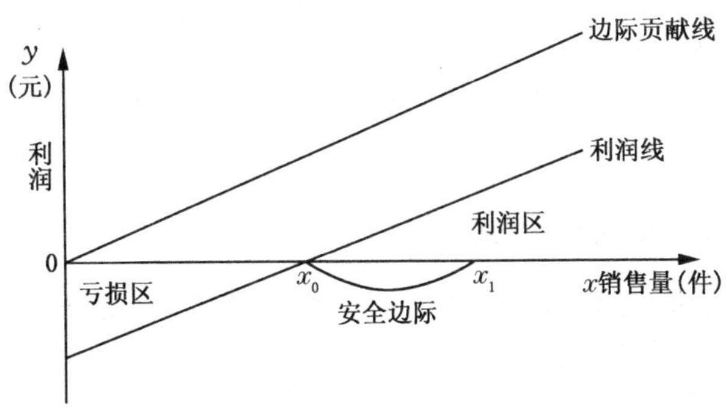

图 5—4 量利式盈亏临界图

观察图 5—4,可以发现以下规律:

(1)当销售量为零时,企业的亏损额等于固定成本。

(2)当产品的销售价格及成本水平不变时,销售数量越大,利润就越多或亏损越少;反之,销售数量越小,利润就越少或亏损越多。

第三节 影响盈亏临界点的因素

本量利分析中,我们曾假设固定成本、变动成本、销售价格及产品品种结构在相关范围内不变。而事实上,上述因素在企业经营过程中是经常变动的,并由此引起盈亏临界点的升降变化。显然,固定成本、变动成本、销售价格和产品品种结构等因素和盈亏临界点之间存在着内在的必然联系。它们对盈亏临界点的影响主要表现在以下方面。

一、销售价格变动的影响

在其他因素(固定成本总额、单位变动成本、业务量等因素)不变的条件下,单价的变动会直接引起盈亏临界点发生反方向变动。

单价提高时,盈亏临界点销售量或销售额会降低,单位边际贡献或边际贡献率会增加,安全边际也会增加;反之,单价下降时,盈亏临界点销售量或销售额会提高,单位边际贡献或边际贡献率会降低,安全边际也会降低。

【例 5—7】 承[例 5—6],已知甲企业只生产、销售一种钢铁产品,该产品的单价为 10 元/件,单位变动成本为 6 元/件,固定成本总额为22 000元,销售量为10 000件。

要求：分析在单价提高或降低10%的情况下，盈亏临界点的变化情况。

解：

盈亏临界点销售量＝22 000/(10－6)＝5 500(件)

盈亏临界点销售额＝5 500×10＝55 000(元)

当单价提高10%时：

盈亏临界点销售量＝22 000/(11－6)＝4 400(件)

盈亏临界点销售额＝4 400×10×(1＋10%)＝48 400(元)

当单价降低10%时：

盈亏临界点销售量＝22 000/(9－6)＝7 333.33(件)

盈亏临界点销售额＝7 333.33×10×(1－10%)＝65 999.97(元)

上述结果表明，单价上升10%，使盈亏临界点下降了20%；单价下降10%，使盈亏临界点上升了33.33%。

二、单位变动成本变动的影响

在其他因素(销售单价、固定成本总额、业务量等因素)不变的条件下，单位变动成本的变动会引起盈亏临界点的同方向变化。

单位变动成本下降时，盈亏临界点销售量或销售额会降低，单位边际贡献和边际贡献率会增加，安全边际也会增加；反之，单位变动成本上升时，盈亏临界点销售量或销售额会提高，单位边际贡献和边际贡献率会降低，安全边际也会降低。

【例5－8】 在[例5－7]中，如其他因素不变，单位变动成本上升50%时，分析其对盈亏临界点产生的影响。

解：当单位变动成本上升50%时：

盈亏临界点销售量＝22 000/(10－9)＝22 000(件)

盈亏临界点销售额＝22 000×10＝220 000(元)

上述结果表明，单位变动成本上升50%，使盈亏临界点上升了300%，即企业销售量须达到22 000件，才可以实现保本。

三、固定成本变动的影响

在其他因素(销售单价、单位变动成本、业务量)不变的条件下，固定成本的变动会引起盈亏临界点同方向的变化。

当固定成本提高时，盈亏临界点销售量或销售额会提高；反之，当固定成本下降时，盈亏临界点销售量或销售额会下降。固定成本的变化不会对单位边际贡献和边际贡献率产生影响。

【例5－9】 在[例5－6]中，如其他因素不变，固定成本增加到40 000元或降低到20 000元时，分析其对盈亏临界点的影响。

解：当固定成本由原来的22 000元上升到40 000元时：

盈亏临界点销售量＝40 000/(10－6)＝10 000(件)

盈亏临界点销售额＝10 000×10＝100 000(元)

当固定成本由原来的22 000元下降到20 000元时：

盈亏临界点销售量＝20 000/(10－6)＝5 000(件)

盈亏临界点销售额＝5 000×10＝50 000(元)

上述结果表明，固定成本从 22 000 元上升到40 000元，即上升 81.8%使盈亏临界点上升 81.8%；固定成本从 22 000 元下降到 20 000 元，即下降 9.1%使盈亏临界点下降 9.1%。

四、品种结构变动的影响

当企业生产经营的不是一种产品，即同时生产多种产品时，因为不同产品的盈利能力不同，导致当产品品种结构发生变动时，会对整个企业的盈亏临界点产生影响。当盈利能力强的产品结构比重增加或盈利能力弱的产品结构比重降低时，所计算的企业综合边际贡献率会有所增长；反之，企业的综合边际贡献率会下降。于是，与边际贡献率对应的盈亏临界点销售量或销售额会发生反方向的变化。

【例 5－10】 已知乙企业的年固定成本为9 000元，同时生产了 A、B、C 三种产品，各种产品的资料见表 5－7。

表 5－7　　乙企业产品资料

项　目	甲产品	乙产品	丙产品	合　计
单价(元/件)	10	6	5	
单位变动成本(元/件)	4	3	3.5	
单位边际贡献(元/件)	6	3	1.5	
边际贡献率	60%	50%	30%	
销售量	3 000 件	5 000 台	8 000 套	
销售额(元)	30 000	30 000	40 000	100 000
产品品种结构比重	30%	30%	40%	100%

要求：分析当产品品种结构由原来的 3∶3∶4 变为 4∶3∶3 时，其对盈亏临界点产生的影响。

解：在原有的 3∶3∶4 的产品品种结构下：

企业的综合边际贡献率＝60%×30%＋50%×30%＋30%×40%＝45%

盈亏临界点销售额＝9 000/45%＝20 000(元)

企业品种结构变为 4∶3∶3 时：

企业的综合边际贡献＝60%×40%＋50%×30%＋30%×30%＝48%

盈亏临界点销售额＝9 000/48%＝18 750(元)

观察上述计算结果发现，提高盈利能力强的甲产品的结构比重，降低盈利能力弱的丙产品的结构比重，使企业的综合边际贡献率由原来的 45%上升为 48%，使盈亏临界点销售额由原来的20 000元下降为18 750元，从而使企业的整体盈利能力增加。可见，多品种产品结构变动会对企业的盈亏平衡产生影响。

五、多因素变动的综合影响

在进行影响盈亏临界点的因素分析时，采用的方法往往是假定其他因素不变，计算只有某一个因素发生变化对盈亏临界点产生的影响程度。在实际经济生活中，单价、单位变动成本、固定成本、业务量等因素是相互影响、同时变动的，其中某一项因素的改变总会引起其他相关因素的变动。因此，在分析有关因素变动对盈亏临界点的影响时，应考虑各种因素同时变动的情况。

【例 5－11】 设丙企业生产、销售 D 产品，本期产销平衡，单价为 10 元/件，单位变动成本为 8 元/件，预计固定成本为42 000元。假定企业在生产能力的允许范围内，拟将产品的价格降低 5%，这一举措会导致企业产销能力扩大 10%，且需追加固定成本6 600元，并使单位变动成本下降为 7.5 元/件。

要求：计算新的盈亏临界点销售量。

解：

原有条件下的盈亏临界点销售量＝42 000/(10－8)＝21 000(件)

新的盈亏临界点销售量＝(42 000＋6 600)/(9.5－7.5)＝24 300(件)

分析可知，由于单价、单位变动成本以及固定成本的变化，使得盈亏临界点销售量由原来的21 000件变为24 300件。

所以，在企业经营管理过程中，若要考虑相关因素的变动对盈亏临界点及利润产生的影响程度，应将各个因素相互联系并加以综合考虑，以便采取有效措施。

第四节　本量利分析的扩展运用

前文的本量利分析是建立在一定的基本假设基础之上的，即成本性态分类假设、线性相关假设、产销平衡假设和产品品种结构不变假设。而在实际生产经营活动中，不可能长久地满足这些假设条件，不变是相对的，变化才是绝对的，即相关范围发生变化时，线性关系必须重新构建，单位变动成本、固定成本、品种结构等都会变化，产销也会出现不平衡等。本量利分析的扩展就是讨论当基本假设发生变化时，会对本量利分析产生什么影响，是否可以根据具体情况总结出新的规律以指导企业的管理活动。

一、不完全线性条件下的盈亏临界点分析

前述本量利分析基本假设中的线性相关假设，假定了本量利分析中存在若干完全的线性关系，即在相关范围内，收入、成本与业务量的关系都可以在直角坐标体系中以直线的形式表示出来，并且单价、单位变动成本、固定成本都保持不变，所确定的盈亏临界点也是唯一的。

但在实际经济活动中，这种完全的线性关系是很少见的，沿用以前的分析方法，我们可以将成本、收入与业务量的线性关系表示为分段函数，以折线形式在直角坐标体系中列示，即在每个相关范围内，成本、收入都是业务量的线性函数，可以称为“不完全线性关系”。此时，总收入函数线和总成本函数线可能有多个交点，即多个盈亏临界点。

假设某企业生产单一产品，产销平衡，单价不变，其总成本随着生产能力利用程度的变动作非正比例的变动，此时的盈亏临界点如图 5－5 所示。

从图 5－5 中可以看出：

(1)L_4 固定成本线，可以分为两个区域，即：当生产能力利用程度在 50%以下时，固定成本为10 000元；当生产能力利用程度在 50%以上时，由于追加了固定支出，固定成本跳跃上升为20 000元。固定成本线在直角坐标体系上表现为有一定跳跃的平行于横轴的直线。

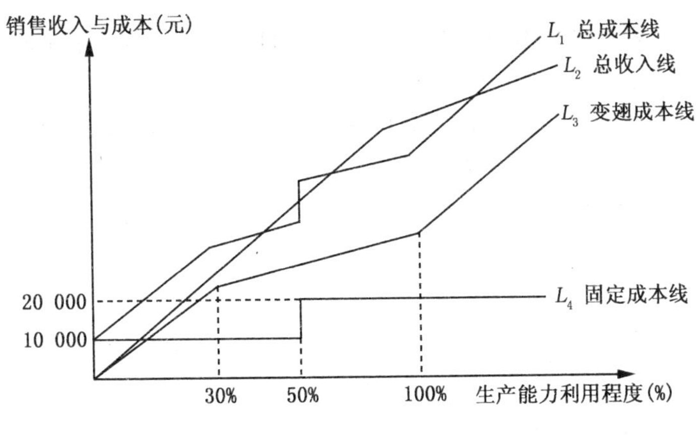

图 5—5　盈亏临界点分析图

(2)L_3 变动成本线，是一条有两个转折点的折线，第一转折点发生在生产能力利用程度为30%时，因为在此之前，由于产量较低，材料、人工等的发生不能达到最有效的状态，故单位变动成本较高，变动成本的斜率较大。在第一转折点 30%之后，即产量逐渐增加以后，使材料、人工等的消耗达到一种有效的状态，规模效应产生，单位变动成本有所下降，变动成本的斜率也会降低。当生产能力利用程度达到 100%时，又发生了一次转折。这是因为产量超出现有生产能力之后，现有设施的超负荷运转，会出现很多不经济因素，致使单位变动成本又有所增加，变动成本斜率也增大。

(3)L_1 总成本线，是由 L_4 固定成本线和 L_3 变动成本线共同组成的，所以也是一条折线。与 L_4 固定成本线相对应，总成本线也在生产能力利用程度达到 50%时，发生一次跳跃性的中断。

(4)L_2 总收入线，是一条经过原点到生产能力利用程度达到 90%时所连接而成的折线。因为产销量达到这一界限以后，为了扩大销路，需要对客户给予较多的数量折扣，使单位平均价格有所下降，销售收入直线的斜率也会降低。

(5)总成本线 L_1 和总收入线 L_2 的三个交点就是盈亏临界点。第一个盈亏临界点发生在 30%～50%，第二个盈亏临界点发生在 50%～90%，第三个盈亏临界点发生在 100%～120%。

第一个盈亏临界点的出现，说明总收入已可抵偿总成本，开始有利可图，进入了盈利区；这种状态一直持续到 50%，此时固定成本突然上升，使生产经营由盈转亏，进入亏损区。到达第二个盈亏临界点时，企业经营再一次由亏转盈，这种状态一直持续到第三个盈亏临界点为止。在第三个盈亏临界点之后，由于单价降低和单位变动成本提高，生产经营又出现了亏损。很显然，具体地了解在不同的生产水平下企业的盈亏状态如何交替，对于正确地进行经营决策和有效地改善生产管理，都有重要的指导意义。

二、非线性条件下的盈亏临界点分析

线性方程只是描述成本、收入与业务量之间依存关系的一种简化方式；在现实的经济生活中，用非线性方程来描述本量利之间的关系，更符合客观实际情况。

(一)非线性函数的确定

以非线性函数来表达总成本、总收入与业务量之间的依存关系,需借助曲线方程 $y=a+bx+cx^2$。

以 x 表示业务量,则总成本曲线可以 $TC=a+bx+cx^2$ 表示,总收入曲线可以 $TR=ex-gx^2$ 表示。其中 a、b、c、e、g 均为大于零的常数。

设 P 表示利润,其计算公式为:

$$P=TR-TC$$
$$=ex-gx^2-(a+bx+cx^2)$$
$$=-a+(e-b)x-(g+c)x^2$$

函数关系见图5—6。

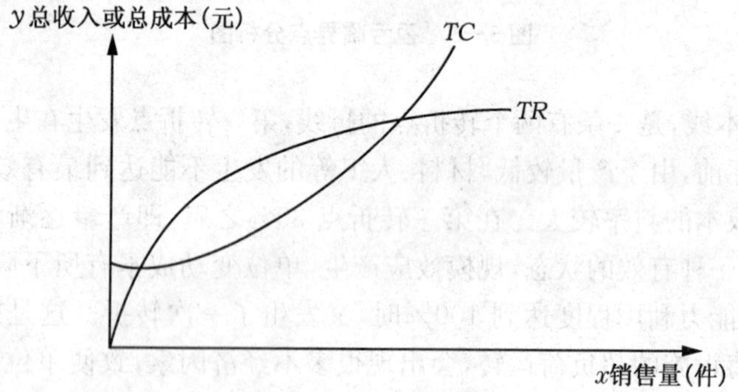

y总收入或总成本(元)
TC
TR
x销售量(件)

图5—6 非线性盈亏临界图

(二)非线性的本量利分析

利用上述函数进行本量利分析时,根据盈亏临界点的含义,需找到利润为零的点,即保本点。

【例5—12】 某企业收入函数为 $TR=5x-0.02x^2$,总成本函数为 $TC=8+0.2x+0.01x^2$。计算单位为万件。

要求:

(1)计算盈亏临界点。

(2)计算利润最大时的销售量。

(3)计算利润的最大值。

解:

(1)计算盈亏临界点:

$$P=TR-TC$$
$$=(5x-0.02x^2)-(8+0.2x+0.01x^2)$$
$$=-8+4.8x-0.03x^2$$

令利润 $P=0$,则:

$$-8+4.8x-0.03x^2=0$$

解方程得:

$$x_1=1.68$$
$$x_2=158.32$$

由此可以得到两个盈亏临界点销售量，分别约为2万件和158万件。

(2)计算利润最大时的销售量：

为使利润P达到最大，须使其导数为0，对利润函数求导并令导数为0，得到：

$4.8-0.06x=0$

$x=80$

所以当产销量达到80万件时，可使企业的利润达到最大值。

(3)计算利润的最大值：

将可以使利润达到最大的80万件销售量代入方程$P=-8+4.8x-0.03x^2$，得：

$P=184$

所以，企业在现有条件下，可以实现的最大利润是184万元。

三、不确定条件下的盈亏临界点分析

前述所讨论的本量利分析中，影响利润的有关因素如销售收入、变动成本、固定成本等都是可以肯定的数值或函数关系，具有一定的确定性。但在实际经济活动中，由于这些因素会同时受到多种对利润有影响的因素制约，所以对于它们的变动趋势，具有很大的不确定性，事先难以准确地掌握，所以只能作概略的估计，即估计成本、价格等几种可能出现的状态及其可能出现的概率。在这种情况下，利润将相应地增加或降低多少，就有多种可能，而不能通过一次简单的计算得到一个唯一定值。因此，应采用概率分析法来进行不确定情况下的本量利分析。

【例5－13】 设企业对影响利润的各个有关因素如单价、单位变动成本和固定成本都进行了具体的分析，并确定了各个因素的预期值及其相应的概率(见表5－8)。

要求：进行不确定条件下的盈亏临界点分析。

表5－8　影响利润各因素的预期值及其相应概率

单价(元/件)	单位变动成本(元/件)	固定成本(元)	组合	盈亏临界点销售量(件)	联合概率	各种情况下的盈亏临界点销售量(件)
(1)	(2)	(3)	(4)	(5)	(6)	(7)＝(5)×(6)
9(0.8)	7(0.6)	30 000 (0.8)	1	15 000	0.384	5 760
		40 000 (0.2)	2	20 000	0.096	1 920
	6(0.3)	30 000 (0.8)	3	10 000	0.192	1 920
		40 000 (0.2)	4	13 333	0.048	640
	5(0.1)	30 000 (0.8)	5	7 500	0.064	480
		40 000 (0.2)	6	10 000	0.016	160

续表

单价(元/件)	单位变动成本(元/件)	固定成本(元)	组合	盈亏临界点销售量(件)	联合概率	各种情况下的盈亏临界点销售量(件)
8(0.2)	7(0.6)	30 000 (0.8)	7	30 000	0.096	2 880
		40 000 (0.2)	8	40 000	0.024	960
	6(0.3)	30 000 (0.8)	9	15 000	0.048	720
		40 000 (0.2)	10	20 000	0.012	240
	5(0.1)	30 000 (0.8)	11	10 000	0.016	160
		40 000 (0.2)	12	13 333	0.004	53
预期盈亏临界点销售量						15 893

解:从表5—8可知,第一种组合下,当单价为9元/件、单位变动成本为7元/件、固定成本为30 000元时:

盈亏临界点销售量=30 000/(9—7)=15 000(件)

联合概率=0.8×0.6×0.8=0.384

预期盈亏临界点销售量=15 000×0.384=5 760(件)

以此类推,可以得出其下各个组合对应的盈亏临界点销售量、联合概率及各种情况下的预期盈亏临界点销售量。将上述结果综合汇总,即可得到预期盈亏临界点销售量为15 893件。

由于整个计算的过程综合考虑了各种不同的预计情况,虽然工作量较大,但在不确定条件下,仍可以得到相对准确的结果。

本章小结

本章主要对本量利分析的基本方法进行了探讨。本量利分析是研究业务量、成本、价格、收入等各个变化因素对利润产生影响的一种定量分析方法,为企业的经营管理提供了非常有用的信息,例如盈亏临界点、安全边际、边际贡献等,是企业进行经营预测和决策的主要方法之一。

本量利分析的主要内容是确定产品的盈亏临界点,也称损益平衡点,它是企业总收入等于总成本时的保本点。这一概念可以帮助经营管理者预测企业的获利空间和经营风险,也可以帮助企业进行预期利润的预测和决策。

本量利分析是在一定的假设条件下进行的,它只能在这些约束条件下揭示出成本、业务量、利润之间依存关系的内在规律。现实中的企业不一定完全符合这些假设,需结合具体的实际情况进行分析。

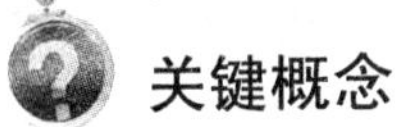

关键概念

本量利分析　　边际贡献　　盈亏临界点　　安全边际　　盈亏临界点作业率
基本假设

讨论及思考题

1. 什么是本量利分析？其基本公式是什么？
2. 边际贡献的含义及意义是什么？
3. 安全边际的含义是什么？
4. 如何计算盈亏临界点？
5. 影响盈亏临界点的因素有哪些？
6. 本量利分析的基本假设有哪些？

第六章 经营预测

【本章要点提示】

- 掌握销售预测的方法
- 掌握成本预测的方法
- 掌握利润预测的方法

【本章内容引言】

在激烈的市场竞争中，企业若想立于不败之地，不但需要熟知企业现有的内部条件和外部环境，而且必须通过对已经发生和正在发生的各种情况的分析，科学地预知未来将要发生的经济活动的某些情况。预测分析正是运用一定的专门方法，对企业的经营活动进行科学的估计和推测的一种分析方法。科学的经营预测是企业做出最佳规划与决策的基础。本章主要介绍经营预测的基本理论与基本方法及其在实际中的应用；在简要介绍经营预测的意义、程序和方法的基础上，重点介绍销售预测、成本预测、利润预测的各种专门方法。

第一节 经营预测概述

预测(forecast)是指根据过去和现在的情况、资料对未来事物的发展变化趋势所作的预计和推测。预测的主要特点是根据已知推测未知，用过去、现在预计未来。

在人类社会的发展过程中，人们很早就认识到预测是关系到未来发展的大事，但早期往往凭经验和直觉进行预测，或者说猜测。由于未来不确定性的存在以及现代经济生活的日趋复杂，人们不断总结经验，认识事物的发展规律，把现代科学技术，特别是数理分析的方法运用到预测中，建立起科学的预测方法，使预测技术经历了由简单到复杂、由低级向高级的进化阶段，其中也包括经营预测。

所谓经营预测，是指企业根据现有的经济条件和掌握的历史资料，运用专门的方法，对生产经营活动的未来发展趋势和状况做出科学的预计或测算的过程。

一、经营预测的意义

企业实行科学的经营管理，就必须按客观的经济规律进行经营活动，开展科学的经营预测。一方面，任何经营活动不论其繁简程度如何，都有一定的规律可循，并且这些规律也能为人们所认识和掌握；另一方面，现代科学技术的发展为在经营预测中应用现代数学方法和电脑技术创造了条件，提供了必要的物质基础。可以认为，经营预测是认识企业经营活动的一种科学方法，也是企业进行科学管理的重要手段。

（一）经营预测是进行经营决策的主要依据

企业经营成败的关键是决策，而决策的基础是科学预测。预测直接为决策服务，是决策的先导和前提。没有准确的预测，要做出符合客观发展规律的科学决策是难以想象的。但预测并不能代替决策，因为预测分析要解决的是如何科学准确地预见或描述未来的问题，而决策的结论则直接支配未来的行动方案。

（二）经营预测是编制全面预算的基础

企业的生产经营活动必须有计划地进行，为了减少经济活动的盲目性，企业要定期编制全面预算。而预算是预测结果的具体化，经营预测提供的许多数据最终被纳入预算，成为编制预算的基础。因此，企业要准确编制预算，必须做好经营预测工作，避免主观估计和任意推测，保证全面预算科学合理，切实可行。

（三）经营预测是适应经济环境变化的保障

在现代市场经济条件下，经营预测比以往任何时候都更为重要，生产力的迅速发展，使社会经济环境发生了巨大变革。不开展科学的预测分析，就不能预先估计未来的发展趋势，无法积极采取措施，难以适应不断变化的形势。但由于现实形势异常复杂、瞬息万变，又使得预测未来十分困难，因经营预测失误而导致决策失败，或因心中无数而坐失良机的事例，在日常经济生活中屡见不鲜。这从反面证明，现代企业管理实践不仅迫切需要开展预测分析，而且还必须讲求预测方法的科学性和预测结论的准确性，尽可能克服经济工作中的盲目性和被动性。

二、经营预测的一般程序

（一）确定预测目标

预测目标是企业制定预测工作计划、确定资料来源、选择预测方法及配备预测人力的重要依据，所以进行经营预测，应首先明确预测目标。预测目标一般应根据企业生产经营的总体目标来设计和选择，避免盲目确定或面面俱到，还应根据预测的具体对象和内容确定预测的期限和范围。

（二）收集整理资料

根据已确定的预测目标，围绕预测目标有针对性地收集必要的信息资料，并采用一定方法对所收集的历史资料进行加工、整理、归纳和分析，找出与预测对象有关的各因素之间的相互依存关系，做到去粗取精、去伪存真，使经营预测建立在占用完整、准确信息的基础上。

（三）选择预测方法

经营预测方法的选择，必须从预测对象的实际出发，应根据预测对象的不同而有所不同。对于那些信息资料收集齐全、可以建立数学模型的预测对象，应根据预测目标与有关影响因素之间的关系，以及经过分析整理的有关预测信息资料，确定恰当的定量预测法；而对于那些缺乏大量信息资料、无法进行定量分析的预测对象，应当结合以往的经验选择最佳的定性预测方法。为了保证企业预测分析的质量，应将定量预测法与定性预测法结合起来使用。

（四）进行预测分析

运用选定的预测方法，根据建立的预测分析模型及相关信息资料，对影响预测目标的各方面进行具体的计算、分析和比较，以揭示预测分析对象的变化趋势，得出预测分析结果。

（五）评价预测结果并修正误差

通过检查预测结论是否符合当前实际，分析产生差异的原因，来验证预测方法是否科学有效，以便在以后的预测过程中及时地加以改进。同时，由于企业面对的市场复杂多变，存在许多不确定因素，根据数学模型计算出来的预测值可能没有将非计量因素考虑进去，这就需要结合定性分析的结论对其进行修正和补充，说明预测结果可能的变化幅度和预测误差，使其更接近于实际，为决策者在使用预测信息时留有充分的余地。

（六）提出预测报告

对于预测所揭示的客观事物发展变化的内在必然性，最终应以一定形式，按照一定程序向企业的有关管理者提出预测分析报告，以便于制定正确的计划，进行科学决策。

三、经营预测的方法

经营预测方法的科学、合理与否，直接影响到决策的正确性。经营预测的具体方法很多，据国外统计，已达数百种，分别适用于不同的目的和要求。但一般来讲，可以概括为两大类，即定性分析法和定量分析法。

（一）定性分析法

定性分析法又称非数量分析法，是由有关专业人员根据个人经验和专业知识，结合预测对象的特点进行综合分析，对预测对象的未来状况及发展趋势做出预测的一种分析方法。定性分析法一般适用于预测对象的历史资料不完备或无法进行定量分析情况下的预测。定性分析法主要包括市场调查法、判断分析法等。

（二）定量分析法

定量分析法也称数量分析法，是在占有预测对象完整历史资料的基础上，运用现代数学方法对其进行分析加工处理，建立预测模型，并据以进行推算的一种预测方法。定量分析法一般适用于能较为方便地取得相关数据资料的情况，通常能提供有确切数值的预测资料，其具体方法包括趋势外推分析法和因果分析法两大类。

1. 趋势外推分析法

趋势外推分析法是指将时间作为制约预测对象变化的自变量，把未来作为历史的自然延续，属于按事物自身发展趋势进行预测的一类动态预测方法。

这类方法的基本原理是：企业过去和现在存在的某种发展趋势将会延续下去，而且过去和现在发展的条件同样适用于未来，可以将未来视为历史的自然延续。因此，该法又称时间序列分析法。

属于这类方法的有：算术平均法、加权平均法、移动平均法、指数平滑法和修正的时间序列回归分析法等。

2. 因果预测分析法

因果预测分析法是根据变量之间存在的因果函数关系，建立相应的因果预测模型，按预测因素（即非时间自变量）的未来变动趋势来推测预测对象（即因变量）未来水平的一类预测方法。

这类方法的基本原理是：预测对象受到许多因素的影响，它们之间存在着复杂的关系，通过对这些变量的内在规律性的研究，可以建立一定的数量模型，在已知自变量的条件下，可利用模型直接推测预测对象的水平。属于这类方法的有：本量利分析法、回归分析法、经济计量法等。

定性分析法与定量分析法在实际应用中并非相互排斥，而是相互补充、相辅相成的。定量分析法虽然较精确，但许多非计量因素无法考虑，如国家方针政策及政治经济形势的变动，消费者心理及习惯的改变，投资者意向及职工情绪的变动，等等。而定性分析法虽然可以将这些非计量因素考虑进去，但估计的准确性在很大程度上受预测人员经验和素质的影响，带有一定的主观随意性。因此，定量预测往往需要采用一定的定性预测方法加以补充，定性预测的结果也需要利用一定的定量数据进行验证。企业在经营预测时，应当考虑如何实现两者的优势互补，将它们有机地结合起来。这样，才能提高预测的准确性和可信度，更好地为决策服务。

第二节　销售预测

企业经营预测的对象主要包括对产品销售市场、产品生产成本以及利润等方面的预测，因此，经营预测的基本内容主要包括销售预测、成本预测和利润预测。这里先讨论销售预测的各种方法。

销售预测(forecast of sales)是借助企业销售的历史资料和市场需求的变化情况，运用一定的科学预测方法，对产品在未来一定时期内的销售趋势进行预测和评价。销售预测是企业进行生产经营活动的起点，也是制定经营决策的基础，是开展其他经营预测的前提条件。随着我国市场经济体制的逐步建立和完善，市场竞争日趋激烈。在这种条件下，企业的生产经营必须以市场为导向，必须重视和加强企业的销售预测，使企业在激烈的市场竞争中求得生存和发展。因此，作为商品经营者的企业必然十分关心在未来一定时期内哪些产品适销对路，企业能在市场上占有多大份额，经营某项业务究竟能赚取多少利润，成本多高，需要多少资金，等等。可见，在企业经营预测系统中，销售预测处于先导地位，它对于指导利润预测、成本预测，进行长短期决策，安排经营计划，组织生产等都有重要的作用。

影响销售预测的因素多而复杂。要提高预测的准确性，就要适当地选择预测方法，下面具体介绍几种常用的销售预测方法。

一、定量预测法

销售预测的方法同样可以分为定量预测法和定性预测法两类。定量预测通常根据所采用的具体方法的不同，分为算术平均法、指数平滑法、回归直线法等。

(一)算术平均法

算术平均法又称简单平均法，是直接将过去若干时期销售量的算术平均数作为销售量预测值的一种方法。这种方法的原理是一视同仁地看待n期内的各期销售量对未来预测销售量的影响。计算公式为：

$$\text{计算期销售预测数}(\overline{X})=\frac{\sum X}{n}=\frac{\text{各期销售量或销售额之和}}{\text{期数}}$$

【例 6－1】 A 企业生产一种产品，2015 年 1～12 月的销售量资料如表 6－1 所示。

表 6－1　　销售量资料　　单位：千件

月份	1	2	3	4	5	6	7	8	9	10	11	12
销售量(x)	25	23	26	29	24	28	30	27	25	29	32	32

$$\frac{25+23+26+29+24+28+30+27+25+29+32+32}{12}=27.5$$

即该企业 2016 年 1 月的销售量预计为 27.5 千件。

用算术平均法预测销售量的计算方法比较简单，但它未考虑不同时期销售量变动对预测期的影响程度，把各个时期的销售差异平均化。因此，这种方法只适用于各期销售量比较稳定，没有季节性变动的食品或日常用品等的预测。

（二）指数平滑法

指数平滑法是利用平滑系数（即加权因子）对本期的实际销售量和本期预计销售量进行加权平均计算后作为预测期销售量的一种方法。这种方法实质上也是一种加权平均法，是以平滑系数 α 和 $(1-\alpha)$ 为权数进行加权。其计算公式如下：

$$F_t=\alpha A_{t-1}+(1-\alpha)F_{t-1}$$

式中，F_t 为预测期销售量；α 为平滑系数；A_{t-1} 为上期销售量实际值；F_{t-1} 为上期销售量预测值。

【例 6－2】 仍沿用表 6－1 所示的销售量资料，设 α 为 0.3，2015 年 12 月的预测值为 30 千件。

要求：用指数平滑法预测 2016 年 1 月的销售量。

解：2016 年 1 月的预计销售量 $F_t=0.3\times32+(1-0.3)\times30=30.6$（千件），即该企业 2016 年 1 月的销售量预计为 30.6 千件。

在用指数平滑法预测销售量时，关键是 α 值的选择。这是一个经验数据，取值范围通常在 0.3～0.7。α 的取值大小，决定了上期实际数和预测数对本期预测值的影响。α 的取值越大，上期实际数对本期预测值的影响越大；反之，上期预测数对本期预测值的影响越大。因此，进行近期预测或销量波动较大的预测，应采用较大的平滑系数；进行长期预测或销量波动较小的预测时，可采用较小的平滑系数。

指数平滑法比较灵活，适用范围较广，但在选择平滑系数时，存在一定的主观随意性。

（三）回归直线法

回归直线法又称最小二乘法，是根据历史的销售量（y）与时间（x）的函数关系，利用最小二乘法原理建立回归分析模型 $y=a+bx$ 进行的销售预测。其中，a、b 称为回归系数，通过前面的学习，我们知道：

$$b=(n\sum xy-\sum x\sum y)/(n\sum x^2-\sum x\sum x)$$

$$a=(\sum y-b\sum x)/n$$

由于自变量 x 为时间变量，其数值呈单调递增，间隔相等，形成等差数列，所以可以对时间值进行修正，令 $\sum x=0$，从而简化回归系数的计算方法。上述计算公式可简化为：

$$b=\sum xy\ /\sum x^2$$

$a=\sum y/n$

实际计算中如何使 $\sum x=0$,可以考虑两种情况:一是 n 为奇数,则令 $(n+1)/2$ 期的 x 值为 0,以 1 为间隔,确定前后各期的 x 值。如 $n=7$,则各期的 x 值依次为 −3,−2,−1,0,+1,+2,+3,则 $\sum x=0$。二是 n 为偶数,则令第 $n/2$ 项和 $(n/2+1)$ 项分别为 −1 和 +1,以 2 为间隔,确定前后各期的 x 值。如 $n=8$,则各期的 x 值依次为 −7,−5,−3,−1,+1,+3,+5,+7。我们把这种方法也称为修正的时间序列回归分析法。

【例 6−3】 仍沿用表 6−1 所示的销售量资料。

要求:用回归直线法预测 2016 年 1 月的销售量。

解:根据资料计算有关数据,如表 6−2 所示。

表 6−2　　根据回归直线法计算的有关数据

月　份	x	y	xy	x^2
1	−11	25	−275	121
2	−9	23	−207	81
3	−7	26	−182	49
4	−5	29	−145	25
5	−3	24	−72	9
6	−1	28	−28	1
7	+1	30	+30	1
8	+3	27	+81	9
9	+5	25	+125	25
10	+7	29	+203	49
11	+9	32	+288	81
12	+11	32	+352	121
$n=12$	$\sum x=0$	$\sum y=330$	$\sum xy=170$	$\sum x^2=572$

将表 6−2 中的数据代入公式,得:

$a=\sum y/n=330/12=27.5$

$b=\sum xy\ /\sum x^2=170/572\approx 0.30$

则:$y=27.5+0.30x$

2015 年 12 月的 $x=+11$,则 2016 年 1 月的 $x=+13$

2016 年 1 月的预计销售量 $y=27.5+0.30\times 13=31.4$(千件)

即该企业 2016 年 1 月的销售量预计为 31.4 千件。

采用回归直线法预测企业未来时期销售量时,也可以根据销售量与某些变量因素(如地区国民生产总值、个人可支配收入、人口、相关工业品的销售量、需求的价格弹性或收入弹性等)之间存在的函数关系,以这些相关变量作为自变量 x 加以进行。

【例 6−4】 MC 公司专门生产汽车轮胎,而决定轮胎销售量的主要因素是汽车销售量。

假定汽车工业联合会最近5年下游汽车实际销售量的统计资料及本公司近5年的实际销售资料如表6－3所示。

表6－3　近5年汽车及汽车轮胎销售量

年　份	2011	2012	2013	2014	2015
汽车销售量(万辆)	10	12	15	18	20
轮胎销售量(万只)	64	78	80	106	120

假定预测期2016年下游汽车企业的汽车销售量根据汽车工业联合会的预测为25万辆，则采用回归直线法预测MC公司2016年的轮胎销售量时，根据给定资料进行加工计算，如表6－4所示。

表6－4　预测MC公司2016年轮胎销售量

年　份	汽车销售量 x	轮胎销售量 y	xy	x^2
2011	10	64	640	100
2012	12	78	936	144
2013	15	80	1 200	225
2014	18	106	1 908	324
2015	20	120	2 400	400
$n=5$	$\sum x=75$	$\sum y=448$	$\sum xy=7\ 084$	$\sum x^2=1\ 193$

根据表6－4的数据，可计算得出：

$b=(n\sum xy-\sum x\sum y)/(n\sum x^2-\sum x\sum x)=5.35$

$a=(\sum y-b\sum x)/n=9.35$

MC 公司2016年预计销售量 $=9.35+5.35\times 25=143.1$(万只)

二、定性预测法

当预测者对预测对象的数据资料(包括历史的和现实的数据资料)掌握不充分，或影响因素复杂，难以用定量方法加以描述时，可以采用定性预测法。这是依靠预测者丰富的实践经验和知识，以及主观的分析判断能力，在考虑政治经济形势、消费倾向、市场前景、经济政策(宏观环境的变化)等因素对经济影响的前提下，在调查研究的基础上，对事物性质和发展趋势进行预测和推断。这里具体介绍市场调查法和判断分析法。

(一)市场调查法

市场调查法是根据某种商品在市场上的供需情况的调查资料，以及企业本身商品的市场占有率，来预测某一时期内本企业该商品的销售量的一种定性预测方法。

市场调查法通常可采取以下四种方式：一是全面调查，即对涉及同一商品的所有销售对象进行逐个了解，经综合整理后，探明该商品在未来一定时期内销售量的增减变动趋势；二是重点调查，即通过对有关商品在某些重点销售单位历史销售情况的调查，经综合分析后，基本上掌握未来一定时期内该商品销售变动的总体情况；三是典型调查，即有意识地选择具有代表性的销售单位(或用户等有关因素)，进行系统、周密的调查，经分析综合后，总结出有关商品供需变化的一般规律，借以全面了解它们的销售情况；四是抽样调查，即按照随机原则，从有关商品的销售对象的总体中，抽出某个组成部分进行调查，经分析推断后，测算出有关商品的需求总量。这些方法的主要区别在于选取的调查样本不同。

市场调查一般可以从以下方面进行：

(1)调查商品所处的寿命周期。任何商品都有发生、发展和衰亡的过程，经济学界把这个过程叫作商品的寿命周期。它一般可分为试销、成长、成熟、饱和和衰退五个阶段，不同阶段的销售量各不相同，从而成为销售预测的一个重要内容。

(2)调查消费者的情况。摸清消费者的经济情况、个人爱好、风俗习惯以及对商品的需求等因素，据此分析未来一定时期的市场情况。

(3)调查市场竞争情况。了解经营同类商品企业的市场占有情况及它们采取的促销措施，以比较本企业经营该商品的优势、劣势及市场占有率。

(4)调查商品的采购渠道。了解同类商品生产厂家及其他进货渠道的分布情况，以及这些厂家生产经营商品的花色、品种、质量、包装、价格及运输等方面的情况，并确定其对销售量的影响。

(5)调查国内外和本地区的经济发展趋势。了解经济发展趋势对商品销售量的影响。

将上述五个方面的调查资料进行综合、整理、加工、计算，就可对某种商品在未来一定时期内的销售情况进行预测。

(二)判断分析法

判断分析法是由熟知市场情况、经验丰富的专业人员或专家通过对未来销售状况进行综合分析研究，从而对企业一定期间特定产品的销售量情况做出判断和预测的一种定性预测方法。判断分析法具体又包括以下三种方法：

1. 专业人员意见法

专业人员意见法是指由企业专门从事营销业务的人员根据自己的工作经验，对特定产品在未来一定时期的销售变动趋势做出分析判断，并据此做出销售预测的方法。

由于专业人员熟悉业务、熟悉市场，因此，根据此法做出的预测结果代表性最强，并且所需时间短、费用低，比较实用；但是，专业人员的素质各异，往往只考虑本专业领域的因素，所作出的预测又与本部门未来的销售任务相关，以致在应用此法时可能有意识地为自己留有余地，从而干扰预测结论。

2. 主管人员判断法

主管人员判断法是指由企业组织销售预测的主管人员召集销售管理、生产管理、财务管理等方面的负责人员参加专门会议，进行讨论，然后由主管人员在汇集各方面意见的基础上做出销售预测的方法。

这种方法的优点是能集思广益，简便易行，省时省力，但主观随意性较大，预测结果不太准确。

3. 专家意见法

专家意见法在实际应用中常常采取以下两种形式：

(1)专家调查法。专家调查法也称德尔菲法，是由美国兰德公司在20世纪40年代创立的一种定性预测方法。它是预测机构或人员通过向见识广、学有专长的有关专家发出调查表，由专家根据自己的业务专长和对预测对象的深入了解发表个人意见，经过多次反馈、综合、归纳各位专家的意见后，对有关产品在未来一定期间内的销售趋势做出预测判断。采用专家调查法进行销售预测时，应尽量保证使各位专家之间互不通气，以避免因彼此地位、观点的不同等原因而对他们产生干扰和影响，使每位专家都能够根据自己的观点、方法和经验进行预测，同时对不同专家意见的征询应反复进行。为使各位专家在重复预测时能做出比较全面的判断，每次都应将上一次所有征询意见的结果进行整理归纳后，再反馈给专家。

专家调查法具有匿名性、费用不高的特点，其预测结果的可靠性也较高；但此法比较费时，有时信函的回收率不高，影响预测的顺利完成。

(2)专家小组法。专家小组法也称为专家会议法，它是由企业将各有关专家集中起来，通过召开不同形式的座谈会的方式，让专家针对预测对象交换意见并进行讨论，最后由企业综合各种意见做出预测的一种方法。

与德尔菲法各专家“背对背”的形式相反，这一方法是由专家“面对面”集体讨论和研究，相互启发和补充，因此对预测问题的分析研究更深入，预测结果较准确；但在专家会议中，有时易受心理因素影响，特别是权威人士的意见对其他专家影响较大。

第三节 成本预测

成本预测(forecast of cost)是在编制成本预算之前，根据企业的经营总目标和预测期可能发生的各个影响因素，对本企业在预测期内的成本总额和单位产品成本的估计和推断。通过成本预测，企业可以在生产经营过程中，对成本的形成进行有效控制，降低成本水平，使本企业的产品在市场上更具竞争力，提高经济效益。现代企业的成本管理工作，不能停留在事后算账和分析上，而应把工作的重点转向事前目标成本的制订和成本预测，以及事中成本的控制上来。成本预测是成本管理工作的重要一环。

一、成本预测的程序

(一)初步确定目标成本，提出目标成本草案

所谓目标成本，是指在确保实现目标利润的前提下，企业在成本方面应达到的目标。目标成本不单纯是财务管理问题，它还涉及产品的设计、工艺的制定、产品的制造等诸多方面，它规定着企业未来降低成本的努力方向，一般具有效益性、可控性、目的性与先进性等特点。目标成本的确定应经过反复测算才能完成。一般采用按倒推法或先进成本法两种方法进行预测。

1. 倒推法

倒推法是以事先确定的目标利润为前提，根据销售预测和国内外同类企业的情报资料，考虑具有竞争能力的价格水平，用预计销售收入扣除目标利润和应纳税金就可得到预计的目标成本，即由目标利润倒推出目标成本。计算公式如下：

目标成本＝预计销售收入－预计应缴税金－目标利润

这种方法可以使目标成本与目标利润的水平衔接起来，并且公式中的销售收入是按市场价格乘以预计销售量得到的，因此由上式推算出的目标成本就是市场可接受的成本，按此生产出的产品必然具有市场竞争力。但它无法直接确定目标固定成本和目标单位变动成本指标，还需在此基础上继续分析。

2. 先进成本法

先进成本法是根据某一先进的成本水平如企业历史最好的成本水平或国内外同类产品的

先进水平，也可以按照上年实际水平，扣减预计成本降低额，测算目标成本。

这种方法可以直接确定单位目标成本，但无法与目标利润联系起来。

我国企业常常采用后一种方法预测目标成本，西方国家则多采用前一种方法。两者结合起来应用，可以相互取长补短，更有实践意义。

(二)预测成本的发展趋势

目标成本提出后，企业还需要利用有关模型预测总成本发展趋势，以检验在现有条件下实现目标成本的可能性与现实性。

预测总成本发展趋势包括两个方面：一是预测一定时期内各项生产成本和营业费用的总体水平和结构；二是确定在当前生产条件下不采取任何新的降低成本措施，预测一定时期产品成本能否达到目标成本的要求。

(三)拟订降低成本的各种可行性方案

在初步确定了成本目标之后，应采取各种积极措施降低当前的产品成本，提出成本降低方案。成本降低方案的提出可以从改进产品设计、改善生产经营管理、控制管理费用三个方面进行，以便降低成本，提高经济效益。

(1)改进产品设计，开展价值分析，节约原材料、燃料和人力资源等的消耗。产品结构设计是否先进合理，是决定产品设计成本水平的重要环节和先决条件，不仅影响产品的性能、质量，更影响产品成本数额的大小。由于产品的体积、重量和样式基本上决定了产品投产后的原材料、燃料、动力和人工的消耗程度，如果产品结构设计不合理，将造成较大的浪费。因此，在产品结构设计上应开展价值分析，以最低总成本实现产品的必要功能。

(2)改善生产经营管理，合理组织生产。生产经营管理的好坏，如劳动力合理组织、车间的合理设置、工艺方案的选择、零部件的外购或自制决策、新设备增加等，与产品成本的高低有着密切的关系，直接影响产品成本数额的大小。因此，企业应合理地组织产品生产，挖掘降低产品成本的潜力，针对生产经营管理中存在的问题，提出各种不同的改进方案，并对不同方案的经济效果进行对比分析，从中选择最优的成本降低方案。

(3)严格控制费用开支，降低管理费用。制造费用和管理费用在企业成本费用中占有很大的比重，企业各部门、车间应实行严格的费用控制制度，控制费用支出，达到降低成本的目的。

(四)制订正式的目标成本

企业的成本降低措施和方案确定后，应进一步测算各项措施对产品成本的影响程度，修订初步确定的目标成本，以确定预测期的目标成本。经过这一步骤，既可以了解企业在目前条件下实现目标成本的可能性有多大，又能促使企业积极采取措施降低成本，并测算出这些措施对未来成本水平的影响。经过测算比较，若原定目标成本草案与现实相距太大，难以达到，则适当修正目标成本，使之尽量符合客观实际，并与相应措施相配套。

二、成本预测的方法

成本预测的方法可按产品的不同分类分为可比产品成本预测和不可比产品成本预测两大类。

(一)可比产品成本预测

可比产品是指以往年度正常生产过的产品，因而具备比较健全和稳定的历史成本资料。因此，可比产品成本预测常采用的方法是历史资料分析法和因素分析法。

1. 历史资料分析法

历史资料分析法是指在掌握有关成本历史资料的基础上，采用一定的方法进行数据处理，建立有关成本模型，并据以预测未来成本水平的一种定量分析方法。常用的有高低点法、加权平均法、回归直线法等。这些方法在前文已经讨论过，这里不再赘述。

2. 因素分析法

因素分析法是通过分析与定型产品的成本有关的技术进步、劳动生产率变动以及物价变动方向和经济发展前景，考虑各种影响成本的有关因素，如产品产量、原材料消耗、劳动生产率和费用变动等因素，以及预计采取的相应措施对成本指标的影响程度来预测现有产品未来成本水平的一种定量分析方法。

在测算各项措施对产品成本的影响程度时，应抓住主要影响因素，并对这些主要因素进行分析。一般可以从节约原材料消耗、提高劳动生产率、合理利用设备、节约制造费用、减少废品损失等方面进行测算。具体测算方法如下：

(1)测算材料费用变动对成本的影响。原材料费用是构成产品成本的主要项目之一，在产品成本中占有较大的比重，材料费用的高低直接影响产品成本的大小。在保证产品质量的前提下，合理、节约地使用原材料，是不断降低产品成本的主要途径。而材料费用主要受材料消耗定额和材料单价变动的影响，因此，当产品成本中材料消耗定额和单价发生变化时，就会影响预测期产品成本水平。

(2)测算工资费用变动对成本的影响。产品成本中工资费用的高低是由单位产品中的工资费用和劳动生产率两因素决定的。劳动生产率的变动与单位产品成本中工资费用的变动呈反比例关系，而平均工资的增长与单位产品成本中的工资费用的变动呈正比例关系。

当生产工人的工资水平不变时，劳动生产率提高，意味着单位时间内产量增加，单位产品分担的工资费用就减少，产品成本随之降低。

劳动生产率变动对成本的影响＝劳动生产率×生产工人工资占成本的百分比

式中，劳动生产率可以用产量表示，也可以用工时表示。由于以产量表示的劳动生产率与以工时表示的劳动生产率互为倒数，因此，可以根据预测期工时定额降低幅度来计算工时定额变动对成本的影响，即把上式中“劳动生产率增长的百分比”替换为“工时定额降低的百分比”。

虽然工人平均工资的增长同单位产品中工资费用的增长是同步的，但如果工人工资的增长幅度大于劳动生产率的增长幅度，产品成本就会上升；反之，如果工人工资的增长幅度小于劳动生产率的增长幅度，产品成本则会下降。

(3)测算生产增长超过变动费用增加对成本的影响。在企业生产经营过程中所发生的间接费用中，变动费用部分，如消耗性材料费、运输费等，随着产量的增长而有所增加，但其增加幅度一般小于生产增长速度，因此会减少单位产品中应分摊的间接费用，从而降低产品单位成本。

(4)测算生产增长而固定费用不变对成本的影响。在企业生产经营过程中所发生的固定性制造费用，如办公费、差旅费、折旧费用等，一般不随产量增长而增加，因此随着生产的增长，会使单位产品成本应分摊的固定性费用减少，降低单位产品成本。

生产中发生废品，意味着人力、物力、财力的浪费，合格产品的成本也会随之提高。因此，生产中发生的废品损失也是产品成本的构成项目之一，降低废品率可以降低产品成本。

上述各因素变动对产品成本影响的百分比，各百分比乘以按上期预计(或实际)平均单位成本计算的预测期可比产品总成本，即可求出各因素变动影响产品成本的降低额，汇总之后即为预测期可比产品成本的总降低额；也可以综合上述计算结果，先求得预测期可比产品成本的总降低率，再乘以按上期预计（或实际）平均单位成本计算的预测期可比产品总成本，也可以计算出预测期可比产品成本的总降低额。现将这一过程举例如下：

【例6—5】 某企业 A 车间预测期的目标成本初步测算是可比产品成本降低率为7%，公司下达的降低任务为6%。经充分论证，确定预测期影响成本的主要因素见表6—7。

表6—7　　预计各影响因素的变动

影响因素	变动程度(%)
可比产品的生产增长	25
材料消耗定额降低	10
材料价格上升	8
劳动生产率提高	20
生产工人的工资增加	4
管理费用增加	4
废品损失减少	10

该企业按上年预计平均单位成本计算的预测期可比产品总成本为772 800元，可比产品各成本项目的比重为：原材料70%，生产工人的工资15%，管理费用10%，废品损失5%。

要求：采用因素预测法计算可比产品成本的降低率和降低额。

解：

(1)由于原材料消耗定额降低及平均价格上升对产品成本的影响：

成本降低率＝[1－(1－10%)×(1＋8%)]×70%＝1.96%

成本降低额＝772 800×1.96%＝15 146.88(元)

(2)由于劳动生产率提高超过平均工资增长而形成的节约：

成本降低率＝[1－(1－20%)×(1＋4%)]×15%＝2%

成本降低额＝772 800×2%＝15 456(元)

(3)由于生产增长超过管理费用增加而形成的节约：

成本降低率＝[1－(1＋4%)/(1＋25%)]×10%＝1.68%

成本降低额＝772 800×1.68%＝12 983.04(元)

(4)由于废品损失减少而形成的节约：

成本降低率＝5%×10%＝0.5%

成本降低额＝772 800×0.5%＝3 864(元)

则：

预测期可比产品总成本降低率＝1.96%＋2%＋1.68%＋0.5%＝6.14%

预测期可比产品总成本降低额＝15 146.88＋15 456＋12 983.04＋3 864＝47 449.92

或

预测期可比产品总成本降低额＝772 800×6.14%＝47 449.92(元)

可见，计算结果接近初步测算的目标成本降低率7%，并可以实现上级下达的6%的目标成本降低任务。因此，可以把6.14%可比产品成本总降低率作为正式的目标成本，并据以编制成本计划。

(二)不可比产品成本预测

不可比产品是指企业以往年度没有正式生产过的产品，其成本水平无法与过去进行比较，因而就不可能像可比产品那样采用下达成本降低指标的方法控制成本支出。随着科学技术的发展，产品不断更新换代，不可比产品在企业中所占的比重越来越大。为了全面控制企业费用支出，加强成本管理，除了对可比产品成本进行预测外，还应就不可比产品成本进行预测。预测时主要采用以下三种方法：

1. 技术测定法

技术测定法是根据产品设计结构、生产技术条件和工艺方法，对影响人力、物力消耗的各项因素逐个进行技术测试，从而分析、计算产品成本的一种方法。这种方法要对材料、劳动效率和工时消耗，以及各种技术定额逐项进行测定，然后分析、汇总，计算出产品成本。这种方法科学合理，预测较精确，但工作量大，适用于品种少、技术资料较齐全的产品。

2. 类比分析法

类比分析法是以国内外同类产品为依据，结合自身条件，进行对比分析，从而测定产品成本的一种方法。在既定的生产技术、市场价格等条件下，同一类型产品的成本费用一般比较接近。因此，可以采用与同类产品成本相对比的办法进行预测。在预测时，如果条件不可比或情况有变化，应做必要的调整或修正。这种方法简便易行，工作量小，但预测结果不太准确。

3. 目标成本法

目标成本法是根据产品价格、成本费用和利润三者之间的内在联系确定出目标成本，进而测定产品成本的一种方法，即在前文中介绍的倒推法。这种方法比较简便易行，但若市场调查失误，将影响预测值的准确性。

第四节 利润预测

利润是企业的营业收入减去与之相配比的成本费用后的余额，它是企业在一定会计期间进行经营活动的结果。利润对于一个企业而言是一个非常重要的经济指标，企业一定时期的经营绩效、管理水平，最后都要在利润指标上体现出来。

利润预测就是通过分析各种因素对利润的影响，对利润的变化趋势所进行的科学预计和推测。利润预测是企业经营预测的主要内容之一，规划企业的最优目标利润，可以切实落实产量、成本、价格等方面的指标任务，并作为编制全面预算的基础。利润预测的主要目的是预测目标利润。目标利润是企业未来一段时间内，在现有经营条件下应达到的最优战略目标。

一、利润预测的方法

利润预测同样可以采用多种方法，前文介绍的定性预测法和定量预测法均可用于利润预测，这里重点介绍以下两种方法。

（一）直接预测法

直接预测法是根据本期的有关数据，直接推算出预测期的利润数额。一般是根据利润总额的构成内容分项进行预测，可以分别预测营业利润、投资净收益、营业外收支净额等，然后将利润总额的各构成项目的预测结果加以汇总，即为利润总额的预测数额。这一方法可用下面一组公式表示：

预计营业利润＝预计产品销售利润＋预计其他业务利润

其中：

预计产品销售利润＝预计产品销售收入－预计产品销售成本－预计产品销售税金

预计其他业务利润＝预计其他业务收入－预计其他业务成本－预计其他业务税金

预计投资净收益＝预计投资收入－预计投资损失

预计营业外收支总净额＝预计营业外收入－预计营业外支出

最后，将所求出的各项预测数额加总，即可计算出下期利润总额的预测值。

（二）运用经营杠杆预测利润

在生产经营活动中人们发现，产销数量的变动会引起利润以更快的速度变动，这种在一定产销量基础上，利润变动率是产销量变动率的倍数，称经营杠杆系数，用符号“DOL”表示。

经营杠杆系数＝利润变动率/销售量变动率

设：P_0 为基期利润；P_1 报告期（计划期）利润；x_0 为基期销售量；x_1 报告期销售量；p 为单价；b 为单位变动成本；a 为固定成本总额；Tcm_0 为基期边际贡献总额。

$$DOL=\frac{(P_1-P_0)\div P_0}{(x_1-x_0)\div x_0}$$

$$=\frac{\{[(p-b)x_1-a]-[(p-b)x_0-a]\}\div[(p-b)x_0-a]}{(x_1-x_0)\div x_0}$$

$$=\frac{(p-b)(x_1-x_0)\div[(p-b)x_0-a]}{(x_1-x_0)\div x_0}$$

$$=Tcm_0\div P_0$$

【例 6－6】 某企业产销甲仪器，今年可产销1 000台，该产品销售单价 150 元，单位变动成本 100 元，固定成本总额10 000元，预计明年销售量可比今年增加 20％。

$$DOL=\frac{(150-100)\times 1\,000}{(150-100)\times 1\,000-10\,000}=1.25$$

计划期预计利润＝基期利润×（1＋产销量增长率×DOL）

＝40 000×（1＋20％×1.25）＝50 000（元）

二、利润预测敏感分析

（一）利润预测敏感分析的含义

企业的目标利润确定后，有必要根据企业的实际情况分析影响利润的诸多因素，如价格、成本和销售量等因素的变化对利润会产生多大程度的影响。这类分析称为利润敏感性分析。

利润预测敏感分析（profit sensitivity analysis）是研究当制约利润的有关因素发生某种变化时对利润所产生影响的一种定量分析方法。这对于利润预测，尤其是对目标利润预测有十分积极的指导意义。

在现实经济环境中，影响利润的因素很多，而且会经常发生变动，即使它们的变动方向和变动幅度完全一样，对利润所产生的影响也可能不同，如：有些因素增长会导致利润增长，而另一些因素只有下降才会导致利润增长；有些因素只要略有变动就会使利润发生很大的变化，而另一些因素虽然变动幅度较大，却只能带来利润的微小变化。我们称那些对利润影响大的因素为利润灵敏度高，反之称利润灵敏度低，即：利润对前者的敏感性高，对后者的敏感性低。显然，因素的利润灵敏度不同，人们对它们的重视程度也就应有所区别。对敏感性高的因素，应给予更多的关注；对敏感性低的因素，则可以不作为分析的重点。通过计算有关因素的利润灵敏度指标，进行利润预测的敏感分析，可以了解哪些因素增长会导致利润增长，哪些因素下降会导致利润下降，以及各因素变动对利润的影响程度大小，为企业实现目标利润提供依据。

(二)各因素变动对利润敏感程度的分析

通过本量利分析得知,影响利润高低的因素有单价、单位变动成本、固定成本和销售量,它们对利润的敏感程度强弱如何,可通过计算各因素的利润灵敏度指标进行衡量。

通过计算,不仅可以揭示利润与因素之间的相对关系,而且可以将有关因素按灵敏度高低进行排队,对灵敏度高的因素重点分析,对灵敏度低的因素适当分析,利用灵敏度指标进行利润预测。

1. 利润灵敏度指标的计算及其排列规律

利润灵敏度指标的计算是利润预测敏感分析的关键,其计算公式如下:

敏感系数=目标值变动百分比/因素值变动百分比

在本量利分析中,我们关心的是各有关因素变化对利润的影响,因而影响利润的因素分别是单价、单位变动成本、销售量和固定成本。可以用线性函数关系表示为:

$P=(p-b)x-a$

根据敏感系数的定义,我们发现,某个因素的敏感系数即为如下公式:

敏感系数$(S_i)=(M_i/P)\times 100\%$

其中,M_i 表示某一个相关因素,P 表示基年的利润。

分别计算各因素的敏感系数,可以得到如下规律:

x 的敏感系数$=Tcm/P$(Tcm 为边际贡献)

p 的敏感系数$=px/P$

b 的敏感系数$=bx/P$

a 的敏感系数$=a/P$

其中,敏感系数的正负符号,仅表示变动的方向相同或相反,+符号表示变化方向相同,-符号表示变化方向相反。

下面通过一个实例进行分析:

【例 6-7】 A 企业只生产经营一种产品,该产品的销售量为5 000件,销售单价 10 元,单位变动成本 6 元/件,固定成本10 000元。

要求:计算各因素的利润灵敏度指标。

解:根据本量利分析原理:

利润基数=销售量×单价-销售量×单位变动成本-固定成本

=5 000×100-5 000×60-10 000

=10 000(元)

销售收入基数为50 000元(10×5 000),变动成本基数为 30 000 元(6×5 000),贡献边际基数为 20 000 元[(10-6)×5 000],固定成本基数为 10 000 元,则各因素灵敏度指标为:

单价灵敏度指标(S_p)=50 000/10 000=5

单位变动成本灵敏度指标(S_b)=-30 000/10 000=-3

销售量灵敏度指标(S_x)=20 000/10 000=2

固定成本灵敏度指标(S_a)=-10 000/10 000=-1

本例中,单价与利润的变化方向相同,且单价若增加 1%,利润会增加 5%;单位变动成本与利润的变化方向相反,且单位变动成本若增加 1%,利润会下降 3%;销售量与利润的变化方向相同,且销售量若增加 1%,利润会增加 2%;固定成本与利润的变化方向相反,且固定成本若增加 1%,利润会下降 1%。

由本例可以看出，该企业影响利润各因素的灵敏度指标排列依次为：单价(S_p)＞单位变动成本(S_b)＞销售量(S_x)＞固定成本(S_a)。

实际中，各因素情况改变，会影响上面的排列顺序，但在企业正常盈利条件下，利润灵敏度指标的排列是有规律的，这里都是指的绝对值，一般为：

(1)单价灵敏度指标最高；

(2)销售量灵敏度指标不可能最低；

(3)单价灵敏度指标与单位变动成本灵敏度指标之差等于销售量灵敏度指标；

(4)销售量灵敏度指标与固定成本灵敏度指标之差等于1。

2. 利润灵敏度指标在利润预测中的应用

当影响利润的任一因素单独变动时，设利润变动的百分比为K，其计算如下：

第i个因素变动使利润变动的百分比(K_i)＝某因素的变动百分比×S_i

【例6－8】 承[例6－7]的数据资料及各因素的利润灵敏度指标的计算结果，设单价提高10%，销售量增加20%。

要求：分别计算单价和销售量变动对利润的影响。

解：已知价格敏感系数$S_p=5$，单价变动率为10%，则单价变动使利润变动的百分比为：

$K_p=10\%\times5=50\%$

已知$S_x=2$，销售量增加20%，则销售量变动使利润变动的百分比为：

$K_x=20\%\times2=40\%$

可见，当单价提高10%时，会使利润增加50%；当销售量增加20%时，利润将上升40%。这两个因素对利润的影响均比较显著。

(三)有关因素临界值的确定

有关因素临界值的确定包括两个方面：一是要测算在确保企业不亏损情况下的各因素极限变动率；二是测算为实现一定的目标利润各因素的最大变动程度。

1. 测算在确保企业不亏损情况下的各因素极限变动率

如果已知目标利润比基期利润增长百分比为K_0，则实现目标利润的增长率而应采取的单项措施可以用以下公式计算：

$$K_i=[(-1)^{1+i}\times K_0\div S_i]\times1\%\qquad(i=1,2,3,4)$$

如果保证企业不亏损，那么基期利润为0，则$K_0=-100\%$，则第i个因素变动率的极限计算公式如下：

第i个因素变动率极限$=(-1)^i\times[(-100/S_i)]\times1\%$

【例6－9】 假定各因素的利润灵敏度指标为[例6－8]的计算结果。

要求：测算在确保企业不亏损情况下的各因素极限变动率。

解：根据上述公式可得：

单价的极限变动率$=(-1)^1\times[(-100/5)]\times1\%=-20\%$

单位变动成本的极限变动率$=(-1)^2\times[(-100/-3)]\times1\%\approx33\%$

销售量的极限变动率$=(-1)^3\times[(-100/2)]\times1\%=-50\%$

固定成本的极限变动率$=(-1)^4\times[(-100/-1)]\times1\%=100\%$

即当各因素单独变动时，单价降低不超过20%，单位变动成本升高不超过33%，销售量下降不超过50%，固定成本上升不超过100%，企业就不会亏损。

2. 测算为实现一定的目标利润各因素的最大变动程度

企业利润预测以目标利润的测算为中心，当目标利润确定后，要进一步测算为实现该目标利润各因素允许的最大变动程度。

【例 6—10】 承[例 6—7]的数据资料，并且已知企业在计划期按行业先进的销售利润率30%进行目标利润规划。

要求：测算为实现该目标利润各因素的最大变动程度。

解：首先，按确定的销售利润率测算企业的目标利润：

企业现实水平下的利润＝(10－6)×5 000－10 000＝10 000(元)

目标利润＝10×5 000×30%＝15 000(元)

其次，由本量利计算公式测算为实现目标利润各因素单独变动时的变动程度：

实现目标利润的销售量＝(15 000＋10 000)/(10－6)＝6 250(件)

销售量变动率＝(6 250－5 000)/5 000×100%＝25%

实现目标利润的单价＝(15 000＋10 000)/5 000＋6＝11(元)

单价变动率＝(11－10)/10×100%＝10%

实现目标利润的单位变动成本＝(50 000－15 000－10 000)/5 000＝5(元)

单位变动成本变动率＝(5－6)/6×100%≈－16.67%

实现目标利润的固定成本＝销售收入－目标利润－变动成本

＝10×5 000－15 000－6×5 000＝5 000(元)

固定成本变动率＝(5 000－10 000)/10 000×100%＝－50%

如果企业采取措施使得以上任一因素达到计算的变动程度，都可以实现目标利润。

本章小结

本章主要介绍了经营预测的基本理论与基本方法及其在实际中的应用，在掌握经营预测意义、程序的基础上，重点要求掌握销售预测、成本预测、利润预测的各种专门方法。科学的经营预测是企业做出最佳规划与决策的基础，通过本章的学习可为后期学习提供理论和方法基础。

关键概念

经营预测　　销售预测　　定量预测法　　定性预测法　　成本预测　　利润预测

利润预测的敏感分析　　利润灵敏度指标

讨论及思考题

1. 经营预测在企业管理中具有哪些重要意义？
2. 经营预测应遵循的基本程序有哪些？
3. 经营预测的基本方法有哪两大类？
4. 销售预测的定性预测法有哪些？
5. 如何进行不可比产品的成本预测？
6. 如何进行利润的敏感分析？

第七章　短期经营决策

【本章要点提示】

- 掌握生产决策的内容和基本的决策分析方法
- 掌握最优生产批量决策与产品最优组合决策
- 掌握特殊情况下的产品定价决策分析方法

【本章内容引言】

短期经营决策是管理会计的核心内容之一，它通常是对企业的生产经营决策方案进行经济分析，其主要内容包括产品生产决策分析、产品定价决策分析等。本章在介绍企业生产经营决策分析的基本方法的基础上，以案例为依托阐述企业生产经营决策分析各项内容的具体程序、方法及相关注意问题，并特别分析了企业在不确定性情况下的经营决策分析的思路与方法。

第一节　经营决策需要考虑的成本概念

一、决策分析的意义

在市场经济条件下，企业所面临的经济环境是复杂多变的，企业管理者作出的经营决策和投资决策的正确与否，往往关系一个企业的盛衰兴亡。从这个意义上讲，管理的重心在于经营，经营的重心在于决策。规划和控制企业的经济活动有赖于科学的决策分析，决策的正确与否关系企业经营的成败。

所谓决策，是指企业为了实现预定的目标，对复杂多变的经济现象，通过预测、分析、比较和判断，在若干可供选择的方案中作出抉择，选取其中的最优方案。在现实的经济生活中，企业通常面临各种各样的行动方案，而企业所拥有的经济资源则往往是有限的，这就要求必须根据其经营目标，在各种方案中选取一个正确的方案。这个方案选择的过程就是企业决策的过程。

正确的经营决策需要以经过科学预测分析的高质量的信息为基础。管理会计人员在这方面是可以大有作为的。他们可以利用财务会计信息以及各种预测分析的资料，根据本单位的主客观条件，借助成本效益分析原理和各种专门方法与技术，对每个备选方案可能导致的不同结果进行计算、对比、分析和判断，并最终提出最优方案的建议，供管理者参考。从这个角度来看，恰好体现了管理会计的一个职能，即参与经营决策职能。

二、决策分析的种类

决策分析贯穿企业生产经营活动的始终，涉及的内容较多，按照不同的标准可将其分为若干不同的种类。

（一）按决策时期长短划分

1. 短期决策

一般是指在一个经营年度或经营周期内能够实现其目标的决策，主要包括生产决策、定价决策等。它的主要特点是充分利用现有资源进行战术决策。一般不涉及大量资金的投入且见效快，如半成品是否进一步加工的决策、零部件自制还是外购的决策等，因此短期决策又称短期经营决策。

2. 长期决策

这是指在较长时期内（超过一年）才能实现的决策。它的主要特点是对若干期的收支产生影响，一般需投入大量资金且见效慢，如固定资产是否更新的决策等，因此长期决策又称为长期投资决策或资本性支出决策。

（二）按决策所依据的条件、环境和状况划分

1. 确定型决策

这类决策所涉及的各种备选方案的各项条件都是已知的，且一个方案只有一个确定的结果。这类决策比较容易，只要进行比较分析即可。

2. 风险型决策

这类决策所涉及的各种备选方案的各项条件虽然也是已知的，但表现出若干种变动趋势，每一方案的执行都会出现两种或两种以上的不同结果，可以依据有关数据通过预测确定其客观概率。这类决策由于结果的不唯一性，使决策存在一定的风险。

3. 不确定型决策

与风险型决策不同，这类决策所涉及的各种备选方案的各项条件只能以决策者的经验判断确定的主观概率作为决策依据。作出这类决策的难度较大，需要决策人具有较高的理论知识水平和丰富的实践经验。

（三）按决策自身性质划分

1. 采纳与否决策

采纳与否决策通常是指备选待定的方案只有一个而作出的决策，亦称“接受与否决策”。例如，亏损产品是否停产或转产的决策，半成品（联产品）是否进一步加工的决策，是否接受追加订货的决策等。

2. 互斥选择决策

互斥选择决策通常是指在一定的决策条件下，存在几个相互排斥的备选方案，通过调查研究和计算对比，最终选出最优方案而排斥其他方案的决策。例如，生产何种产品的决策，零部件自制还是外购的决策，选择不同生产工艺进行加工的决策等。

3. 最优组合决策

最优组合决策通常是指有若干不同方案可以同时并举，但在企业资源总量受到一定限制的情况下，如何将这些方案进行优化组合，使其综合经济效益达到最优的决策。例如，在几种约束条件下生产不同产品的最优组合决策，在资本总额定量的情况下不同投资项目的最优组合决策等。

三、决策分析的程序

(一)确定决策目标

决策目标是决策分析的出发点和归结点。确定决策目标就是弄清一项决策究竟要解决什么问题，以便为决策分析的开展提供一个方向和依据。确定决策目标一般要注意处理好以下几点：

(1)目标具体化。确定的目标不能过于笼统抽象，以免被误解。

(2)目标定量化。尽可能地用定量指标表达决策目标。

(3)明确约束条件。凡属有条件的目标者，应充分揭示其约束条件。

(4)目标系统化。对于多目标决策，应首先分清主次，区别对待。如要注意分清战略与战术目标、远景目标与近期目标、主要目标与从属目标、必达目标与期望目标等，进而理顺目标排列顺序，简化归并目标，使综合目标系统化。

(二)提出备选方案

在明确提出决策目标的前提下，应充分考虑现实与可能，设计各种可能实现决策目标的、具有可行性的备选方案。所谓可行性，是指技术上可行、经济上合理。备选方案的提出，一般要经过形成基本设想、作出初步方案、最后形成备选方案的反复补充修改的过程。在这个过程中，应充分体现解放思想、鼓励创新和集思广益的精神。

(三)收集整理与备选方案相关的资料

备选方案一经提出，就要收集与备选方案有关的资料，特别是有关预期收入和预期成本的数据，作为今后决策的依据。对于收集的资料应进行认真分析与鉴别，采取去粗取精、去伪存真的做法，对于偶然事件的影响应予以剔除，必要时，还要进行加工延伸。

(四)通过定量分析对备选方案作出初步评价

这个步骤就是把各个备选方案的可计量资料先分别归类，选择适当的专门方法，建立数学模型，对各方案的预期收入和预期成本进行计算、比较和分析，再根据经济效益对备选方案作出初步的判断和评价，确定哪个方案较优。这是整个决策分析过程的关键阶段。

(五)考虑其他因素的影响，确定最优方案

在综合比较各方案优缺点的基础上，全面权衡利弊得失，按照一定的原则与要求确定最终择优的标准及有关方法，筛选较为理想的相对最优的方案。

除了以上五个步骤外，还应组织决策方案的实施，收集反馈信息。

严格地讲，执行决策结果已超出了决策分析本身的范围，但它是决策分析过程的延伸，因为在组织落实决策方案的过程中，有助于发现问题，及时反馈，随时调整目标或修改方案乃至作出下一轮新的决策，使决策过程处于决策—实施—反馈—再决策—再实施的动态良性循环。当然，在决策分析过程的前几个阶段也必须不断地反馈信息，为决策分析提供参考。

四、决策分析需考虑的相关成本

(一)相关成本的概念

决策分析的最终目的是确定最优方案,决策选优的标准主要是看经济效益的高低,而决定经济效益高低的两个主要因素是所得和所费。由于所得(即收入)要受到企业外部众多因素的影响,企业不易控制;而所费(即成本)大多是在企业内部发生的,企业可以采取一系列的措施进行控制,所以在决策分析过程中对成本因素的考虑显得更加重要。

这里必须指出,管理会计为了适应决策分析的不同需要,必须应用一些新的成本概念,它们一般无需记录在账本上,而只是在决策分析过程中,对不同备选方案进行调查研究和评价分析时,必须加以考虑的重要因素。它们同传统的成本概念既有区别又有联系。

所谓相关成本,是指与特定的决策方案相联系的、能对决策产生重大影响的、在短期经营决策中必须予以充分考虑的成本。如果某项成本只属于某个经营决策方案,即如果这个方案存在,就会发生该项成本,若该方案不存在,就不会发生这项成本,那么,这项成本就是相关成本。

(二)决策分析需考虑的相关成本

1. 差别成本

差别成本又称差量成本,其含义存在广义和狭义之分。广义的差量成本是指两个备选方案的预期成本的差异数,又称差别成本。在两个备选方案预期收入相等的情况下,就需要通过差量成本的计算来确定最优方案。狭义的差量成本是指由于生产能力利用程度不同而形成的成本差异,又称增量成本。在相关范围之内,某一备选方案的增量成本就是该方案的相关变动成本总额,即等于该方案的单位变动成本与相关业务量的乘积。在短期经营决策的生产决策中,增量成本是较为常见的相关成本。

2. 机会成本

机会成本原是经济学术语,它以经济资源的稀缺性和多种选择机会的存在为前提,是指在经济决策中应由中选方案负担的、按所放弃的次优方案潜在收益计算的那部分资源损失,又称择机代价。由于每项资源往往有多种用途,但用于某一方面就不能同时用于另一方面。这就是说,在某方面的所得,正是由于放弃另一方面的使用机会而产生的。因此,以次优方案的可能收益作为中选方案的所失,可以全面评价备选方案所得与所失的关系,因而应将机会成本作为管理会计决策的相关成本来考虑,否则就可能做出错误的选择,不能取得应有的效果。

尽管机会成本不是一般意义上的“成本”,不是企业的实际支出,也不需记账,但它表明把资源用于某一方面可能取得的利益,是以放弃它用于其他方面可能取得的利益为代价的。因此在进行决策时,只有将落选方案有可能获得的“潜在收益”作为机会成本计入中选方案的相关总成本中,才能全面、合理地评价中选方案的经济效益,正确判断被选用的方案是否真正最优,从而使资源得到最有效的利用。例如,某公司有一台暂时闲置的设备,既可以自行加工生产所需的甲零件,又可以出租给另一企业。如果用于加工甲零件,总成本费用为28 000元;若用于出租,可获租金4 000元,但此时企业生产用的甲零件只能外购,购买成本为30 000元。从表面看,甲零件应该自制,因为可以比外购节约成本2 000元。但这里还必须把该闲置设备可供出租的租金收入4 000元作为自制方案的机会成本考虑进去。因为设备一旦用于生产零件,就会失去对外出租的机会,那么4 000元的租金就成为自制零件方案丧失的“潜在收益”,即机会成本。此时利用闲置设备生产甲零件的总成本应为32 000元(28 000+4 000),大于外购成本，所以应选择外购甲零件同时将闲置设备出租的方案。

机会成本在决策中的意义在于它有助于决策者全面考虑可能采取的各种行动方法，以便为有限的资源寻求最为有利的使用途径。

3. 边际成本

从经济学的观点来看，边际成本是指产品成本对产品产量无限小变化的变动部分。但在生产实践中，产品产量的无限小的变化只能小到一个单位（如一批、一个、一件等），因为如果产量低于一个单位就没有什么实际意义了。因此，边际成本的实质就是指在企业的生产能力的相关范围之内，每增加或减少一个单位产量而引起的成本变动。从这个意义上来看，管理会计中的单位变动成本，以及增产或减产一个单位产品的差量成本，都是边际成本这个理论概念的具体表现形式。

根据微观经济学的理论，边际成本的内涵是随着产量变动的变动率，是成本函数的一阶导数。从这里可以引申出与边际成本有关的两个重要性质：

第一，当某产品的平均成本与边际成本相等时，其平均成本最低。

第二，当某产品的边际收入与边际成本相等时，可使企业获得最大的利润。

边际成本的上述性质在企业短期经营决策中是非常有用的。因为边际成本与单位变动成本一样，可用来判断增产或减产在经济上是否合算。例如，当企业的生产能力有剩余时，任何增加产量的方案，只要其销售单价略高于其单位边际成本（或单位变动成本），即使它比总的平均单位成本低些，也会使企业增加利润或减少亏损；另外，企业在定价决策中，选择边际收入等于边际成本时的销售单价，因为此时企业能获得最大的利润。

4. 重置成本

重置成本是指目前从市场上重新购买一项持有资产所需要支付的成本，又称现时成本或现行成本。在商品定价决策中，一般需将重置成本作为重点考虑的对象。例如，某商场原购入的 A 商品1 000件，当时购入的单价为 10 元，现 A 商品价格大幅度上涨，购入单价已涨至 20 元。如果该商场以 15 元的单价销售这批 A 商品，与其进价相比可获单位销售毛利 5 元，看起来似乎划算。但从管理会计的角度来看，作这样的结论是不妥当的。因为 A 商品的价格已发生了明显的变化，其单位重置成本已为 20 元，如果将 A 商品的销售单价 15 元和 A 商品的重置成本 20 元相比较的话，不仅不能获利，反而每单位 A 商品要亏 5 元。由此可见，重置成本在定价决策中是不可忽视的重要因素。

5. 付现成本

付现成本是指那些由于未来某项决策所引起的需要动用现金支付的成本。这里所指的现金是广义的现金，包括现款、银行存款和有价证券等。当企业在短期经营决策中，如果企业现金短缺，支付能力不足，筹资又十分困难，在这种情况下，对于那些急需上马的方案进行决策时，必须以付现成本而不是以总成本作为方案取舍的标准。因为在资金紧张的情况下，尽管付现成本较低的方案的总成本比较高，但可以用较少的资金及时取得急需的资产，一旦把握住时机，就可以提前取得效益，抵偿多支出的成本，甚至及时开发并占领市场，获得长远的经济利益；而总成本低的方案往往付现成本较高，若企业不能及时筹集到足够的现金，就无法使项目上马，导致坐失良机。

如某企业生产需用 A 材料 50 吨，现有两个方案可供选择：

方案一：全部的 A 材料由甲公司提供，开价为2 000元/吨，立即付款8 000元，其余货款在一年内分 5 次等额偿还。

方案二:全部的A材料由乙公司提供,开价为1 800元/吨,全部货款立即支付。

假设企业的货币资金十分紧张,并预计在短期内无应收账款可以收回,借入资金的可能性也基本没有。在此情况下,企业应该选择哪个方案更为有利呢?

根据上述情况,企业应该选择第一方案较为有利。因为虽然第二方案的总成本最低(1 800×50=90 000元),但第二方案的付现成本为90 000元,高于第一方案。而第一方案的付现成本仅仅为8 000元,远远低于第二方案。在企业资金如此紧张的情况下,选择第二方案根本是不可能的事情,也就更谈不上生产获利。而选择第一方案的总成本虽然高,但其会从及早投入生产所取得的销售收入中得到补偿。

6. 专属成本

专属成本是指明确归属于特定的决策方案的固定成本,又称特定成本。它往往是为了弥补生产能力不足的缺陷,增加有关装置、设备、工具等长期资产而发生的。专属成本的确认与取得上述装置、设备和工具的方式有关。若采用租入的方式,则专属成本就是与此相关联的租金成本;若采用购买方式,则专属成本的确认还必须考虑有关装置、设备和工具本身的性质;如果取得的装置、设备和工具是专用的,即只能用于该特定方案,则专属成本就是这些装备的全部取得成本;如果取得的装备是通用的,则专属成本就是与使用这些装备有关的主要使用成本。

7. 可避免成本

可避免成本是指通过管理当局的决策行动可改变其发生数额的成本,如酌量性的固定成本。这些成本的开支数额一般是由企业的管理者根据计划期的具体情况和财务负担能力作出决定,如将某一零件的取得方式由自制改为外购,那么自制所需支出的各项变动成本就是可避免成本。

8. 可延缓成本

可延缓成本是指在短期经营决策中对某项已决定选用的方案如推迟执行,还不至于对企业的生产经营产生重大影响,那么与该方案相关的成本就称为可延缓成本,又称可递延成本。例如,某公司原定重盖一幢办公楼,用来代替现在使用的简易房,但由于企业的生产经营规模扩大,占用了大量的资金,决定延期再盖,此时与其有关的各项未来支出就属于可延缓成本。

(三)决策分析的无关成本

与相关成本相对立的是无关成本。所谓无关成本,是指不受决策结果的影响,与决策的关系不大,已经发生或注定要发生的成本。如果无论是否存在某决策方案,均会发生某项成本,那么该项成本就是无关成本。在短期经营决策分析过程中,不能考虑无关成本,否则,可能会导致决策失误。因此,了解和区分哪些成本是无关成本也是十分必要的。无关成本一般包括沉没成本、共同成本、不可避免成本、不可延缓成本等。

1. 沉没成本

沉没成本又称沉入成本或旁置成本,是指由于过去的决策结果而引起并已经实际支付过款项的成本,它实质上与历史成本是同义语。正由于这类成本是过去已经发生的,因而现在和将来的任何决策都无法改变这项历史现实。如当一台机床使用一定时间后,由于科学技术的进步,致使该台机床已经过时,若需要作出是继续使用旧机床还是购买新机床的决策时,应该考虑的因素只是旧机床变现价值、新机床的购价以及使用新机床能够增加的收入或节约的成本,而旧机床的账面折余价值则属于沉没成本,无需加以考虑。企业大多数固定成本(尤其是固定资产的折旧费、无形资产的摊销费)均属于沉没成本;但并不是说所有的固定成本或折旧费都属于沉没成本，如与决策方案有关的新增固定资产的折旧费就属于相关成本。另外，某些变动成本也属于沉没成本，如在半成品是否深加工的决策中，半成品本身的成本不论其是固定成本还是变动成本均为沉没成本。

2. 共同成本

共同成本是指应当由多个方案共同负担的注定要发生的固定成本，如企业管理人员的工资、车间的照明费等。由于它的发生与特定方案的选择无关，因此在决策分析中不必予以考虑。通常情况下，共同成本与专属成本相对立。

3. 不可避免成本

不可避免成本是指通过管理者的决策行动不能改变其发生数额的成本，如约束性的固定成本（原有固定资产的折旧费、管理人员的工资、固定资产的租金）以及原来制造产品的各项变动成本，都属于不可避免成本。这类成本与备选方案的取舍一般没有直接的联系。通常情况下，不可避免成本与可避免成本相对立。

4. 不可延缓成本

不可延缓成本又称不可递延成本，是指在短期经营决策中若对其暂缓开支就会对企业未来的生产经营产生重大影响的那部分成本。例如，某公司过去一直采用烧柴油的锅炉，能源浪费很大，而且污染环境；现市政府和环保部门要求一律立即改用烧煤的锅炉，否则停业整顿，即使企业的资金再紧张也必须立即更换锅炉，此项成本就是不可延缓成本。通常情况下，不可延缓成本与可延缓成本相对立。

第二节　生产决策

一、生产决策涉及的范围

企业作为一个独立经营的法人单位，拥有较大的自主权和经营决策权，在生产经营过程中，经常会涉及许多需要进行决策的问题，一般可分为以下三种类型。

（一）生产何种产品或提供何种劳务

例如，企业为增强竞争能力，准备开发新产品或推出新的劳务项目，究竟生产哪种新产品，或提供哪种新劳务项目最为有利，这需要决策。又如，企业使用同一设备可以生产几种产品或提供多项劳务，也需要分析生产哪种产品或提供哪项劳务可获得最佳经济效益。

（二）生产多少数量的产品或提供多少数量的劳务

例如，在成批生产企业中，每批生产多少数量的产品，全年分几批生产最优？在多品种经营的企业中如何选择最优的产品组合进行生产？在有风险和不确定的情况下，产品产量或劳务量如何确定？

（三）如何组织和安排生产或提供劳务

例如，企业选择何种生产工艺进行加工生产？根据何种标准分配生产任务？怎样在赶工安排上既控制时间又控制成本，以追求最佳经济效益？

必须指出，尽管企业生产决策所涉及的问题很多，而且不同类型的问题需要采用不同的决策分析方法，但它们最终的目标都是在现有的生产条件下，如何最合理、有效、充分地利用企业的现有资源，取得最佳的经济效益和社会效益。

二、生产决策的基本方法及其应用

由于企业所面临的生产决策问题具有多样性，因此需要采用不同的决策分析方法对各备选方案进行比较和判断。实际工作中经常采用的决策分析方法主要有差量分析法、边际贡献分析法、成本无差别点分析法和概率分析法等。

（一）差量分析法及其在生产决策中的应用

企业进行不同方案的比较、选择的过程，实质是选择最大收益方案的过程。最大收益是在各个备选方案的收入、成本的比较中产生的。当两个备选方案具有不同的预期收入和预期成本时，根据这两个备选方案间差量收入、差量成本计算的差量损益进行最优方案选择的方法即为差量分析法。

运用差量分析法进行决策分析时，首先，将各决策备选方案两两比较，分别计算差量收入和差量成本。其次，将计算出的差量收入和差量成本进行对比择优。若差量收入大于差量成本（即为差量收益），则作为被减项的方案为优；若差量收入小于差量成本（即为差量损失），则作为减项的方案为优；若差量收入等于差量成本，则两方案具有同样的经济效益。

1. 应用之一：生产何种产品的决策分析

如果企业有剩余生产能力可供利用，或是利用过时老产品腾出来的生产能力，可生产某一产品，也可生产另一种产品，但不能同时满足多种产品生产的需求，这就要求企业必须根据现有的资源条件，在各种产品之间作出选择。其选择标准是生产哪种产品在经济上最为合算，能为企业提供较多的利润。

【例 7—1】 某企业使用同一设备可以生产甲产品，也可以生产乙产品，若该设备最大生产能力为100 000机器小时，则在相关范围内生产两种产品的有关资料预测如表 7—1 所示。

表 7—1　　拟生产产品的资料

项　目	甲产品	乙产品
单位产品机器小时（小时）	40	50
单位售价（元）	32	56
单位成本（元）	26	48
直接材料	12	18
直接人工	8	14
变动制造费用	6	16
固定制造费用	5.6	7

根据上述资料可知，由于该企业用同一台设备进行生产，总生产能力为100 000机器小时，那么形成100 000机器小时生产能力而发生的代价无论对生产甲产品还是生产乙产品都是一样的，因而不是决策分析的相关成本，所以此决策的相关成本仅为变动成本。这里可通过两种产品的差量收入和差量成本的对比，考察其盈利性的大小，从中选择最优方案。具体计算如表 7—2 所示。

表 7—2　　差量分析表

项　目	甲产品	乙产品	差　量
相关产量	100 000/40＝2 500（件）	100 000/50＝2 000（件）	

续表

项　目	甲产品	乙产品	差　量
相关收入	2 500×32=80 000(元)	2 000×56=112 000(元)	−32 000(元)
相关成本	2 500×26=65 000(元)	2 000×48=96 000(元)	−31 000(元)
相关损益	80 000−65 000=15 000(元)	112 000−96 000=16 000(元)	−1 000(元)

计算结果表明，由于差量收入小于差量成本，所以应选择生产乙产品利润较大。但应指出，本例中是以无论甲、乙产品生产多少，市场上均可以容纳为假设的。如果市场上销售量受到限制，则应以最大生产能力和市场最大容量为共同条件来分析。

【例 7—2】 仍沿用[例 7—1]资料，假设企业通过市场调查确定，如企业生产甲产品，其最大市场销量为2 000件，如生产乙产品，其最大市场销量为1 200件。则采用差量分析法分析计算，如表 7—3 所示。

表 7—3　　**差量分析表**

项　目	甲产品	乙产品	差　量
相关产量	1 200×50/40=1 500(件)	1 200(件)	
相关收入	1 500×32=48 000(元)	1 200×56=67 200(元)	−19 200(元)
相关成本	1 500×26=39 000(元)	1 200×48=57 600(元)	−18 600(元)
相关损益	48 000−39 000=9 000(元)	67 200−57 600=9 600(元)	−600(元)

由上述计算分析可得，在产品市场销量受限制的情况下，应以产品最大生产能力和市场最大容量之中小者为决策相关业务量，并同时考虑不同产品决策相关业务量的可比性。本例中，乙产品的最大产量为2 000件，市场最大销量为1 200件，则其决策相关业务量应为1 200件。当乙产品决策相关业务量为1 200件时，耗用企业生产能力为60 000机器小时(1 200件×50 小时/件)，按可比性计算，甲产品的决策相关业务量则应为1 500件(60 000小时/40 小时/件)。当然，也可以根据甲产品的决策相关业务量来推算乙产品的相关业务量。

计算结果表明，在具有可比性的相关业务量水平下，差量收入小于差量成本，所以应选择乙产品的生产，但此时其耗用企业生产能力仅为60 000机器小时，其余生产能力还可安排生产甲产品1 000件(40 000小时/40 小时/件)。因此，企业最优生产方案为利用该设备生产甲产品1 000件，乙产品1 200件，此时企业经济效益为最大。

2. 应用之二:零部件自制还是外购的决策分析

对于具有机械加工能力的企业而言，常常面临所需零部件是自制还是外购的决策问题。由于所需零部件数量对自制方案和外购方案都是一样的，因而这类决策通常只考虑自制方案和外购方案的成本高低，在相同质量并保证及时供货的情况下，就低不就高。

由于在实际工作中影响自制和外购的因素很多，因而所采用的决策分析方法也不尽相同，但一般都采用差量成本分析法。在运用差量分析法进行决策分析时应注意，企业零部件不论是自制还是外购，其共同性固定成本必然要发生，并不因方案而异。因此，在一般情况下，特别是在生产能力有剩余的情况下，自制方案不需要考虑固定成本，除非自制时需要增加专用设备，则其新增的“专属固定成本”属于决策相关成本。另外，在分析时还应注意是否有“机会成本”的存在。至于外购方案的决策相关成本，一般包括买价、订货费、运杂费等。

【例 7—3】 某企业每年需用甲零件3 600件，如向市场购买，每个包括运杂费的进货价为28 元。该企业加工车间目前有剩余生产能力可制造这种零件，经会计部门会同生产技术部门进行估算，预计每个零件的生产成本资料如表 7—4 所示。

表 7—4 **生产成本资料** 单位：元

项　目	单位成本
直接材料	14
直接人工	6
变动制造费用	4
固定制造费用	6
单位零件成本	30

根据上述资料可知，由于该企业加工车间有剩余生产能力可以利用，原有的固定成本不会因自制增加，也不会因外购减少，故甲零件自制成本内的固定制造费用属于决策无关成本。据此进行差量分析，如表 7—5 所示。

表 7—5 **自制外购分析表**

项　目	自制方案	外购方案
直接材料	3 600×14=50 400(元)	
直接人工	3 600×6=21 600(元)	
变动制造费用	3 600×4=14 400(元)	
小计	86 400(元)	
购买成本		3 600×28=100 800(元)
差量成本	86 400－100 800=－14 400(元)	

根据以上的计算结果，可见甲零件应采用自制方案，可比外购方案节约成本14 400元。

本例忽略了机会成本因素。如果企业用于生产甲零件的生产能力可以生产其他产品或出租或其他用途，则需要考虑机会成本问题。

【例 7—4】 仍沿用前例资料，假设该企业用于生产甲零件的设备可以生产 B 产品，预计可按 25 元的价格每年产销5 000件，单位变动成本为 20 元，原由自制零件负担的全部固定成本总额不变。

由于企业目前生产甲零件与生产 B 产品是两个互斥方案，如果企业所需的甲零件采用自制方案，其生产设备就不能用来生产 B 产品，由此则会导致企业所实现的边际贡献减少25 000元(5 000×5)，在固定成本不变的情况下，则进一步导致企业所实现的利润减少25 000元。因此，生产 B 产品所能实现的边际贡献25 000元就成为甲零件自制的机会成本。为了有效地利用企业的生产能力，在决策中必须充分考虑机会成本因素。据此进行差量分析，如表 7—6 所示。

表 7—6 **自制外购分析表**

项　目	自制方案	外购方案
直接材料	3 600×14=50 400(元)	

续表

项　目	自制方案	外购方案
直接人工	3 600×6=21 600(元)	
变动制造费用	3 600×4=14 400(元)	
机会成本	5 000×5=25 000(元)	
小计	111 400(元)	
购买成本		3 600×28=100 800(元)
差量成本	111 400－100 800= 10 600(元)	

从上述计算分析中可得，在考虑机会成本因素的情况下，若外购成本低于自制成本，企业应选择外购方案为宜。

实际工作中，企业生产所需零部件的品种往往具有多样性，在这种情况下，进行零部件自制还是外购决策时，还经常会涉及现有生产能力如何在各零部件之间进行分配的问题。

【例 7—5】 某企业在生产中所需的两种零件的标准成本经确定如表 7—7 所示。

表 7—7　　零件标准成本

项　目	甲零件	乙零件
变动性材料、人工及制造费用(元)	6	7
固定性制造费用(元)	3	4
合计	9	11
单位零件所耗用机器小时(小时)	7	5

该企业每年生产所需的甲零件为10 000件，乙零件为9 000件，企业现有无法移做他用的剩余生产能力87 000机器小时可用于这两种零件的生产。同时，有一供应商能提供符合本企业质量要求的零件，单价为甲零件 9.5 元，乙零件 12.5 元。企业管理者希望充分利用闲置的87 000机器小时，以期最大限度地实现成本节约。表 7—8 列示了以机器小时为基础而得出的每小时可能的成本节约额。

表 7—8　　自制与外购分析

项　目	甲零件	乙零件
外购价格(元)	9.50	12.50
自制单位成本(元)	6.00	7.00
单位零件形成的成本节约额(元)	3.50	5.50
单位零件耗用的机器小时(小时)	7	5
单位机器小时形成的成本节约额(元)	0.50	1.10

表 7—8 说明：乙零件单位机器小时所形成的成本节约额较大。因此，企业现有生产能力应尽可能优先安排乙零件的生产，剩余生产能力再用来生产甲零件，不足部分通过外购补足。具体计算如表 7—9 所示。

表 7—9 计算过程

闲置的、可利用的机器小时	87 000(小时)
乙零件自制耗用的机器小时	9 000×5=45 000(小时)
剩余机器小时	42 000(小时)
甲零件的年需要量	10 000(件)
甲零件可自制的产量	42 000/7=6 000(件)
甲零件的外购量	4 000(件)

3. 应用之三:半成品或联产品是否进一步加工的决策分析

在某些行业的企业,经常会面临着出售已部分完工的半成品或进一步加工为完工产品后再行出售的抉择问题。例如,棉纺织企业既可出售半成品棉纱,也可以通过对棉纱继续加工织成坯布(完工产品)后再出售。当然,完工产品的销售价格要比半成品高,但继续加工一般都要追加变动成本和专属固定成本。

另外,在某些石油化工企业内,经常会出现在同一生产过程中同时生产出若干种经济价值较大的联产品。这些联产品有的可以在分离后立即出售,也可以在分离后经过继续加工再行出售。究竟哪种方案的经济效益较大,是生产联产品的企业经常涉及到的问题。

对于这类决策问题,均可采用差量分析法分析。应注意的是,半成品或联产品进一步加工前所发生的成本,不论是变动成本还是固定成本,在决策分析中均属于无关成本,不必加以考虑。问题的关键在于分析研究半成品或联产品在加工后所增加的收入是否超过进一步加工中所追加的成本。如果前者大于后者,则以进一步加工的方案较优;反之,若前者小于后者,则以出售半成品或不加工的联产品的方案较优。

【例 7—6】 某石化企业在同一生产过程中可以同时生产出甲、乙两种联产品,可在分离后立即出售,也可继续加工后再行出售,其有关产量、售价及成本资料如表 7—10 所示。

表 7—10 某石化企业联产品资料

联产品名称		甲产品	乙产品
产量		10 000 千克	4 000 千克
销售价格	分离后	2 元/千克	6 元/千克
	加工后	5 元/千克	10 元/千克
加工前的联合成本		14 000 元	20 000 元
加工过程中追加的成本	单位变动成本	2 元	5 元
	专属固定成本	5 000 元	1 000 元

根据上述资料分别对甲、乙两种联产品编制差量分析表,如表 7—11、表 7—12 所示。

表 7－11　　甲联产品差量分析表

方　案	加　工	不加工	差　量
差量收入			
加工后收入:10 000×5	50 000 元		
不加工收入:10 000×2		20 000 元	30 000 元
差量成本			
加工需追加成本:5 000＋10 000×2	25 000 元		
不加工的成本:0		0 元	25 000 元
加工方案的差量收益			5 000 元

表 7－12　　乙联产品差量分析表

方　案	加　工	不加工	差　量
差量收入			
加工后收入:4 000×10	40 000 元		
不加工收入:4 000×6		24 000 元	16 000 元
差量成本			
加工需追加成本:4 000＋4 000×5	24 000 元		
不加工的成本:0		0 元	24 000 元
加工方案的差量损失			8 000 元

从以上差量分析的结果可知，甲联产品分离后继续加工再行出售可获得较多盈利；而乙产品则以分离后立即出售的方案较佳，因若继续加工再行出售反而要损失8 000元。

(二)边际贡献分析法及其在生产决策中的应用

边际贡献分析法是在成本性态分类的基础上，通过比较各备选方案边际贡献的大小来确定最优方案的一种方法。

在这里，“贡献”是指企业的产品或劳务对企业利润目标的实现所做的贡献。传统会计认为只有当收入大于完全成本时才形成贡献；而管理会计则认为只要收入大于变动成本就会形成贡献。因为，企业的固定成本总额在相关范围内并不随业务量的增减而变动，因此，收入减变动成本后的差额(即边际贡献)越大，则减去不变的固定成本后的余额(即利润)也就越大。也就是说，边际贡献的大小，反映了备选方案对企业利润目标所做贡献的大小。

在运用边际贡献分析法进行备选方案的择优决策时，应注意以下问题：第一，在不存在专属固定成本的情况下，通过比较不同备选方案的边际贡献总额，能够正确地进行择优选择。第二，在存在专属固定成本的情况下，首先应计算备选方案的剩余边际贡献(即边际贡献总额减去专属固定成本后的余额)，然后通过比较不同备选方案的剩余边际贡献总额，方能正确地进行择优决策。第三，在企业的某项资源(如原材料、人工工时、机器工时、销售渠道等)受到限制的情况下，应通过计算、比较各备选方案的单位资源边际贡献，来正确进行择优决策。第四，边际贡献总额的大小，既取决于单位产品边际贡献的大小，也取决于产销量，这时应以边际贡献总额最大作为方案选择的标准。因为单位产品边际贡献大的产品，提供的边际贡献总额不一定最大。也就是说，在决策中不能只根据单位产品边际贡献的大小来择优决策。

1. 应用之一：生产何种产品的决策分析

企业未来时期生产何种产品是企业生产经营决策中需解决的一项重要问题。对此，可采用差量分析法进行方案的择优，也可运用边际贡献分析法来进行决策，尤其是在对两个以上的方案进行比较或企业某些生产资源受到限制的情况下，运用边际贡献分析法更便于解决问题。

【例 7—7】 某企业现有设备的生产能力为40 000机器小时，现有生产能力的利用程度为80%。现准备用剩余生产能力开发新产品甲、乙或丙。新产品甲、乙、丙的有关资料如表 7—13 所示。

表 7—13　　新产品有关资料

项　目	甲产品	乙产品	丙产品
单位产品机器小时(小时)	2	3	4
单位产品销售价格(元)	30	40	50
单位产品变动成本(元)	21	26	30
市场最大销量(件)	3 500	2 000	无限制

由于现有设备的加工精度不足，在生产丙产品时，需要增加专属设备5 000元。在甲、乙产品市场销售受限制的情况下，进行方案选择可以采用边际贡献分析法。

根据上述数据编制分析表，如表 7—14 所示。

表 7—14　　分析表

项　目	甲产品	乙产品	丙产品
相关业务量(件)	3 500	2 000	2 000
单位产品销售价格(元)	30	40	50
单位产品变动成本(元)	21	26	30
单位产品边际贡献(元)	9	14	20
边际贡献总额(元)	31 500	28 000	40 000
专属固定成本(元)	—	—	5 000
剩余边际贡献总额(元)	—	—	35 000
单位产品机器工时(小时)	2	3	4
单位工时边际贡献(元)	4.5	4.67	4.375

注：甲、乙产品以市场最大销量作为相关业务量，丙产品以最大产量作为相关业务量。

从上述计算结果可知，在三种新产品中，开发丙产品所实现的边际贡献总额(或剩余边际贡献)最大，但由于开发不同产品所耗用企业的生产能力不同，因而不能以此作为方案择优的依据，而应当通过比较各方案的单位工时边际贡献来确定最优方案。根据单位工时边际贡献的计算结果，企业首先应选择单位工时边际贡献最大的乙产品进行开发生产。由于开发生产乙产品耗用企业的生产能力为6 000机器小时(2 000件×3 小时/件)，其余的生产能力可考虑开发生产甲产品1 000件(2 000小时/2 小时/件)，这样可使企业的经济效益达到最大。

2. 应用之二：亏损产品是否停产或转产的决策分析

企业在生产经营中，由于某些产品不能适销对路或其他原因，造成市场滞销，发生亏损，这就会出现是否停产或转产的问题。由于这方面的决策，一般不涉及原有生产能力的变动，故可采用边际贡献分析法加以解决。

【例 7—8】 某公司本年产销甲、乙、丙三种产品，年末以完全成本法计算的三种产品损益情况如表 7—15 所示。

表 7—15　　产品损益情况表

项　目	甲产品	乙产品	丙产品	合　计
销售量(件)	1 000	500	400	
销售单价(元/件)	20	60	25	
单位变动成本(元)	9	46	15	
固定成本总额(元)	18 000 元(按各产品的营业收入比例分摊)			
营业收入(元)	20 000	30 000	10 000	60 000
变动总成本(元)	9 000	23 000	6 000	38 000
边际贡献总额(元)	11 000	7 000	4 000	22 000
分摊的固定成本(元)	6 000	9 000	3 000	18 000
收益(亏损)(元)	5 000	−2 000	1 000	4 000

根据给定的条件，可知乙产品全年净亏损2 000元，从表面看来，公司为减少亏损、增加盈利，应停产乙产品，但应用了边际贡献分析法就会得出截然不同的结论。

从表 7—15 中可以看出，乙产品虽然发生亏损，但能够为公司提供边际贡献7 000元，而全公司所发生的固定成本18 000元，不论乙产品停产与否都是要发生的。若将乙产品停产，则全公司的边际贡献总额就会减少7 000元，乙产品原分摊的固定成本则需转嫁给甲、丙两种产品，其结果反而造成整个公司的全面亏损。如表 7—16 所示。

表 7—16　　乙产品停产后的边际贡献与收益计算表

项　目	甲产品	丙产品	合　计
营业收入(元)	20 000	10 000	30 000
变动总成本(元)	9 000	6 000	15 000
边际贡献总额(元)	11 000	4 000	15 000
分摊的固定成本(元)	12 000	6 000	18 000
收益(亏损)(元)	(1 000)	(2 000)	(3 000)

从上述分析中可以看出，企业生产的亏损产品只要能够提供边际贡献就不应停产；但如果亏损产品不能提供边际贡献，通常应考虑停产。

至于亏损产品是否要转产的决策分析，主要看转产的产品是否确实是利用亏损产品停产后腾出来的生产能力，而不占用其他产品的生产能力；同时转产产品所提供的边际贡献总额要大于原亏损产品所提供的边际贡献总额，那么这项转产方案就是可行的。若是相反情况，则不可行。

(三)成本无差别点分析法及其在生产决策中的应用

所谓成本无差别点，是指两个方案总成本相等时的业务量，当决策相关业务量大于或小于该点时，不同方案就具有了不同的业务量优势区域，利用不同方案的不同业务量优势区域进行最优化方案的选择的方法，称为成本无差别点分析法。

在成本性态分析的基础上，任何方案的总成本都可以用 $y=a+bx$ 表述，用 x 代表两个方案的成本无差别点，a_1、a_2 代表两个方案的固定成本总额，b_1、b_2 代表两个方案的单位变动成本，y_1、y_2 代表两个方案的总成本，由此可得：

$y_1=a_1+b_1x$

$y_2=a_2+b_2x$

根据成本无差别点的原理，令两个方案总成本相等(即 $y_1=y_2$)，可得出成本无差别点的计算公式：

成本无差别点 $=(a_1-a_2)/(b_2-b_1)$

两个方案的成本无差别点计算出来后，就可以在业务量的相关范围内讨论不同业务量水平下的决策结论。

1. 应用之一：零部件自制还是外购的决策分析

在企业的零部件自制还是外购的决策中，如果所需零部件的数量暂时不能准确确定，且自制零部件需增加专属固定成本时，应采用成本无差别点分析法，计算两个方案的成本无差别点，讨论其业务量的使用范围。

【例 7—9】 某公司生产中每年需用甲零件，以前一直外购，购买价为 15 元/件。现该公司有无法移作他用的剩余生产能力可以用来生产甲零件，但每年发生专属固定成本2 400元，自制时单位变动成本为 10 元/件。

设 x 代表甲零件的成本无差别点，y_1 代表自制成本，y_2 代表外购成本，则得：

$y_1=10x+2\ 400$

$y_2=15x$

自制成本与外购成本相等时的年需要量，即为成本无差别点。

令：$15x=10x+2\ 400$

得：$x=2\ 400/(15-10)=480$(件)

由此可以得出结论，当该零件的需用量大于 480 件时，自制方案的成本少于外购方案，因而以自制方案为宜；当该零件的需用量小于 480 件时，自制方案的成本大于外购方案，此时以外购方案为佳；当零件的需用量正好为 480 件时，两种方案均可。

2. 应用之二：选择不同生产工艺进行加工的决策分析

生产工艺是指加工制造产品或零部件所使用的机器、设备及加工方法的总称。同一种产品或零部件，往往可以采用不同的生产工艺进行加工。一般而言，生产工艺越先进，其固定成本越高，单位变动成本越低；而生产工艺落后时，其固定成本较低，但单位变动成本却较高。在固定成本和单位变动成本的消长变动组合中，产量成为最佳的判断标准。此时，只要确定不同生产工艺的成本无差别点，就可以根据产量来确定选择何种生产工艺最为有利。

【例 7—10】 某公司计划生产某种型号的齿轮，有 A、B、C 三种不同的工艺方案，其成本资料如表 7—17 所示。

表 7—17　**A、B、C 工艺方案的成本**　单位:元

工艺类型	每个齿轮加工费(变动成本)	一次调整准备成本(固定成本)
A	4	650
B	5	400
C	8	250

根据表 7—17 的资料,可以绘制图 7—1。

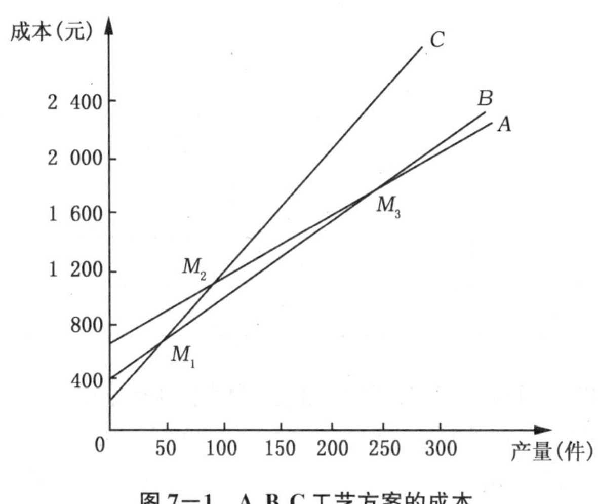

图 7—1　A、B、C 工艺方案的成本

由图 7—1 可知,M_1 为 B、C 两个方案的成本分界点,M_2 为 A、C 两个方案的成本分界点,M_3 为 A、B 两个方案的成本分界点。设 M_1、M_2、M_3 三个成本分界点的产量分别为 x_1、x_2、x_3,则三个成本分界点的产量可计算如下:

解得:

$x_1=(400-250)/(8-5)=50$(件)

$x_2=(650-250)/(8-4)=100$(件)

$x_3=(650-400)/(5-4)=250$(件)

根据上述计算结果和图 7—1 可得,当该齿轮的加工批量不足 50 件时,应采用 C 方案;当加工批量在 50～250 件时,则应采用 B 方案;当加工批量超过 250 件时,则应采用 A 方案。如果 B 方案所用的设备已安排其他任务,不能加工该齿轮时,该齿轮的加工批量如果在 100 件以下,应采用 C 方案;如果加工批量在 100 件以上,则应采用 A 方案。

(四)概率分析法及其在生产决策中的应用

前述各种决策分析方法,都是在有关条件已知或确定的情况下,企业进行确定型决策分析时所采用的。但在现实经济生活中,未来的事态往往充满不确定的因素,从而产生风险型决策,这时应采用概率分析法进行决策分析。

概率分析法就是对企业经营中的诸多因素(如产品销售量、变动成本、固定成本等)在一定范围内的变动程度作出估计,从而把影响决策的各种现象都考虑进去,从而使决策更加接近于实际情况。在采用概率分析法时,应按以下步骤进行:(1)确定与决策结果有关的变量;(2)确定每一变量的变化范围;(3)根据决策者假定或以历史资料为依据,确定每一变量的概率及各

变量的联合概率；(4)将不同概率条件下的结果加以汇总，计算预期值。

【例 7－11】 某公司准备开发新产品，现有甲、乙两种新产品可供选择。甲产品预计单位售价为 310 元，预计单位变动成本为 280 元；乙产品预计单位售价为 283 元，预计单位变动成本为 250 元。企业无论开发甲产品还是乙产品，固定成本总额均为25 000元，但甲、乙产品的销售量经过市场调查属于随机变量，其具体情况如表 7－18 所示。

表 7－18　　甲、乙产品销售量及其概率

销售量(件)	概率	
	甲产品	乙产品
700		0.1
900	0.1	0.2
1 000	0.1	0.2
1 100	0.3	0.4
1 300	0.3	0.1
1 500	0.2	

根据表 7－18 可知，由于影响决策目标的销售量因素具有不确定性，因此应采用概率分析法进行决策分析。分析时首先根据销售量因素未来时期的变动情况及其概率计算各产品边际贡献的预期值，如表 7－19 所示。

表 7－19　　各产品边际贡献预期值

方　案	销售量(件)	边际贡献总额(元)	概　率	预期值(元)
甲产品	900	27 000	0.1	2 700
	1 000	30 000	0.1	3 000
	1 100	33 000	0.3	9 900
	1 300	39 000	0.3	11 700
	1 500	45 000	0.2	9 000
				36 300
乙产品	700	23 100	0.1	2 310
	900	29 700	0.2	5 940
	1 000	33 000	0.2	6 600
	1 100	36 300	0.4	14 520
	1 300	42 900	0.1	4 290
				33 660

从上述计算结果可得，甲产品提供的边际贡献总额的预期值比乙产品多2 640元，故该公司生产新产品甲较为有利。但需注意，由于销售量的不确定，使得预期值的计算和分析带有很大的主观性，所以公司在决策前应慎重地确定各种可能的销售量范围及其相应的概率。只有

这样，才能作出接近实际的决策分析结论。

三、最优生产批量决策

在成批生产的企业里，经常会涉及每批生产多少数量、全年分几批生产最为经济的问题。这就是最优生产批量的决策问题。对于这类问题进行决策分析，主要应考虑两个成本因素，即调整准备成本和储存成本，至于制造产品的直接材料、直接人工等生产成本，则与此项决策无关，无需考虑。

调整准备成本是指每批投产前，需要进行一些准备工作（如调整机器、清理现场、准备工卡模量具、布置生产线、下达派工单、领取原材料、准备生产作业记录和成本记录等）而发生的成本。这种成本与每批数量的多少没有直接关系，但与生产批数呈正比，具有固定成本的性质。

储存成本又称持有成本或置存成本，是指单位产品（或零部件）在储存过程中所发生的仓储费、搬运费、保险费、占用资金支付的利息等（这部分与储存量的多少呈正比，具有变动成本的性质），以及仓库房屋、机械设备的折旧费、维修费、通风照明费等（这部分在一定期间内的发生额是固定不变的，具有固定成本的性质）。

成批生产企业的全年总生产量一般是固定的，每批产量越大，全年生产的批数就越少；反之，每批产量越小，全年生产的批数就越多。同时与生产批量相关的调整准备成本和储存成本的性质是互相矛盾的，因为调整准备成本与生产批量无关，但与生产批数呈正比；若要降低全年的调整准备成本，则应减少批数，而减少批数，就要增大批量，从而提高全年的储存成本。因此，最优生产批量应为全年调整准备成本和全年储存成本之和最低时的生产批量。

（一）单一产品最优生产批量的决策分析

单一产品最优生产批量的决策分析，可采用逐次测试法、图示法和公式法。

设：D——全年生产量；

Q——生产批量；

p——每日生产量；

d——每日耗用量（销售量）；

K——每批调整准备成本；

KC——单位产品年储存成本；

TC——全年调整准备成本和储存成本之和。

则：最高储存量$=Q(1-d/p)$

年平均储存量$=Q(1-d/p)/2$

全年调整准备成本$=D\cdot K/Q$

全年储存成本$=KC\cdot Q(1-d/p)/2$

全年总成本$=KC\cdot(1-d/p)/2+D\cdot K/Q$

【例 7－12】 某企业全年需用甲零件36 000个，专门生产甲零件的设备每天能生产 150 个，每天平均领用 120 个。每批调整准备成本为 300 元，单位零件全年的平均储存成本为 2 元。

要求：作出最优生产批量的决策分析。

1. 逐次测试法

采用逐次测试法计算确定产品的最优生产批量，可通过列表的方法分别计算不同生产批量下的总成本。根据本例资料，不同生产批量下的总成本的计算如表 7－20 所示。

年平均储存量$=Q(1-d/p)/2=Q(1-120/150)/2=Q/10$

表 7—20 逐次测试法

批量(个)	4 000	6 000	7 200	9 000	12 000	18 000	24 000
全年批数(批)	9	6	5	4	3	2	1
年平均储存量(个)	400	600	720	900	1 200	1 800	3 600
全年调整准备成本(元)	2 700	1 800	1 500	1 200	900	600	300
全年平均储存成本(元)	800	1 200	1 440	1 800	2 400	3 600	7 200
全年总成本(元)	3 500	3 000	2 940	3 000	3 300	4 200	7 500

通过逐次测试可以看出，甲零件的最优生产批量为7 200个，全年投产 5 批，可使全年的调整准备成本和储存成本之和达到最低，即2 940元。

2. 图示法

以批量为横坐标，以成本为纵坐标，在坐标图中描绘出全年调整准备成本、全年平均储存成本和全年总成本三条线，如图 7—2 所示。

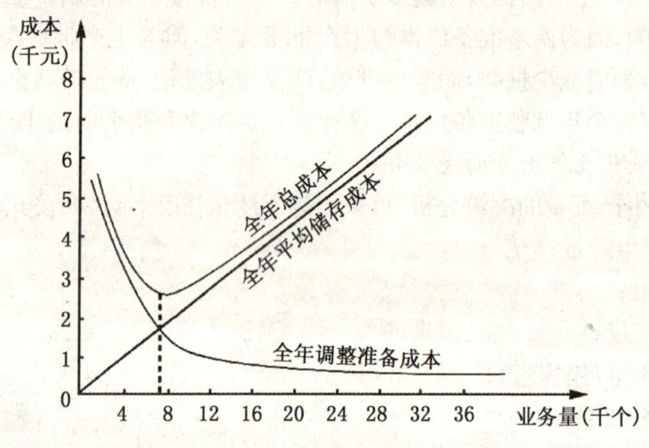

图 7—2 最优生产批量

从图 7—2 可见，最优生产批量的最低成本就是处于全年总成本凹形曲线的最低点，即2 940元左右，此点恰与全年调整准备成本线和全年平均储存成本线的交点处于相同的业务量位置，即每批投产量为7 200个。

3. 公式法

最优生产批量也可通过建立一定的数学模型，即利用全年总成本 TC 与生产批量 Q 的函数关系，用微分法求 TC 为极小值时的 Q 值。由此可以导出：

最优生产批量$(Q^*)=\sqrt{\dfrac{2D\cdot K}{KC}\cdot\dfrac{P}{p-d}}$

最优生产批数$=\dfrac{D}{Q}=\sqrt{\dfrac{D\cdot KC}{2K}\cdot\left(1-\dfrac{d}{p}\right)}$

最优生产批量的总成本$(TC^*)=\sqrt{2D\cdot KC\cdot K\cdot\left(1-\dfrac{d}{p}\right)}$

将本例的有关数据代入上述公式，即可求得：

(1)最优生产批量＝7 348(个)

(2)最优生产批数＝5(批)

(3)最优生产批量的总成本＝2 939.39(元)

(二)同一设备分批轮换生产多种产品的最优生产批量的决策分析

上面介绍的是企业成批生产单一产品的最优生产批量的决策分析方法，若企业同一生产设备上分批轮换生产多种产品时，就不能应用上述数学模型。因为它们的最优生产批数各不相同，使企业无法据以在同一设备上安排生产。这时，企业在进行最优生产批量决策时，应按照下面的思路解决问题：

首先，根据“各种产品的全年调整准备成本之和与全年平均储存成本之和相等时的全年总成本最低”的原理，计算各种产品的“最优共同生产批数”，其计算公式如下：

$$最优共同生产批数=\sqrt{\frac{\sum_{i=1}^{n} D_i KC_i\left(1-\frac{d_i}{p_i}\right)}{2\sum_{i=1}^{n} KC_i}}$$

式中，$i=1,2,3,\cdots,n$ 代表产品的品种；K 代表由一种产品的生产转变为另一种产品的生产而发生的调整准备成本；D，KC，d，p 等符号所代表的指标与前例相同。

【例 7－13】 某公司甲设备分批轮换生产 A、B 两种零件，其有关资料如表 7－21 所示。

表 7－21　　甲设备生产资料

项　目	A零件	B零件
全年生产量(个)	2 400	4 800
每批调整准备成本(元)	240	250
每个零件的全年储存成本(元)	3	4
每天生产量(个)	60	30
每天领用量(个)	54	24

(1)计算 A、B 两种零件的最优共同生产批数：

最优共同生产批数＝2.2(批)

(2)根据最优共同生产批数分别计算 A、B 两种零件的最优生产批量：

A 零件最优生产批量＝1 091(个)

B 零件最优生产批量＝2 182(个)

四、产品最优组合决策

产品最优组合决策适用于多品种生产经营的企业。在多品种产品的生产过程中，各种产品的生产都离不开一些必要的条件或因素，如机器设备、人工、原材料等，而其中有些因素，可以用于不同产品的生产。如果各种产品共同用一种或几种因素，而这些因素又是有限的，就应使各种产品的生产组合达到最优化结构，以便有效、合理地使用这些有限的因素。产品最优组合决策就是通过计算、分析，进而作出各种产品应生产多少才能使得各个生产因素得到合理、充分的利用，并能获得最大利润的决策。

进行产品最优组合决策需采用线性规划法，其具体方法有图解法、单纯形法等。这里主要介绍图解法和单纯形法。

(一)图解法

【例7—14】 某企业生产甲、乙两种产品，这两种产品需经过第一、第二两个生产部门的加工才能制成。第一部门的现有生产能力为4 500机器小时，第二部门的现有生产能力为7 500机器小时。企业生产甲、乙两种产品的有关资料如表7—22所示。

表7—22 企业生产甲、乙产品的有关资料

产品	单位产品耗用的机器小时	预计市场需求量(件)	产品的最大产品	单位产品边际贡献(元)
	第一部门	第二部门		
甲	4	2	1 000	10
乙	1	3	2 500	6
最大用量	4 500	7 500		

根据上述条件，应如何合理利用现有生产能力，如何实现甲、乙两种产品的最优组合，以争取为企业提供最多的边际贡献?

1. 列示问题的约束条件和目标函数

设 x 代表甲产品的生产数量，y 代表乙产品的生产数量，TCM 代表预期的边际贡献总额。则约束条件为：

$4x+y\leqslant 4\ 500$

$2x+3y\leqslant 7\ 500$

$x\leqslant 1\ 000$

$y\leqslant 2\ 500$

目标函数为：$TCM=10x+6y$

2. 将上述约束条件转化为等式

直线 $4x+y=4\ 500$

当 $x=0$ 时，$y=4\ 500$；$y=0$ 时，$x=1\ 125$，据此作出直线 L_1

直线 $2x+3y=7\ 500$

当 $x=0$ 时，$y=2\ 500$；$y=0$ 时，$x=3\ 750$，据此作出直线 L_2

直线 $x=1\ 000$，据此作出直线 L_3

直线 $y=2\ 500$，据此作出直线 L_4

3. 在平面直角坐标系中作图，如图7—3所示。

图中 L_1、L_2、L_3、L_4 四条直线分别代表上述四个方程式。这四条直线所组成的斜线区域，就是能满足上述约束条件的可行解区域。

4. 根据目标函数 $TCM=10x+6y$ 在图中作一组平行线

这组平行线称为“等利润线”，用虚线表示。显然纵截距越大，则目标函数值也越大，这就要求在图7—3的斜线区域内找到一点，使过这点“等利润线”的纵截距最大。直线 L_1 和 L_2 的交点(600，2 100)正符合这样的条件。由此可确定生产甲产品600件，生产乙产品2 100件，既能使两个生产部门的生产能力得到充分利用，又可使企业获得最大边际贡献18 600元。

确定产品最优组合的另一种方法是：首先，计算可行解区域里各个角点的坐标值(坐标值表示甲、乙两种产品的生产量)。其次，把各个角点的坐标值分别代入目标函数线性方程，以计

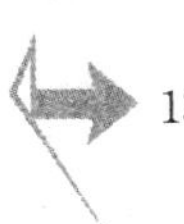

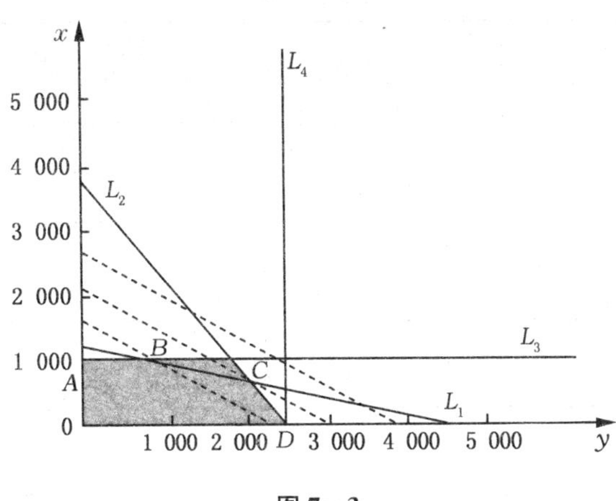

图 7—3

算各个角点生产甲、乙产品所取得的边际贡献总额。最后，选出使边际贡献最大化的角点，作为最优解。其具体计算如表 7—23 所示。

表 7—23　　角点求解法　　单位：元

角　点	甲产品(x)	乙产品(y)	边际贡献 $TCM=10x+6y$
O	0	0	0
A	1 000	0	10×1 000+6×0=10 000
B	1 000	500	10×1 000+6×500=13 000
C	600	2 100	10×600+6×2 100=18 600
D	0	2 500	10×0+6×2 500=15 000

上述计算表明，应当生产和销售甲产品 600 件，乙产品2 100件，才能使边际贡献总额达到最大值。其计算结果与前面所计算的结果是一致的。按照这样来安排生产，符合了上面所讲的约束条件，即第一部门所耗工时为：600×4+2 100×1=4 500，第二部门所耗工时为：600×2+2 100×3=7 500，既没有超过两个部门的最大生产能力，边际贡献总额又达到最大值。

(二)单纯形法

将原问题转化为线性规划的标准形式，引进松弛变量 x_1, x_2, x_3, x_4，得：

$TCM(\max)=10x+6y+0x_1+0x_2+0x_3+0x_4$

约束条件：

$4x+y\leqslant 4\ 500$

$2x+3y\leqslant 7\ 500$

$0\leqslant x\leqslant 1\ 000$

$0\leqslant y\leqslant 2\ 500$

可见，该模型的初始单纯形表如表 7—24 所示。

因为求最大值，所以迭代从目标函数最大值 10 开始，也就是首先考虑 x 列，根据比值得最小比值为第三行(第三行比值为1 000)，将该行该列的值化为 1，该列的其他行数字化为 0，得新的单纯形表如表 7—25 所示。

表 7—24　初始单纯形表

方程	X_B		x	y	x_1	x_2	x_3	x_4	比值
(1)	x_1	4 500	4	1	1	0	0	0	4 500/4=1 125
(2)	x_2	7 500	2	3	0	1	0	0	7 500/2=3 750
(3)	x_3	1 000	1	0	0	0	1	0	1 000/1=1 000
(4)	x_4	2 500	0	1	0	0	0	1	—
(5)	$-TCM$	0	10	6	0	0	0	0	

表 7—25　新单纯形表一

方程	X_B		x	y	x_1	x_2	x_3	x_4	比值
(6)=(1)−4×(3)	x_1	500	0	1	1	0	−4	0	500/1=500
(7)=(2)−2×(3)	x_2	5 500	0	3	0	1	−2	0	5 500/3=1 833
(8)=(3)	x_3	1 000	1	0	0	0	1	0	—
(9)=(4)	x_4	2 500	0	1	0	0	0	1	2 500/1=2 500
(10)=(5)−10×(3)	$-TCM$	−10 000	0	6	0	0	−10	0	

用上述同样的方法，考虑 y 列，得出的计算结果如表 7—26 所示。

表 7—26　新单纯形表二

方程	XB		x	y	x_1	x_2	x_3	x_4	比值
(11)=(6)	y	500	0	1	1	0	−4	0	—
(12)=(7)−3×(11)	x_2	4 000	0	0	−3	1	10	0	4 000/10=400
(13)=(8)	x	1 000	1	0	0	0	1	0	1 000/1=1 000
(14)=(9)−(11)	x_4	2 000	0	0	−1	0	4	1	2 000/4=500
(15)=(10)−6×(11)	$-TCM$	−13 000	0	0	−6	0	14	0	

考虑 x_3 列，用同样的方法，计算结果如表 7—27 所示。

表 7—27　新单纯形表三

方程	XB		x	y	x_1	x_2	x_3	x_4	比值
(16)=(11)+4×(17)	y	2 100	0	1	−0.2	−0.3	0	0	
(17)=(12)/10	x_3	400	0	0	−0.3	−0.1	1	0	
(18)=(13)−(17)	x	600	1	0	0.3	−0.1	0	0	
(19)=(14)−4×(17)	x_4	400	0	0	−1.8	−1.4	0	0	
(20)=(15)−4×(17)	$-TCM$	−18 600	0	0	−1.8	−1.4	0	0	

现(20)行的目标函数都是负号，说明最优方案已得到，即 x 为 600，y 为 2 100。目标函数 TCM 为18 600元。因此，最优的产品组合应该是甲产品生产 600 件，乙产品生产 2 100 件时，边际贡献最大为 18 600 元。

单纯形法最大的优点是不受产品品种数量的限制，两种以上产品的组合问题可用同样的方法求解，不过计算较为复杂，但如果运用专门的计算线性规划的计算机软件来处理，则可明显简化计算的工作量。

第三节　定价决策

一、影响产品销售价格的基本因素

企业产品价格制定适当与否，往往决定着该产品能否为市场所接受，并直接影响该产品的市场竞争地位和市场占有率。一般来讲，影响产品销售的基本因素包括下面几个方面。

（一）成本因素

成本是影响企业产品销售价格制定的最基本因素。从长期来看，产品价格应等于总成本加上合理的利润，否则企业无利可图，将会停止生产；从短期来看，企业应根据成本结构确定产品价格，即产品价格必须高于平均变动成本，以便掌握盈亏情况，减少经营风险。

（二）市场供求因素

在完全竞争的市场上，产品的价格决定于市场上的供求关系。当产品在市场上供不应求时，其价格会上升；当产品在市场上供过于求时，其价格会下降。因此，在进行产品定价时，必须充分考虑市场的供求状况，根据市场供求来调整产品的价格。同时，根据供需理论，价格受市场供求影响，而价格的变动也影响市场供求。当产品的价格不断上升时，会使该产品供应增加，需求减少；当产品价格下降时，又会使该产品供应减少，需求增加。因此，充分分析市场供求状况与价格的关系，能保证定价决策适应市场变化的需要。

（三）产品的寿命周期因素

产品的寿命周期通常包括投入期、成长期、成熟期和衰退期四个阶段，在不同的阶段产品定价策略应有所不同。投入期的产品价格，既要补偿高成本，又要能为市场所接受；成长期和成熟期正是产品大量销售、扩大市场占有率的有利时机，要求稳定价格以利于开拓市场；进入衰退期后，一般应采取降价措施，以便充分发挥该产品的经济效益。

（四）竞争因素

产品竞争的激烈程度不同，对产品定价的影响也不同。竞争越激烈，对价格的影响就越大。在完全竞争的市场中，企业几乎没有定价的主动权；在不完全竞争的市场中，竞争的强度主要取决于产品制造的难易程度和供求形势。由于竞争影响产品定价，企业必须充分了解竞争对手的实力以及主要竞争者的定价策略来进行定价决策。例如，当市场上同类产品有一个基本价格时，企业可适当压低价格，以扩大销售，增加市场占有率；而当其他企业率先压价时，企业则应当采取相应的定价策略，或是以优质高价参与竞争，或是也通过压价来抗衡。

（五）政府对价格的干预

市场经济最基本的特征是自由企业制度，企业有充分处理与经营有关事务的自由，同时也包括自主定价权。但是在现代市场经济条件下，政府可以通过行政、法律、经济等手段对企业定价及社会整体物价水平进行调节和控制，因而企业定价时必须考虑政府政策的影响。

二、企业产品定价的目标

一般来讲，企业产品定价决策通常包括以下三项工作：一是确定定价目标，二是研究和选择定价方法，三是研究和制定定价策略。确定定价目标，是每一个企业制定产品销售价格的首要过程。所谓定价目标，就是产品的价格实现以后应达到的目的。企业的定价目标一般有以下几种。

（一）以追求最大利润为定价目标

获取最大利润是企业定价的最重要的目标，也是最终目标。但追求最大利润并不等于追求最高价格。在激烈的市场竞争中，任何企业想靠长期维持不合理的高价以获取最大利润是不可能的，因为会遇到许多方面的抵抗，如需求减少、代替品出现、竞争者加入等。这里所讲的最大利润具有两方面的含义：一是长期最大利润，而不是短期最大利润；二是指全部产品的最大利润，而不是每个单一产品的最大利润。不同企业为实现这一目标，往往根据不同情况，对不同产品选择不同的定价目标。

（二）以一定的投资利润率为定价目标

追求一定的投资利润率是企业经常采用的注重长期利润的一种定价目标，它是根据投资者期望得到一定百分比的纯利或毛利为目标。这种目标既不盲目追求一时的高利，也不急于限利求销，而是力图保持长期稳定的收益。在选择利润率时，应当慎重研究分析，既要能够保证利润目标的实现，又要能为消费者所接受。

选择这一定价目标的企业应具备较强的实力。在同行业中实力雄厚、竞争力强的企业通常以此作为其长期定价目标。如果在同行业中地位不高、竞争力不强，选择这种定价目标会遇到同类产品的竞争或消费者的拒绝。

（三）以保持和提高市场占有率为定价目标

市场占有率是指企业产品销量在同类产品的平均销售总量中所占的比重，也称市场份额，它是反映企业经营状况好坏和产品竞争能力强弱的一个重要指标。能否维持和提高市场占有率对于企业来说有时比获得预期收益更为重要，因为市场占有率的高低，直接影响企业今后能否长期稳定地获得收益。

选择这一定价目标的企业应：有潜在的生产经营能力，总成本的增长速度低于总销售量的增长速度，商品的需求价格弹性较大，即能够“薄利多销”。

（四）以保持稳定价格为定价目标

保持稳定价格是企业达到一定投资收益和长期利润的重要途径，因而一些在同行业中能够左右市场价格的企业，为了长期有效地经营该种产品并稳定地占领市场，往往希望价格稳定并从中获取稳定的利润。

通常的稳定价格是由一个行业的领导企业所决定的，同行业中以稳定价格为定价目标的其他企业所定的价格往往与领导企业的定价保持一定比例关系。小企业通常愿意长期追随领导企业的价格，但领导企业也不能任意提高价格，以免引起各方面的不满和政府的干预。

（五）以应付和防止竞争为定价目标

在市场经济中，企业之间的竞争是多方面的，但大多数企业注重价格竞争。企业在定价之前，往往要广泛收集资料，将本企业产品的规格、品质与竞争者的类似产品作认真的比较，并主要以对市场有决定性影响的竞争者的价格作为定价基础，以应付和防止竞争为定价目标。

采用这种定价目标时，企业可以采取与竞争者相同的价格，也可以采取低于或高于竞争者的价格。一般来说，较小的企业或谋求扩大产品市场占有率的企业常采取低于竞争者的定价方法；而资金雄厚或是技术先进、产品优良、服务较好的企业采取高于竞争者的定价方法。以竞争因素为定价目标的企业，在成本和需求发生变化时，只要竞争者维持原价，自身一般也应维持原价；当竞争者改变价格时，则应相应调整价格，以应付或避免竞争。

除上述常见的几种定价目标外，还有保持良好的企业形象定价目标、消费者定价目标等。企业的定价目标是多种多样的，目标选择的合理与否，取决于能否为企业带来最大的利润。由于利润受多种因素影响，在实践中，很多企业的定价目标往往是多种目标的综合运用。

三、以成本为基础的定价决策

以成本为基础的定价决策，是指依据产品在生产和销售中所发生的成本费用进行产品定价的方法，其思路是产品的价格首先应补偿企业的成本，其次再考虑利润。因此，企业在制定产品价格时，通常是在产品成本的基础上，加上一定的加成率来确定，这就是成本加成定价法。在运用成本加成定价法时，按照所要加成的成本基础不同，又可分为完全成本加成和变动成本加成。

(一)完全成本加成定价法

完全成本加成定价法是指在产品全部成本的基础上加上一定的加成率进行定价。这里的全部成本一般包括直接材料、直接人工和制造费用，实际上就是产品的制造成本。虽然企业的行政管理费用、销售费用等不包括在产品的制造成本中，但在确定产品价格时，应考虑在加成的内容中，以使企业的成本能够得到足额的补偿并为企业提供合理的利润，也就是说，加成的内容包括非制造成本及合理的利润。完全成本加成定价法的计算公式为：

产品销售价格＝单位产品完全成本×(1＋加成率)

加成率＝(投资额×期望的投资报酬率＋总非制造成本)/(产量×单位完全成本)

【例7－15】 某公司正在研究制定标准产品A产品的售价，A产品预计产销量为1 000件，会计部门提供的A产品修改设计后的预计成本资料如表7－28所示。

表7－28　　　　预计成本资料　　　　单位：元

成本项目	单位成本	总成本
直接材料	50	50 000
直接人工	44	44 000
变动制造费用	36	36 000
固定制造费用	70	70 000
变动销售及管理费用	20	20 000
固定销售及管理费用	10	10 000

该公司A产品的开发投资额为500 000元，公司预期的投资报酬率为14%。

根据上述资料，采用完全成本加成定价法确定A产品的销售价格如下：

A产品的目标利润＝500 000×14%＝70 000(元)

加成率＝(500 000×14%＋30 000)/(1 000×200)＝50%

A产品的销售价格＝(50＋44＋36＋70)×(1＋50%)＝300(元)

(二)变动成本加成定价法

变动成本加成定价法的成本基础是单位产品变动成本，包括变动销售及管理费用。虽然固定成本不包括在成本基础之内，但在确定产品价格时，应考虑在加成的内容中，以使企业的成本能够得到足额的补偿，并为企业提供合理的利润。也就是说，加成的内容包括全部固定成本及合理的利润。变动成本加成定价法的计算公式为：

产品销售价格＝单位产品变动成本×(1＋加成率)

加成率＝(投资额×期望的投资报酬率＋固定成本)/(产量×单位变动成本)

【例 7－16】 仍沿用[例 7－15]的资料，采用变动成本加成定价法确定 A 产品的销售价格。

A 产品的目标利润＝500 000×14％＝70 000(元)

加成率＝(500 000×14％＋80 000)/(1 000×150)＝100％

A 产品的销售价格＝(50＋44＋36＋20)×(1＋100％)＝300(元)

应当注意的是，采用成本加成定价法制定的产品目标售价，其主要缺点在于没有考虑价格与销售量的关系。如上例中的 A 产品若按每件 300 元的价格出售，可能由于市场上的竞争致使公司的销售量达不到预定的目标销售量1 000件。当然，也可能出现 A 产品在市场上的需求量激增，使公司因缺货而丧失许多获利机会。因此，为使成本加成定价法能切合实际，一般可采取以下两项补救措施：

第一，用公式计算出来的目标售价绝不能一成不变，需要根据市场竞争形势的变化，由企业管理者作出上下浮动的决定。

第二，每个企业不应对其全部产品采用同一种加成率，而需根据市场上各种产品需求的不同情况、各地区的习惯、同行业惯例，确定不同产品的加成率。

四、以需求为基础的定价决策

以需求为基础的定价决策是指企业在制定产品销售价格时应以市场和消费者对特定价格水平的承受能力作为定价依据，考虑市场需求状况与价格弹性，分析销售收入、成本、利润与价格之间的关系，从中寻找最优价格点。其主要方法有用于最优售价决策的边际分析法和用于调价决策的利润无差别点法。

(一)边际分析法在最优售价决策中的应用

边际分析法是指通过分析不同价格与销售量组合条件下的产品边际收入、边际成本、边际利润之间的关系，从而选取企业实现最大利润时最优售价的方法。

在管理会计中，边际成本是指每增加一个单位产品销售所增加的总成本；边际收入则指每增加一个单位产品销售所增加的总收入；边际收入与边际成本的差额称为边际利润，表示每增加一个单位产品销售所增加的利润。如果从数学角度看，边际成本是以销售量为自变量的总成本函数的一阶导数，表示总成本线任何一点的斜率；边际收入则是以销售量为自变量的总收入函数的一阶导数，表示总收入线任何一点的斜率。当总成本线和总收入线的斜率相等或接近时，意味着边际成本与边际收入相等或近似相等，边际利润等于零(连续函数)或接近于零(非连续函数)。此时，如果再增加产品销售量，由于边际收入小于边际成本，将不能再为企业提供新增利润，因此企业利润总额不会增加反而减少。由此可见，边际收入等于边际成本时的利润总额最大。

假设 $TS(x)$ 代表产品销售 x 件时的总收入，$TC(x)$ 代表产品销售 x 件时的总成本，$TP(x)$ 代表产品销售 x 件时的总利润，则：

$$TP(x)=TS(x)-TC(x)$$

以 x 为自变量，对 $TP(x)$ 求导数，并令其为 0，此时 $TP(x)$ 的值为最大。

$$TP'(x)=TS'(x)-TC'(x)=0$$

则：

$TS'(x)=TC'(x)$

上述推导说明，当边际收入 $TS'(x)$ 等于边际成本 $TC'(x)$ 时，总利润 $TP(x)$ 的值为最大。这时的产品价格和产品销售量就是最优价格和最优销售量。

【例 7—17】 某企业生产销售甲产品，销售总收入的函数为：$TS=40x-2x^2$，销售总成本的函数为：$TC=60+5x+0.5x^2$。

根据已知条件确定该产品最优售价时，先计算其边际收入与边际成本：

$TS'(x)=40-4x$

$TC'(x)=5+x$

由前述边际收入等于边际成本、边际利润等于零时利润为极大值的关系，得：

$40-4x=5+x$

最优销售量为：$x=7$(单位)

最优售价为：$p=40-2\times7=26$(元)

边际分析法的优点是以微分极值的原理为理论依据，直接对总收入函数、总成本函数求导，使得计算结果较准确；其缺点在于销售总收入函数与总成本函数的关系不容易确定，并且由于函数存在可微函数与不可微函数，只有可微函数才能求导，对于非连续函数则应采用列表法计算。

【例 7—18】 某企业销售的甲产品，固定成本为 50 万元，单位变动成本为 40 万元，根据市场预测分析取得的有关资料及编制的边际分析计算如表 7—29 所示。

表 7—29 **甲产品边际分析表** 单位：万元

产销量	销售价格	营业收入	边际收入	总成本	边际成本	边际利润	利 润
1	80	80	—	90	—	—	—10
2	76	152	152—80=72	130	40	32	22
3	73	219	219—152=67	170	40	27	49
4	70	280	280—219=61	210	40	21	70
5	68	340	340—280=60	250	40	20	90
6	66	396	396—340=56	290	40	16	106
7	64	448	448—396=52	330	40	12	118
8	62	496	496—448=48	370	40	8	126
9	60	540	540—496=44	410	40	4	130
10	58	580	580—540=40	450	40	—	130
11	56	616	616—580=36	490	40	—4	126
12	54	648	648—616=32	530	40	—8	118
13	52	676	676—648=28	583	53	—25	93
14	49	686	686—676=10	638	55	—45	48

由表 7—29 可知，当甲产品的销售量为 10 个单位、售价为 58 元时，边际收入等于边际成

本，此时的利润总额最大。因此，甲产品每件定价 58 元为最优售价。

(二)利润无差别点法在调价决策中的应用

利润无差别点法是指利用调价后预计销量与利润无差别点销量之间的关系进行调价决策的一种方法，也称价格无差别点法。

利润无差别点销量是指某种产品为确保原有盈利能力，在调价后应至少达到的销量指标。其计算公式为：

$$利润无差别点销量=\frac{TP+a}{p-b}$$

应用利润无差别点法进行调价决策时，若调价后预计销量大于利润无差别点销量，则可考虑调价；若调价后预计销量小于利润无差别点销量，则不能调价；若调价后预计销量等于利润无差别点销量，则调价与不调价的效益相同。

在此类决策中，需要综合考虑最大生产能力、调价后预计销量因素、是否追加专属成本、绝对剩余生产能力是否转移等条件。

【例 7－19】 某企业生产甲产品，目前售价为 110 元，可销售12 000件，固定成本为350 000元，单位变动成本为 70 元，实现利润330 000元。假定企业最大生产能力为20 000件，分别考虑下列各不相关条件下的调价方案：

(1)若该产品单价降低为 100 元，预计销量可达到18 000件左右，利润无差别点销量＝16 000(件)，可考虑调价。

(2)若该产品单价降低为 90 元，预计销量可达到24 000件以上，利润无差别点销量＝24 000(件)，所以不应调价。

(3)若调低该产品单价为 90 元，预计最大销量可达到28 000件，但企业必须追加60 000元固定成本，才能具备生产28 000件产品的能力：

利润无差别点销量＝27 000(件)

∵最大生产能力和预计销量28 000件＞利润无差别点销量27 000件

∴应当考虑调价

(4)若调高该产品单价为 120 元，只能争取到9 000件的订货(剩余生产能力无法转移)：

利润无差别点销量＝9 600(件)

∵预计销量9 000件＜利润无差别点销量9 600件

∴不应调价

(5)若调高该产品单价为 120 元，只能争取到9 000件的订货，但剩余生产能力可以转移，转移后能够获得边际贡献70 000元：

利润无差别点销量＝8 200(件)

∵预计销量9 000件＞利润无差别点销量8 200件

∴应当考虑调价

五、以特殊订货为基础的定价决策

在实际工作中，许多企业在满足正常渠道的销售需要后，生产能力尚有剩余，也许此时会遇到一些出价比较低的追加订货，这些追加订货被称为特殊订货。为特殊订货定价的方法，可因情况的不同而有所区别。

(一)在生产能力允许范围内的特殊定价决策

这种情况是指企业利用现有剩余生产能力能够完全满足追加订货的生产需求，即接受追加订货不影响其正常的生产和销售。此时企业按以下要求定价，即可增加利润：

追加订货价格>单位变动成本

由于无论是否接受追加订货，固定成本都不会发生变动，追加订货所提供的边际贡献将转化为利润，从而增加企业的利润总额。因此在这里，固定成本属于决策无关成本而不需考虑。在这种情况下，新增利润的计算公式为：

新增利润＝追加订货数量×(追加订货价格－单位变动成本)

【例 7－20】 某企业生产甲产品，生产能力为 200 件，正常产销量为 160 件，固定成本为 1 600元，单位变动成本为 40 元，正常销售价格为 70 元。现有一客户欲订购 40 件，但对方最高出价为每件 45 元。

因为追加订货的价格 45 元大于单位变动成本 40 元，所以该项追加订货可以接受。此项结论可以通过表 7－30 得到验证。

表 7－30　　**追加订货对利润的影响分析**　　单位：元

项　目	正常销售	追加订货	合　计
营业收入	11 200	1 800	13 000
变动成本	6 400	1 600	8 000
边际贡献	4 800	200	5 000
固定成本	1 600	—	1 600
营业利润	3 200	200	3 400

从表 7－30 中可以看出，这项追加订货能使企业新增边际贡献 200 元。由于固定成本已全部由正常销售负担，新增的 200 元边际贡献全部转化为利润，即这项追加订货可使企业增加利润 200 元。

(二)超过生产能力允许范围的特殊定价决策

如果追加订货的数量超过了企业现有剩余生产能力，则接受追加订货必然产生两种可能：一是减少部分正常的生产和销售，以满足追加订货的需要；二是扩大企业生产能力，这将使企业增加固定成本。

1. 企业减少部分正常生产和销售以接受追加订货

如果企业通过减少部分正常生产和销售来满足追加订货的需求，此时应按下列要求定价才能使企业增加利润。

追加订货价格>(单位变动成本＋原单位边际贡献×减少的销量/追加订货量)

由于追加订货冲击了正常的生产和销售，从而减少了企业正常的边际贡献，所以要使追加订货为企业增加利润，就必须使追加订货的价格在补偿单位变动成本及因减少正常销售所损失的边际贡献后仍有余额。在这种情况下，新增利润的计算公式为：

新增利润＝追加订货数量×(追加订货价格－单位变动成本)－因减少正常销售而损失的边际贡献

【例 7－21】 仍沿用[例 7－20]的资料，如果该客户的订货数量为 50 件，最高出价仍为 45 元，那么，能否接受该项订货呢?

由上可得，企业要接受该项订货，就必须减少 10 件的正常生产和销售。因此，要使企业增加利润就必须：

追加订货价格>(40+30×10/50)=46(元)

由于客户最高出价仍为每件 45 元,因此不能接受这项订货。将两种方案的结果通过对比也可得出此项结论,如表 7—31 所示。

表 7—31　追加订货对利润的影响分析　单位:元

项　目	不接受追加订货			接受追加订货		
	正常销售	追加订货	合　计	正常销售(150 件)	追加订货	合　计
营业收入	11 200	0	11 200	10 500	2 250	12 750
变动成本	6 400	0	6 400	6 000	2 000	8 000
边际贡献	4 800	0	4 800	4 500	250	4 750

从表 7—31 中可以看出,如果接受该项追加订货,将会使企业边际贡献减少 50 元,由于固定成本不发生变动,因此企业的利润总额也将下降 50 元。

2. 企业通过扩大生产能力以接受追加订货

企业为接受追加订货而扩大生产能力,必然使固定成本相应地增加,由于所增加的固定成本与决策相关,这时应按下列要求定价,即可增加企业利润:

追加订货价格>(单位变动成本+新增固定成本/新增订货量)

在接受追加订货需增加专属固定成本的情况下,要使追加订货为企业增加利润,追加订货的价格就必须在补偿单位变动成本和因接受追加而新增的固定成本后仍有余额。由于原有固定成本不变,所以其属于决策无关成本而不予考虑。在这种情况下,新增利润的计算公式为:

新增利润=追加订货数量×(追加订货价格-单位变动成本)-新增专属固定成本

【例 7—22】 仍沿用[例 7—20]的资料,如果该客户的订货数量为 50 件,最高出价仍为 45 元,企业为不影响其正常的生产和销售需增加专属固定成本 200 元。

追加订货价格>(40+200/50)=44(元)

所以,可以接受此项订货,并使企业增加利润 50 元。即:

50×(45-40)-200=50(元)

第四节　不确定型决策

一、不确定型决策的基本原理

不确定型决策是指决策者对未来情况虽有一定程度的了解,但无法确定各种情况可能出现的概率,而需要作出的决策。例如,某企业开发一种新产品,现有三种不同数量的生产方案可供选择,同时未来的市场又可能出现畅销、一般、滞销三种销售情况。在每种产量方案下尽管可以估算出在三种不同的市场情况下的盈利或亏损的金额,但不能确定究竟属于哪种情况,也不能判明各种情况可能出现的机会或概率。

对于这类不确定型的决策问题,其选优标准通常取决于决策者对未来所持的态度是乐观还是审慎、稳健?不同的态度所选用的决策分析方法是不同的。但绝大多数是先把不确定型决策问题转化为确定型或风险型决策问题,估计各种方案的预期收益或预期损失,然后以预期收益的最大值或预期损失的最小值作为最优方案。

二、不确定型决策分析的方法

(一)大中取大法

大中取大法是指在几种不确定的随机事件中，选择在最有利的市场需求情况下具有最大收益值的方案作为最优方案的决策方法，又称“最大的最大收益值法”。这里的“收益值”在短期经营决策中是指“边际贡献总额”、“已减除专属固定成本后的剩余边际贡献总额”、“税前净利”，在长期投资决策中是指“净现值”、“获利指数”、“内部收益率”。

在不确定条件下的决策中，如果决策者对未来持乐观态度，可以采用该方法。其程序是：首先，从每个方案中找出一个最大的收益值；然后，再从这些最大收益值中选择一个最大值，则该收益值所对应的方案就是最优方案。

大中取大法是以今后出现的情况总是最有利为假定前提，但它往往导致决策者过分乐观，容易引起冒进或轻率行动。

【例 7—23】 假定某公司在计划年度决定开发新产品甲，根据销售部门的市场调查，提出三种不同的产量方案，即40 000件、45 000件和50 000件。在市场销路好坏不同的情况下，三种产量方案估计可能获得的边际贡献总额的数据资料如表 7—32 所示。

表 7—32 **边际贡献总额** 单位：元

产量方案	畅销	一般	滞销
40 000 件	80 000	58 000	34 000
45 000 件	88 000	50 000	39 000
50 000 件	98 000	56 000	31 000

由于三个备选方案的最大收益值都集中在畅销栏，而最大收益值中最大的是50 000件产量，其边际贡献总额为98 000元，即以此作为开发新产品甲的最优方案。其情况如表 7—33 所示。

表 7—33 **大中取大法** 单位：元

产量方案	畅销	一般	滞销	最大收益值
40 000 件	80 000	58 000	34 000	80 000
45 000 件	88 000	50 000	39 000	88 000
50 000 件	98 000	56 000	31 000	98 000

(二)小中取大法

小中取大法是指在几种不确定的随机事件中，选择在最不利的情况下收益值最大的方案作为最优方案的一种分析方法，又称最大的最小收益值法。这里收益值的含义与大中取小法相同。

在不确定条件下的决策中，如果决策者持比较保守和稳健的态度，可采用该方法。其程序是：首先，找出各方案中的最小收益值；然后，从所有最小收益值中选择最大收益值，则该收益值对应的方案即为最优方案。

【例 7－24】 仍沿用[例 7－23]的资料，采用小中取大法为该公司作出最优产量方案的决策分析。

由于三个产量方案的最小收益值都集中在滞销栏内，而最小收益值中最大的是45 000件产量，其边际贡献总额为39 000元，即以此作为最优方案，其情况如表 7－34 所示。

表 7－34 **小中取大法** 单位：元

产量方案	畅销	一般	滞销	最小收益值
40 000 件	80 000	58 000	34 000	34 000
45 000 件	88 000	50 000	39 000	39 000
50 000 件	98 000	56 000	31 000	31 000

由此可见，小中取大法的基本点是选择在最不利情况下的最大收益值作为最优方案，一般来说是比较审慎、稳健的选优方法。

(三)大中取小法

大中取小法也是一种决策者持审慎、稳健态度的选优方法，它是在几种不确定的随机事件中，选择在最不利的情况下"损失额"最小的方案作为最优方案的决策方法。

这里的"损失额"是指"后悔值"，即当出现随机事件时，各种情况下的最大收益值超过本方案收益值的差额，它表示如果选错方案将会遭受的损失额。

很显然，当出现几种随机事件时，每个方案就会相应地出现几个后悔值，然后把各个方案的最大后悔值集中起来进行比较，选取其中后悔值最小的方案作为最优方案，故该方法又称"最小的最大后悔值法"。

【例 7－25】 仍沿用[例 7－24]的资料，采用大中取小法为该公司作出最优产量方案的决策分析。

1. 根据有关资料，对市场销售的三种不同情况分别确定其最大的收益值

畅销情况下的最大收益值为 98 000 元；

一般情况下的最大收益值为 58 000 元；

滞销情况下的最大收益值为 39 000 元。

2. 分别计算不同销售情况下的后悔值

(1)畅销情况下的后悔值：

40 000 件产量的后悔值＝98 000－80 000＝18 000(元)

45 000 件产量的后悔值＝98 000－88 000＝10 000(元)

50 000 件产量的后悔值＝98 000－98 000＝0(元)

(2)一般情况下的后悔值：

40 000 件产量的后悔值＝58 000－58 000＝0(元)

45 000 件产量的后悔值＝58 000－50 000＝8 000(元)

50 000 件产量的后悔值＝58 000－56 000＝2 000(元)

(3)滞销情况下的后悔值：

40 000 件产量的后悔值＝39 000－34 000＝5 000(元)

45 000 件产量的后悔值＝39 000－39 000＝0(元)

50 000 件产量的后悔值＝39 000－31 000＝8 000(元)

3. 将上述不同销售情况的三种产量方案的后悔值排列成表，如表 7－35 所示。

表 7－35 **后悔值表** 单位：元

产量方案	畅销	一般	滞销	最大后悔值
40 000 件	18 000	0	5 000	18 000
45 000 件	10 000	8 000	0	10 000
50 000 件	0	2 000	8 000	8 000

从表 7－35 中可以看出，最大后悔值一栏中最小的是8 000元，因此产量50 000件的方案最优。

总之，大中取小法的基本点也是以各个方案的最不利情况为基础，即在总体上从几种不同方案的最大“损失额”（后悔值）中选择其最小的作为最优方案，故仍不失为一种比较审慎、稳健的选优方法。

（四）折中决策法

折中决策法的基本点是要求决策者对未来情况应持一定的乐观态度，但也不要盲目乐观，而应采取一种现实主义的折中标准。其具体做法是：

首先，决策者根据实际情况和实践经验确定一个乐观系数 α，α 的值要大于 0、小于 1。如果 α 的值接近 1，则比较乐观；若接近 0，则比较悲观。

其次，为每个备选方案按下列计算公式计算各自的“预期价值”：

各方案的预期价值＝最高收益值×α＋最低收益值×$(1-\alpha)$

最后，从各个备选方案的预期价值中选择最大的作为最优方案。

必须注意的是，α 值的大小，应根据不同决策的对象和当时的具体情况而定，它是一个经验数据。另外，由于这种方法是赫威兹创立的，又称赫威兹决策法。

【例 7－26】 仍沿用[例 7－24]的资料，若该公司决策者对开发新产品甲比较乐观，并把 α 的值定为 0.7。现要求采用折中决策法为该公司作出最优产量的决策分析。

根据给定的各项资料，按照上述公式分别计算三个备选方案的预期价值：

产量 40 000 件方案的预期价值＝80 000×0.7＋34 000×(1－0.7)＝66 200(元)

产量 45 000 件方案的预期价值＝80 000×0.7＋39 000×(1－0.7)＝73 300(元)

产量 50 000 件方案的预期价值＝98 000×0.7＋31 000×(1－0.7)＝77 900(元)

从以上的计算结果可见，应以产量50 000件的方案为最优，因为它提供的边际贡献总额的预期价值最高，为77 900元。

本章小结

短期经营决策是在现有技术装备和经营条件的基础上，为提高企业生产经营的经济效益，在生产和销售领域所作的决策。在企业的生产决策中，主要是应用差量分析法、边际贡献分析法、成本无差别点分析法解决企业生产经营中的产品品种、生产数量以及生产组织问题。在企业产品定价决策中，针对定价决策的不同目的，存在成本加成定价法、边际分析法、利润无差别点法和特殊定价法等决策分析方法。不确定型决策是企业短期经营决策中需特殊考虑的一类问题，其选优标准通常取决于决策者对未来所持的态度是乐观还是审慎、稳健而分别选用大中取大法、小中取大法、大中取小法和折中决策法解决问题。

关键概念

差量成本	剩余边际贡献	成本平衡点	最优生产批量	生产准备成本
储存成本	成本加成定价法	边际分析法	利润无差别点	

讨论及思考题

1. 举例说明机会成本在零部件自制还是外购决策中的运用。

2. 有人认为:“为改变企业亏损状况,凡是亏损的产品都应停产。”这种认识对不对?为什么?

3. 企业在进行产品最优组合决策分析时应注意哪些问题?如何解决?

4. 许多被大型企业视为陈旧和不经济的生产设备,往往极受中小企业的欢迎并以合理的价格购置,有人认为这是“扩散落后技术”而加以反对。你是否同意这种观点?

5. 在进行是否接受特殊订货决策分析时,有人提出“凡是该批订货的单价低于按完全成本计算的单位成本,均不宜接受”。这种观点对不对?为什么?

6. 什么是边际收入和边际成本?它们与产品的最佳价格之间有何关系?

7. 简述生产准备成本、储存成本与生产批量、生产批次的关系。

8. 大中取小法和小中取大法有什么不同?什么是后悔值?应怎样计算?

第八章 全面预算

【本章要点提示】

- 掌握全面预算的含义与内容
- 掌握预算的编制方法
- 掌握全面预算的编制

【本章内容引言】

企业通过短期经营决策，基本上可以确定未来生产经营活动的长期战略目标和短期经营目标。为了实现既定的目标，保证决策所确定的最优方案在实际工作中得到贯彻执行，全面预算的编制成为必不可少的手段与方法。本章在介绍全面预算编制的基本原理与方法的基础上，具体阐述全面预算编制的具体程序和步骤。

第一节 全面预算概述

一、全面预算的含义及内容

全面预算是所有以货币及其他数量形式反映企业未来时期全部经营活动各项目标的行动计划和相应措施的数量说明，具体包括特种决策预算、日常业务预算和财务预算三大类内容。

特种决策预算又称专门决策预算，它实际是决策方案的进一步策划，最能直接体现决策的结果，如资本支出预算，其编制依据可追溯到决策之前收集到的有关资料，只不过预算比决策估算更细致、更精确。

日常业务预算是指与企业日常经营活动直接相关的经营业务的各种预算，具体包括销售预算、生产预算、直接材料预算、直接人工预算、制造费用预算、产品成本预算、应交税金及附加预算、销售及管理费用预算等。这些预算前后衔接、相互勾稽，既有价值量指标，又有实物量和时间量指标。

财务预算是一系列专门反映企业未来一定时期财务状况、经营成果以及现金收支等价值指标的各种预算的总称，具体包括现金预算、预计利润表、预计资产负债表等内容。财务预算作为全面预算体系中的最后环节，可以从价值方面总括地反映特种决策预算和日常业务预算的结果，又称为总预算，其余预算则相应称为辅助预算或分预算。由此可见，财务预算在全面预算体系中具有举足轻重的地位。

二、全面预算的作用

(一)明确工作目标

预算是目标的具体化，通过编制全面预算，分别确定了企业和各个职能部门在计划期间的工作目标，也明确了部门和个人的责权利，使个人利益与企业的经济收益挂钩，促使企业的每个职工努力去完成企业的总目标。

(二)协调部门关系

企业要圆满地实现既定的经营目标，必须使其内部各部门密切配合，使生产经营各环节相互衔接、协调发展，形成一个为共同完成企业总体目标而运行的有机整体。全面预算把整个企业各方面的工作严密地组织起来，而且把企业内部有关协作单位的配合关系也纳入统一的计划之中，把企业内部上下左右协调起来，以更好地发挥预算的控制作用。

(三)控制日常活动

编制预算的目的是为了贯彻目标管理的原则，在预算执行过程中，各部门应通过各项指标完成数与预算数的对比，及时揭示实际与预算的差异，并分析其原因，以便采取必要的措施，消除薄弱环节，保证经营目标的顺利实现。

(四)考核部门业绩

通过编制全面预算，明确各部门为实现企业总体目标应达到的具体目标。这一系列具体工作目标既为各部门的生产经营活动提供了依据，也为企业评价各部门的工作业绩提供了客观的标准。通过预算的编制并加以执行，再以预算为基本尺度对各部门的工作业绩进行考核。在评定各部门的工作业绩时，根据预算的完成情况，分析偏离预算的程度和原因，以划清责任，促使各部门为完成预算规定的目标而努力。

第二节　全面预算的编制方法

一、固定预算与弹性预算

编制预算的方法按其业务量基础的数量特征不同，可分为固定预算方法和弹性预算方法两大类。

(一)固定预算

固定预算又称静态预算，是指根据预算期内正常的、可能实现的某一业务量水平作为唯一基础进行预算的一种方法。其主要特点是：所编制的预算的业务量水平固定不变，不考虑预算期内业务量水平可能发生的变动；在进行业绩考核评价时，也只能将实际执行结果与预算期内所确定的预计业务量水平下的预算数相比较。如果企业的实际业务量水平与预计的业务量水平相差较大时，有关预算指标的实际数与预算数之间就会因业务量基础不同而失去可比性。因此，采用固定预算方法编制的预算不利于正确地控制、考核和评价企业预算的执行情况。

【例 8—1】 BT 公司在预算期内生产某种产品的预计产量为50 000件，按固定预算方法编制的该产品成本预算如表 8—1 所示。

表 8—1　　BT 公司产品成本预算(按固定预算方法编制)

预计产量:50 000 件　　单位:元

成本项目	总成本	单位成本
直接材料	700 000	14
直接人工	300 000	6
制造费用	750 000	15
合　计	1 750 000	35

该产品预算期的实际产量为 60 000 件，实际发生总成本为1 920 000元，其中：直接材料900 000元，直接人工300 000元，制造费用720 000元。该企业根据实际成本资料和预算成本资料编制的成本业绩报告如表 8—2 所示。

表 8—2　　BT 公司成本业绩报告　　单位:元

成本项目	实际成本	预算成本		差　异	
		未按产量调整	按产量调整	未按产量调整	按产量调整
直接材料	900 000	700 000	840 000	+200 000	+60 000
直接人工	300 000	300 000	360 000	0	−60 000
制造费用	720 000	750 000	900 000	−30 000	180 000
合　计	1 920 000	1 750 000	2 100 000	+170 000	−180 000

从表 8—2 中可以看出，实际成本与未按产量调整的预算成本相比，超支较多；实际成本与按产量调整后的预算成本相比，又节约不少。

在产量从50 000件增加到60 000件的情况下，如果不按变动后的产量对预算成本进行调整，就会因业务量不一致而导致所计算的差异缺乏可比性；但是如果所有的成本项目都按实际产量进行调整，也不科学。因为制造费用中包括一部分固定制造费用，它们是不随产量变动的，即使按产量调整了固定预算，也不能准确反映企业预算的执行情况。

一般来说，固定预算方法只适用于业务量水平较为稳定的企业或非营利组织编制预算时采用。

(二)弹性预算

弹性预算又称变动预算或滑动预算，是指为克服固定预算方法的缺点而设计的，以业务量、成本和利润之间的依存关系为依据，以预算期可预见的各种业务量水平为基础，能够适应多种情况而编制预算的一种方法。

与固定预算方法相比，弹性预算方法具有如下两个显著的优点：

第一，预算范围宽。弹性预算方法能够反映预算期内与一定相关范围内的可预见的多种业务量水平相对应的不同预算额，从而扩大了预算的适用范围，便于预算指标的调整。因为弹性预算不再是只适应一个业务量水平的一个预算，而是能够随业务量水平的变动作机动调整的一组预算。

第二，可比性强。在弹性预算方法下，如果预算期的实际业务量与计划业务量不一致，可以将实际指标与实际业务量相应的预算额进行对比，从而能够使预算执行情况的评价与考核建立在更加客观和可比的基础上，便于更好地发挥预算的控制作用。

在实际工作中，弹性预算方法主要用来编制制造费用预算、销售及管理费用预算。由于企业的制造费用和销售及管理费用中都包含变动费用和固定费用两部分，因此在编制其弹性预算时，应首先将有关预算中的全部成本费用分为固定和变动两部分，变动费用的预算数主要根据单位业务量来计算和控制，而固定费用的预算数则按总额来确定和控制。某一成本费用项目预算的计算公式如下：

成本的弹性预算数＝单位变动成本预算数×预计业务量＋固定成本预算数

【例 8－2】 BBS 公司以产品产量为业务量基础所进行的制造费用成本性态分析如表8－3所示。

表 8－3 制造费用成本性态分析表 单位：元

项　目	固定成本	单位变动成本
间接材料		2
间接人工		2
维修费	55 000	1
水电费	25 000	1.5
机物料消耗	40 000	2.5
管理人员工资	45 000	
保险费	50 000	
设备租金	85 000	
合　计	300 000	9

该公司正常的产量水平为50 000件，产量变动范围为40 000～60 000件，据此编制该公司的弹性制造费用预算，如表 8－4 所示。

表 8－4 BBS 公司弹性制造费用预算 单位：元

产　量	40 000 件	45 000 件	50 000 件	55 000 件	60 000 件
生产能力利用程度	80%	90%	100%	110%	120%
变动成本项目	160 000	180 000	200 000	220 000	240 000
间接材料	80 000	90 000	100 000	110 000	120 000
间接人工	80 000	90 000	100 000	110 000	120 000
混合成本项目	320 000	345 000	370 000	395 000	420 000
维修费	95 000	100 000	105 000	110 000	115 000
水电费	85 000	92 500	100 000	107 500	115 000
机物料消耗	140 000	152 500	165 000	177 500	190 000
固定成本项目	180 000	180 000	180 000	180 000	180 000

续表

产　量	40 000 件	45 000 件	50 000 件	55 000 件	60 000 件
管理人员工资	45 000	45 000	45 000	45 000	45 000
保险费	50 000	50 000	50 000	50 000	50 000
设备租金	85 000	85 000	85 000	85 000	85 000
制造费用预算	660 000	705 000	750 000	795 000	840 000

表 8－4 中的业务量间距为 10%，在实际工作中可选择更小的间距。显然，业务量的间距越小，实际业务量水平出现在预算表中的可能性就越大，但工作量也就越大。

应当注意的是，弹性预算方法通常适用于制造费用和销售管理费用预算的编制与控制，实际上，任何随业务量变化而变化的预算项目均可采用这种方法编制预算，从而为预算控制提供一个坚实的基础。

二、增量预算与零基预算

编制成本费用预算的方法按其出发点的不同，可分为增量预算方法和零基预算方法两大类。

（一）增量预算

增量预算又称调整预算方法，是指以基期成本费用水平为基础，结合预算期的业务量水平及有关影响成本因素的未来变动情况，通过调整有关原有费用项目而编制预算的一种方法。

传统的预算编制方法基本上采用的是增量预算方法。其基本假设思想是：现有的业务活动是企业所必需的，原有的各项开支都是合理的，增加费用预算是值得的。在这种假设思想之下，企业采用增量预算方法编制预算时往往不加分析地保留、接受原有成本项目，或按主观臆断平均削减，或只增不减，容易造成浪费，有可能使不必要的开支合理化。

（二）零基预算

零基预算的全称为以零为基数编制的计划与预算，是指在编制预算时，对所有的预算支出均以零为基础，不考虑其以往情况如何，从根本上研究、分析各项费用是否有支出的必要性和支出额的大小。

零基预算的程序为：

（1）提出预算目标。即由企业内部各部门根据企业的经营目标和各部门的具体任务，对每一项业务说明其性质、目的，以零为基础，详细提出各项业务所需要的开支或费用。

（2）进行成本效益分析。即对每一个预算项目的所得与费用进行比较，以其计算对比的结果衡量评价各预算项目的经济效益；在权衡各个费用开支项目轻重缓急的基础上决定对所有预算项目资金分配的先后顺序。

（3）分配预算资金。即根据以上确定的预算项目的先后顺序，将企业在计划期内可动用的经济资源，在有关项目之间进行合理分配，既保证优先预算项目的资金需要，又要使预算期内的各项生产经营活动得以均衡协调地发展。

【例 8－3】 某企业采用零基预算方法编制销售与管理费用预算。该企业可用于下一年度销售与管理费用的资金总额为 250 万元。销售与管理费用预算的具体编制步骤如下：

第一步，经研究讨论，销售与管理部门提出下一年度销售与管理费用预算的总额为 300 万元，具体项目如表 8－5 所示。

表 8—5 销售及管理费用项目及开支金额 单位:元

费用项目	开支金额
1. 销售人员的工资	500 000
2. 广告宣传费	750 000
3. 差旅费	300 000
4. 保险费	200 000
5. 办公费	250 000
6. 职工培训费	150 000
7. 销售佣金	850 000
合　计	3 000 000

第二步,经企业预算委员会分析研究,认为销售人员的工资、保险费、销售佣金、办公费和差旅费五项开支属于约束性费用,在预算期必须全额保证它们对资金的需求,而职工培训费和广告宣传费两项开支属于酌量性费用,可在满足约束性资金需求的前提下,将余下的资金按它们对企业收益的影响程度来分配。

根据历史成本资料对职工培训费和广告宣传费进行成本效益分析,得到以下数据,如表8—6所示。

表 8—6 成本效益分析表 单位:元

项　目	各期平均发生额	各期平均收益额	成本收益率
职工培训费	100 000	6 800 000	6%
广告宣传费	680 000	600 000	10%
合　计			16%

第三步,将下一年度实际可用的资金 250 万元在各费用项目之间进行分配。

(1)确定约束性费用项目的预算金额:

500 000＋200 000＋850 000＋250 000＋300 000＝2 100 000(元)

(2)确定可分配的资金数额:

2 500 000－2 100 000＝400 000(元)

(3)按成本效益比重将可分配的资金数额在广告宣传费和职工培训费之间进行分配:

广告宣传费可分配资金＝400 000×10%/16%＝250 000(元)

职工培训费可分配资金＝400 000×6%/16%＝150 000(元)

在实际工作中,某些成本项目的成本效益的关系不容易确定,按零基预算方法编制预算时,不能机械地平均分配资金,而应根据企业的实际情况,有重点、有选择地确定预算项目,保证重点项目的资金需要。

零基预算与传统预算方法相比,它不是以承认现实的基本合理性为出发点,而是以零为起点,从而避免了原来不合理的费用开支对预算期费用的影响,因而具有能够充分合理、有效地配置资源,减少资金浪费的优点,特别适用于那些较难分辨其产出的服务性部门。但是,零基预算的方案评级和资源分配具有较大的主观性,容易引起部门之间的矛盾,使部门注意短期效益而忽视企业长期效益,而且当费用项目较多时,工作量大,编制预算的费用较高。

三、定期预算与滚动预算

编制预算的方法按其预算期的时间特征不同，可分为定期预算方法和滚动预算方法两大类。

（一）定期预算

定期预算是指在编制预算时以不变的会计期间（如日历年度）作为预算期的一种预算编制方法。

定期预算方法的唯一优点是能够使预算期间与会计年度相配合，便于考核和评价预算的执行结果。按照定期预算方法编制的预算主要有以下缺点：一是远期指导性差。由于定期预算往往是在年初甚至提前两三个月编制的，对于整个预算年度的生产经营活动很难作出准确的预算，尤其是对预算后期的预算只能进行笼统的估算，数据含糊，缺乏远期指导性。二是灵活性差。由于定期预算不能随情况的变化及时调整，当预算中所规划的各种经营活动在预算期内发生重大变化时（如在预算期临时中途转产），就会造成预算滞后过时，使之成为虚假预算。三是连续性差。由于受预算期的限制，致使经营管理者的决策视野局限于本期规划的经营活动，不能适应连续不断的经营过程，从而不利于企业的长远发展。

（二）滚动预算

滚动预算是指在编制一定期间预算的基础上，当预算执行一段时间后，再立即补充一个相应期间的预算，并依次向后滚动。由于这种预算在执行中随着执行期间的推移而连续不断地滚动编制，并且在任何期间都始终有对应的预算，所以也称永续预算或连续预算。其主要特点是，预算期是连续不断的，始终保持一定的期限。以一年预算期为例，预算执行每过一个月，就根据前一个月的预算执行情况及有关因素的变化，对剩余 11 个月的预算数加以修订和调整，并在原来的预算期末补充一个月的预算，使总预算经常保持 12 个月的预算期。

编制滚动预算时，前几个月的预算要尽可能详细完整，后几个月的预算可以粗略一些，随着时间的推移，将原先较粗的预算调整修正为详细的预算，并随之补充新的预算。滚动预算如图 8—1 所示。

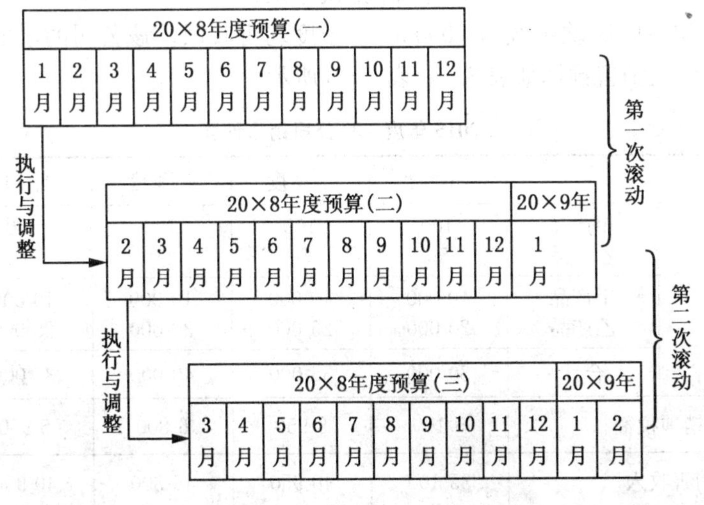

图 8—1　滚动预算示意图

由图 8－1 中可见，滚动预算与传统的定期预算相比具有以下优点：首先，可保持预算的完整性、连续性，从动态预算中把握企业的未来发展趋势；其次，有利于企业管理决策人员以长远的眼光统筹企业的各项生产经营活动，将近期预算与远期预算很好地联系和衔接起来，保证企业的经营管理工作能稳定而有序地进行；再次，在这种方法下，企业要经常根据实际情况的变化，修订编制预算，使预算比较切合实际，因此有利于充分发挥预算的指导和控制作用，也有利于预算的顺利执行和实施。但是，滚动预算也有其不足之处，主要是预算工作要经常进行，增加了预算编制的工作量。

第三节　全面预算的编制程序

全面预算涉及企业预算期间的全部经营活动及其成果。为保证预算目标的科学性和各预算数字之间的协调性，在具体编制这些预算时，应按照各项预算的相互逻辑关系，以销售预算为基础逐步进行编制。

一、销售预算

销售预算是全面预算编制的基础和起点，它主要根据企业年度的利润目标和销售预测对预算期内各产品的销售量和销售额等作出计划。在编制过程中，应根据有关年度内各季度市场预测的销售量和售价，确定预算期销售收入，并同时考虑增值税销项税额的取得情况。

为了便于财务预算，还应在编制销售预算的同时，编制与销售收入有关的经营现金收入预算表，以反映全年及各季销售所得的现销含税收入和回收以前时期应收账款的现金收入。

【例 8－4】 MC 公司生产经营甲、乙两种产品，2015 年度预计销售情况为：每季度甲产品预计销售量均为 100 件，一至四季度乙产品预计销售量分别为 400 件、500 件、600 件和 500 件。甲产品的现销比例为 100％，乙产品的货款分别按 70％、20％和 10％分三个季度收回。该公司 2015 年初应收账款余额为7 000元，一季度均可收回。该公司的增值税税率为 17％。该公司 2015 年度的销售预算如表 8－7、表 8－8 所示。

表 8－7　　2015 年度 MC 公司销售预算　　单位：元

		一季度	二季度	三季度	四季度	全　年
销售单价（元/件）	甲产品	100	100	100	100	100
	乙产品	50	50	50	50	50
预计销售收入	甲产品	10 000	10 000	10 000	10 000	40 000
	乙产品	20 000	25 000	30 000	25 000	100 000
	合计	30 000	35 000	40 000	35 000	140 000
增值税销项税额		5 100	5 950	6 800	5 950	23 800
含税销售收入		35 100	40 950	46 800	40 950	163 800

表 8—8　**2015 年度 MC 公司经营现金收入预算**　单位:元

季　度	一季度	二季度	三季度	四季度	全　年
含税销售收入	35 100	40 950	46 800	40 950	163 800
期初应收账款	7 000				7 000
第一季度	28 080	4 680	2 340		35 100
第二季度		32 175	5 850	2 925	40 950
第三季度			36 270	7 020	43 290
第四季度				32 175	32 175
经营现金收入合计	35 080	36 855	44 460	42 120	158 515

二、生产预算

生产预算是指为规划企业预算期内预计生产量水平而编制的一种日常业务预算。它是在销售预算的基础上编制的,并可以为下一步编制成本和费用预算提供依据。

编制生产预算的主要依据是预算期各种产品的预计销售量及存货量资料。具体计算公式为:

预计生产量=预计销售量+预计期末产成品存货量-预计期初产成品存货量

由于预计销售量可以直接从销售预算中得到,预计期初存货量等于上季期末存货量,因此编制生产预算的关键是正确地确定各季预计期末存货量。在实践中,可按事先估计的期末存货量占一定时期销售量的比例进行估算,当然还要考虑季节性因素的影响。

【例 8—5】 MC 公司 2015 年度预计产成品存货资料如下:甲产品 2014 年年末存货量为 50 件,单位变动成本为 91.6 元,每季末存货量均为 50 件;乙产品 2015 年年末存货量为 60 件,其余每季度存货量均为下季度销量的 10%。存货按先进先出法计价。该公司 2015 年度的生产预算如表 8—9 所示。

表 8—9　**2015 年度 MC 公司生产预算**　单位:元

		一季度	二季度	三季度	四季度	全　年
甲产品	预计销售量	100	100	100	100	400
	加:预计期末存货量	50	50	50	50	50
	减:期初存货量	50	50	50	50	50
	预计生产量	100	100	100	100	400
乙产品	预计销售量	400	500	600	500	2 000
	加:预计期末存货量	50	60	50	60	60
	减:期初存货量	40	50	60	50	40
	预计生产量	410	510	590	510	2 020

三、直接材料预算

直接材料预算是指为规划一定预算期内因组织生产活动和材料采购活动预计发生的直接材料需用量、采购数量和采购成本而编制的一种经营预算。

直接材料预算以生产预算、材料消耗定额和预计材料采购单价等信息为基础，并考虑期初、期末材料存货水平。该预算中相关预算指标的计算公式如下：

预计直接材料生产需要量＝预计生产量×单位产品材料消耗定额

预计直接材料采购量＝预计直接材料生产需要量＋预计期末材料存货量
－预计期初材料存货量

预计直接材料采购成本＝预计直接材料采购量×材料计划单价

为了便于编制财务预算，在直接材料预算中还必须计算与材料采购活动有关的现金支出，包括前期采购材料将于本期支付的现金和本期采购材料并于本期支付的现金。

【例8－6】 MC公司甲、乙两种产品2015年度需用的各种材料消耗定额和采购单价如表8－10所示。

表8－10　2015年度MC公司材料消耗定额及采购单价资料

项　目	直接材料		
	A材料	B材料	C材料
单位甲产品消耗定额	10千克	5千克	
单位乙产品消耗定额	3千克	2千克	
材料单价	2元	7元	10元

该公司2015年度预计材料的存货量及付款方式如下：2014年年末A材料存货量669千克，B材料396千克；预计2015年年末A材料存货量840千克，B材料510千克。各种材料季末存货量均为下季生产总耗用量的30%。每季购买A、B材料只需支付60%的现金，余款下季内付清。根据特种预算，企业拟于2015年第四季度用现金购买10 000元C材料，以备下年开发新产品之用。该公司2015年初应付账款余额为5 000元。该公司2015年度的直接材料预算如表8－11、表8－12、表8－13所示。

表8－11　2015年度MC公司直接材料需用量预算

产品品种	项　目		一季度	二季度	三季度	四季度	全　年
甲产品	材料单耗	A材料 B材料	10 5	10 5	10 5	10 5	10 5
	预计生产量		100	100	100	100	400
	预计生产需要量	A材料 B材料	1 000 500	1 000 500	1 000 500	1 000 500	4 000 2 000
乙产品	材料单耗	A材料 B材料	3 2	3 2	3 2	3 2	3 2
	预计生产量		410	510	590	510	2 020
	预计生产需要量	A材料 B材料	1 230 820	1 530 1 020	1 770 1 180	1 530 1 020	6 060 4 040

表 8－12　　**2015 年度 MC 公司直接材料采购预算**　　单位:元

材　料	项　目	一季度	二季度	三季度	四季度	全　年
A 材料	材料采购单价	2	2	2	2	2
	甲产品耗用量	1 000	1 000	1 000	1 000	1 000
	乙产品耗用量	1 230	1 530	1 770	1 530	6 060
	材料耗用总量	2 230	2 530	2 770	2 530	10 060
	加:期末材料存量	759	831	759	840	840
	减:期初材料存量	669	759	831	759	669
	本期采购量	2 320	2 602	2 698	2 611	10 231
	材料采购成本	4 640	5 204	5 396	5 222	20 462
B 材料	材料采购单价	7	7	7	7	7
	甲产品耗用量	500	500	500	500	2 000
	乙产品耗用量	820	1 020	1 180	1 020	4 040
	材料耗用总量	1 320	1 520	1 680	1 520	6 040
	加:期末材料存量	456	504	456	510	510
	减:期初材料存量	396	456	504	456	396
	本期采购量	1 380	1 568	1 632	1 574	6 154
	材料采购成本	9 660	10 976	11 424	11 018	43 078
C 材料	材料采购单价				10	10
	本期采购量				1 000	1 000
	材料采购成本				10 000	10 000
材料采购成本合计		14 300	16 180	16 820	26 240	73 540
增值税进项税额		2 431	2 750.6	2 859.4	4 460.8	12 501.8
材料采购总支出		16 731	18 930.6	19 679.4	30 700.8	86 041.8

表 8－13　　**2015 年度 MC 公司直接材料采购现金支出预算**　　单位:元

	一季度	二季度	三季度	四季度	全　年
材料采购总支出	16 731	18 930.6	19 679.4	30 700.8	86 041.8
期初应付账款	5 000				5 000
第一季度	10 038.6	6 692.4			16 731
第二季度		11 358.4	7 572.2		18 930.6
第三季度			11 807.6	7 871.8	19 679.4
第四季度				18 420.5	18 420.5
现金支出合计	5 038.6	18 050.8	19 379.8	26 292.3	78 761.5

四、应交税费及附加预算

应交税费及附加预算是指为规划一定预算期内预计发生的应交增值税、营业税、消费税、资源税、城市维护建设税和教育费附加金额而编制的一种经营预算。

本预算中不包括预交所得税和直接计入管理费用的印花税。由于税金需要及时清缴，为简化预算方法，可假定预算期发生的各项应交税费及附加均于当期以现金形式支付。

应交税费及附加预算需要根据销售预算、材料采购预算的相关数据和适用税率资料来编制，有关指标的估算公式为：

某期预计发生的应交税费及附加＝某期预计发生的销售税费及附加＋该期预计应交增值税

某期预计发生的销售税费及附加＝该期预计应交营业税＋该期预计应交消费税＋该期预计应交资源税＋该期预计应交城市维护建设税＋该期预计应交教育费附加

预计应交营业税、消费税均等于应纳税额与适用税率的乘积，应交资源税按照应税产品的课税数量和规定的单位税额计算；应交城市维护建设税和应交教育费附加分别等于预计应交营业税、消费税和增值税之和与适用的附加税率或征收率的乘积。

某期预计应交增值税＝该期预计应交增值税销项税额－该期预计应交增值税进项税额

【例 8－7】 MC 公司 2015 年度各季度预计的增值税销项税额和进项税额资料分别如表 8－7 和表 8－12 所示，该公司销售环节的销售税金为销售收入的 5%，全年预交所得税 2 000 元。该公司 2015 年度的应交税费及附加预算如表 8－14 所示。

表 8－14 **2015 年度 MC 公司应交税费及附加预算** 单位：元

	一季度	二季度	三季度	四季度	全 年
增值税销项税额	5 100	5 950	6 800	5 950	23 800
增值税进项税额	2 431	2 750.6	2 859.4	4 460.8	12 501.8
应交增值税	2 669	3 199.4	3 940.6	1 489.2	11 298.2
销售税金及附加	1 500	1 750	2 000	1 750	7 000
现金支出合计	4 169	4 949.4	5 940.6	3 239.2	18 298.2

五、直接人工预算

直接人工预算是指为规划一定预算期内人工工时的消耗水平和人工成本水平而编制的一种经营预算。

编制直接人工预算的主要依据是已知的标准工资率、标准单位直接人工工时和生产预算中的预计生产量等资料。相关指标的计算公式如下：

某产品预计直接人工总工时＝预计该产品生产量×单位产品工时定额

某产品预计直接人工成本＝某产品预计直接人工总工时×单位工时工资成本

【例 8－8】 MC 公司 2015 年单位工时工资率和工时定额资料如表 8－15 所示。

表 8—15　**2015 年度 MC 公司单位工时工资成本和工时定额资料**

项　目	直接人工	
	一车间	二车间
单位甲产品工时定额(小时)	3	2
单位乙产品工时定额(小时)	2	1
小时工资率(元/小时)	4	4

根据上述资料，该公司 2015 年度的直接人工预算如表 8—16 所示。

表 8—16　**2015 年度 MC 公司直接人工预算**

产　品	项　目	一季度	二季度	三季度	四季度	全　年
甲产品	单位产品工时定额(小时)	5	5	5	5	5
	预计生产量(件)	100	100	100	100	400
	直接人工工时(小时)	500	500	500	500	2 000
	单位工时人工成本(元)	4	4	4	4	4
	直接人工成本(元)	2 000	2 000	2 000	2 000	8 000
乙产品	单位产品工时定额(小时)	3	3	3	3	3
	预计生产量(件)	410	510	590	510	2 020
	直接人工工时(小时)	1 230	1 530	1 770	1 530	6 060
	单位工时人工成本(元)	4	4	4	4	4
	直接人工成本(元)	4 920	6 120	7 080	6 120	24 240
直接人工成本现金支出(元)		6 920	8 120	9 080	8 120	32 240

六、制造费用预算

凡生产成本中不属于直接材料和直接人工的部分，都包括在制造费用中，所以制造费用预算是为规划一定预算期内除直接材料和直接人工预算以外预计发生的其他生产费用水平而编制的一种日常业务预算。

企业在编制制造费用预算时，通常将制造费用按性态分为变动性制造费用和固定性制造费用两种。固定性制造费用可在上年的基础上根据预算期有关因素的变动加以适当调整进行预计，变动性制造费用则根据预计生产量乘以单位产品的预定分配率进行预计。

为了编制现金预算，在制造费用预算中，通常还包括在费用方面预计的现金支出。由于固定资产折旧费是非付现成本项目，在计算时应予剔除。相关指标的计算公式如下：

某季度预计制造费用现金支出＝该季度预计变动性制造费用现金支出＋该季度预计固定性制造费用现金支出

【例 8—9】 MC 公司在编制预算时采用变动成本法，变动性制造费用按各产品直接人工工时比例分配，2015 年预计的直接人工工时资料如表 8—15 所示，制造费用中除折旧费以外的各项目均以现金支付。该公司 2015 年度的制造费用预算如表 8—17、表 8—18 所示。

表 8—17　　**2015 年度 MC 公司制造费用预算**　　单位:元

变动性制造费用		固定性制造费用	
1. 间接材料	5 000	1. 管理人员工资	3 900
2. 间接人工	3 500	2. 折旧费	4 000
3. 维修费	3 120	3. 办公费	1 500
4. 水电费	3 400	4. 保险费	900
5. 其他	1 100	5. 租赁费	1 200
		6. 其他	500
合计	16 120	合计	12 000
直接人工总工时	8 060	减:折旧费	4 000
预算分配率 =16 120÷8 060=2	2	现金支出合计	8 000

表 8—18　　**2015 年度 MC 公司制造费用现金支出预算**　　单位:元

季　度		一季度	二季度	三季度	四季度	全　年
变动制造费用分配率		2	2	2	2	2
直接人工工时	甲产品	500	500	500	500	2 000
	乙产品	1 230	1 530	1 770	1 530	6 060
	小计	1 730	2 030	2 270	2 030	8 060
变动制造费用	甲产品	1 000	1 000	1 000	1 000	4 000
	乙产品	2 460	3 060	3 540	3 060	12 120
	小计	3 460	4 060	4 540	4 060	16 120
付现固定制造费用		2 000	2 000	2 000	2 000	8 000
现金支出合计		5 460	6 060	6 540	6 060	24 120

七、产品成本预算

产品成本预算是指为规划一定预算期内各种产品的单位产品成本、生产成本、销售成本等而编制的一种日常业务预算。该预算需要在生产预算、直接材料预算、直接人工预算和制造费用预算的基础上编制,同时也为编制预计利润表和预计资产负债表提供数据。

产品成本预算必须按照产品品种编制,其程序与存货的计价方法密切相关,不同的存货计价方法,需要采取不同的预算编制方法。此外,不同的成本计算模式也会产生不同的影响。

【例 8—10】 MC 公司采用变动成本法编制其产品成本预算,产成品存货按先进先出法计价。该公司 2015 年度的甲、乙产品成本预算如表 8—19、表 8—20 所示。

表 8－19 **2015 年度甲产品成本预算** 单位:元

成本项目	单　价	单位用量	单位成本	总成本
直接材料				
A 材料	2	10	20	8 000
B 材料	7	5	35	14 000
直接人工	4	5	20	8 000
变动制造费用	2	5	10	4 000
合计			85	34 000
加:产成品期初余额			91.6	4 580
减:产成品期末余额			85	4 250
预计产品销售成本			85.83	34 330

注:年初产成品存货量 50 件,单位变动成本 91.6 元。

表 8－20 **2015 年度乙产品成本预算** 单位:元

成本项目	单　价	单位用量	单位成本	总成本
直接材料				
A 材料	2	3	6	12 120
B 材料	7	2	14	28 280
直接人工	4	3	12	24 240
变动制造费用	2	3	6	12 120
合计			38	76 760
加:产成品期初余额			38	1 520
减:产成品期末余额			38	2 280
预计产品销售成本			38	76 000

注:年初产成品存货量 40 件,单位变动成本 38 元。

八、销售及管理费用预算

销售及管理费用预算是指为规划一定预算期内企业为组织销售和管理企业预计发生各项费用水平而编制的一种日常业务预算。

销售及管理费用预算的编制方法与制造费用预算的编制方法非常接近,可将其划分为变动性和固定性两部分费用。对于随销售量呈正比例变动的那部分变动性销售费用(管理费用一般均为固定性费用),只需要反映各个项目的单位产品费用分配额即可;对于固定性销售及管理费用,则按项目反映全年预计水平。

销售及管理费用预算也要编制相应的现金支出预算。

预算期变动性销售费用的现金支出等于该期各种产品的相应现金支出之和,一定期间某种产品预计发生的变动性销售费用的现金支出的计算公式为:

$$\text{某期某种产品预计的变动性销售费用现金支出}=\text{该种产品单位变动性销售费用分配额}\times\text{该期该产品预计销售量}$$

对于固定性销售及管理费用的现金支出可以采取两种处理方法：一是根据全年固定性销售及管理费用的预算总额扣除其中的非付现成本的差额，在年内各季度平均分摊。二是不主张将其在年内各季度平均分摊，而是根据具体的付现成本项目的预计发生情况分季度编制预算。这是因为固定性销售及管理费用中有部分内容属于年内待摊或预提的性质，如一次性支付的全年广告费和保险费等，这些开支的时间与受益期间不一致。对于这些跨期分摊的项目来说，任何平均费用都不等于实际支出，必须逐项按预计支出情况编制预算。本书采用第一种方法。

【例 8－11】 MC 公司预计 2015 年度发生销售及管理费用合计为8 000元，均为固定付现费用。该公司 2015 年度销售及管理费用预算如表 8－21 所示。

表 8－21　　2015 年度 MC 公司销售及管理费用预算　　单位：元

	一季度	二季度	三季度	四季度	全　年
变动销售及管理费用分配率	0	0	0	0	0
变动销售及管理费用	0	0	0	0	0
付现固定销售及管理费用	2 000	2 000	2 000	2 000	8 000
现金支出合计	2 000	2 000	2 000	2 000	8 000

九、现金预算

现金预算又称现金收支预算，它是以日常业务预算和特种决策预算为基础所编制的反映现金收支情况的预算。这里的现金是指货币资金。广义的现金收支预算主要反映企业预算期的现金收入、现金支出、现金余缺和现金筹措运用情况，同时也要求反映期初与期末现金余额。

在该预算中，现金收入主要是指经营业务活动的现金收入；现金支出除了涉及有关直接材料、直接人工、制造费用、销售及管理费用方面的经营性现金支出外，还包括用于缴纳税金、股利分配方面的支出，以及购买设备等资本性支出。

现金收支差额与期末余额均要通过协调资金筹措及运用来调整，应当在保证各项支出所需资金供应的前提下，注意保持期末现金余额在合理的上下限度内波动。因为现金储备过少会影响周转，现金过多又会造成浪费，所以现金余额既不是越大越好，也不是越少越好。因此，企业不仅要定期筹措到抵补收支差额的现金，还必须保证有一定的现金储备。当收支差额为正值（即现金结余），在偿还了利息和借款本金之后仍超过现金余额上限时，就应拿出一部分资金用于有价证券投资；但一旦发现还本付息之后收支差额低于现金余额下限，就应抛出一部分有价证券来补足现金短缺。如果现金收支差额为负值（即现金短缺），可采取暂缓还本付息、抛售有价证券或向银行借款等措施。

【例 8－12】 MC 公司根据各项日常业务预算的结果编制现金预算，相关资料如下：公司第四季度购置设备5 000元；每季度预分 500 元股利；各季预交所得税 200 元；各季季末现金余额的核定范围为2 000～3 000元；各季现金余缺可通过归还或取得短期借款解决，短期借款年利率为 10％，归还或借入金额为1 000元的倍数。该公司 2015 年度现金预算如表 8－22所示。

表 8—22　　**2015 年度 MC 公司现金预算**　　单位:元

	一季度	二季度	三季度	四季度	全　年
期初现金余额	1 000	2 742	2 642	2 311	1 000
经营现金收入	35 080	36 855	44 460	42 120	158 515
经营现金支出					
采购直接材料	15 039	18 051	19 380	26 292	78 762
支付直接人工	6 920	8 120	9 080	8 120	32 240
支付制造费用	5 460	6 060	6 540	6 060	24 120
支付销售及管理费用	2 000	2 000	2 000	2 000	8 000
支付增值税、销售税金及附加	4 169	4 949	5 941	3 239	18 298
预交所得税	200	200	200	200	200
预分股利	500	500	500	500	2 000
资本性现金支出					
购置固定资产				5 000	5 000
现金支出合计	34 288	39 880	43 641	51 411	169 220
现金余缺	1 792	—283	3 461	—6 980	—9 705
现金筹措或运用					
加:短期借款	1 000	3 000		10 000	14 000
处置有价证券					
减:支付利息	50	75	150	125	400
归还借款			1 000		1 000
购买有价证券					
期末现金余额	2 742	2 642	2 311	2 895	2 895

十、预计利润表

预计利润表是指以货币形式综合反映预算期内企业经营活动成果(包括利润总额、净利润)计划水平的一种财务预算。该预算需要在销售预算、产品成本预算、应交税费及附加预算、销售及管理费用预算等日常业务预算的基础上编制。

【例 8—13】 依据前例资料,MC 公司按变动成本法编制的 2015 年度预计利润表如表 8—23所示。

表 8—23　　**2015 年度 MC 公司预计利润表**　　单位:元

项　目	金　额
营业收入	140 000
减:变动营业成本	110 330
销售税金及附加	7 000
变动销售及管理费用边际贡献	22 670

续表

项　目	金　额
减:固定制造费用	12 000
固定销售及管理费用	8 000
财务费用	400
利润总额	2 270
减:所得税(33%)	749.1
净利润	1 520.9

十一、预计资产负债表

预计资产负债表是指用于总括反映企业预算期末财务状况的一种财务预算。

预计资产负债表中除上年期末数已知外,其余项目均应在前述各项日常业务预算和特种决策预算的基础上分析填列。

【例 8－14】 依据前例资料,MC 公司编制的 2015 年度预计资产负债表如表 8－24 所示。

表 8－24　　**2015 年度 MC 公司预计资产负债表**　　单位:元

资　产	年初数	年末数	权　益	年初数	年末数
现金	1 000	2 895	短期借款	2 000	15 000
应收账款	7 000	12 285	应付账款	5 000	12 280
存货:材料	4 110	15 250	应交税费	200	149
产成品	6 100	6 530	股本	35 000	35 000
固定资产净值	38 440	39 440	留存收益	14 450	13 971
合　计	56 650	76 400	合　计	56 650	76 400

注:应收账款年末数＝7 000＋163 800－158 515＝12 285(元)

固定资产净值年末数＝38 440＋5 000－4 000＝39 440(元)

应付账款年末数＝5 000＋86 041－78 761＝12 280(元)

应交税费年末数＝200＋749－800＝149(元)

留存收益年末数＝14 450＋1 521－2 000＝13 971(元)

本章小结

本章在阐述企业全面预算的构成体系与编制方法的基础上,重点介绍了销售预算、生产预算、直接材料预算、直接人工预算、制造费用预算、应交税费及附加预算、产品成本预算、销售及管理费用预算、现金预算、预计利润表、预计资产负债表的编制,其中特别注意上述预算中各个预算指标之间的相互关系及其在全面预算体系中的地位与作用。

关键概念

全面预算　弹性预算　零基预算　滚动预算　现金余缺　现金筹措与运用

讨论及思考题

1. 生产经营全面预算包括哪些主要内容？它们之间的相互关系怎样？
2. 为什么说销售预算是编制全面预算的基础和关键？怎样编制销售预算？
3. 试分析和比较固定预算与弹性预算的联系与区别。
4. 什么是零基预算？它具有哪些基本特征？如何对它进行客观评价？
5. 什么是滚动预算？它有哪些特点？

第九章　成本控制与标准成本系统

【本章要点提示】

- 掌握成本控制制度
- 掌握标准成本控制
- 掌握目标成本控制

【本章内容引言】

成本控制是企业预算控制的一项重要内容，它是为保证企业全面预算的执行而采取的各种控制措施。建立、健全企业成本控制系统，对于充分发挥成本管理职能、提高企业经营管理水平和市场竞争力具有重要作用。本章在介绍企业成本控制原理的基础上，主要阐述标准成本控制系统与目标成本控制系统的基本内容。

第一节　成本控制概述

一、成本控制的含义

(一)成本控制定义

企业预算编制好以后，为了保证预算的顺利完成，必须对企业发生的有关经济活动进行控制。此时，控制活动要以预算作为标准，又称预算控制。预算控制的对象和范围比较广泛，涉及企业供应、生产、销售、财务等有关责任单位的成本、收入、利润等各个方面，而成本控制则是预算控制的基础。因此，本章将对成本控制做一专门讨论。

所谓成本控制，是指企业在生产经营活动中，以不断降低成本和提高效益为目的，对影响成本的各种因素加以管理，及时发现与预定目标成本之间的差距，采取一定的措施，保证成本目标和成本预算任务的完成。

(二)成本控制的作用

成本控制在企业管理中起着重要作用。首先，成本控制是企业增加盈利的根本途径。增加利润是企业经营的目的之一，而控制成本则直接服务于此目的，因为无论在何种情况下，降低成本都可以增加利润：(1)在收入不变的情况下，降低成本可以增加利润；(2)在收入增加的情况下，降低成本可使利润增加得更快；(3)在收入减少的情况下，降低成本可抑制利润的下降。因此，降低成本是企业实现盈利目的的根本途径。其次，成本控制是企业抵抗内外压力、求得生存的主要保障。企业在经营过程中面对各种压力，外有同行竞争、政府课税和经济环境逆转等不利因素，内有职工改善待遇、股东分红和债权人的压力。企业为了抵御内外压力，常常以降低成本、提高产品质量、创新产品设计和增加产销量为主要手段。而其中降低成本是最主要、最有效的手段。因为降低成本可以提高企业的价格竞争能力；可以提高安全边际率，使企业在不景气的经济环境中继续生存；降低成本可以抵御由于价格提高而引发的经销商和供应商的提价要求与增加流转税的外在压力；降低成本，才可能去提高质量、创新设计、提高职工待遇和增加股利。再次，成本控制是企业发展的基础。把成本控制在同类企业的先进水平上，才可能获得超额利润，为企业迅速发展打下基础。许多企业陷入困境的重要原因之一是在成本失控的情况下盲目发展，以致当市场萎缩或决策失误时没有抵抗能力，最终被市场淘汰。因此，只有进行成本控制，使成本降低到最低状态，才能使企业的发展有足够的后劲，在竞争中处于不败之地。

(三)成本控制的阶段

成本控制可按成本发生的时间先后划分为事前成本控制、事中成本控制和事后成本控制三个阶段，也就是成本控制循环中的设计阶段、执行阶段和考核阶段。

(1)事前成本控制是指产品投产前通过对产品的成本功能关系的分析研究，提出对产品功能和目标成本的要求，从根本上解决功能过剩、成本过高的问题；同时，还要对影响成本的有关因素进行分析研究，制定出一整套成本控制制度，针对不同类型的成本采取不同方法约束成本开支，防止偏差和浪费的发生。它们又分别被称为成本的前馈控制和预防控制。

(2)事中成本控制又称日常成本控制，是指在成本形成过程中，企业内部各级对成本负有经营管理责任的单位，根据事先制定的成本目标或标准，对企业各责任中心日常发生的各项成本和费用进行严格的计量、监督。如发生偏差，就及时分析原因并采取措施进行调节，使各项成本费用不超过预定的标准，以保证目标成本的实现。

(3)事后成本控制是指在成本发生后，把日常发生的成本差异及其原因汇总起来进行分析研究，找出成本升降的原因，明确经济责任，为下一期企业生产经营计划和目标成本的确定提供改进意见，又称为成本的后馈控制。

二、成本控制的要求

为了充分发挥成本控制的作用，成本控制应注意如下几点：

(1)成本控制要对成本形成的全过程进行全面控制。成本形成的全过程，包括产品投产前的设计、工艺的确定，以及生产过程的各个环节，还要考虑产品使用中的寿命周期成本。全面成本控制就是以产品成本形成的全过程为对象，结合生产经营各阶段的不同性质和特点进行有效控制。

(2)成本控制要进行全员控制。成本控制涉及企业各个部门及全体员工，要降低成本，就要充分调动企业各部门和全体员工关心成本和参与成本控制的积极性。

(3)成本控制要进行全方位的控制。成本控制不是单纯的限制和监督。它一方面要精打细算，节约开支，杜绝浪费；另一方面，又要按照成本效益的原则实现相对的成本节约，以较少的消耗，取得更多的成果。

(4)成本控制要贯彻责权利相结合的原则。要保证落实到责任中心的成本预算能够恰当地执行，必须赋予他们与其责任大小、控制范围一致的权利，如决定某项成本项目能否开支的权利。此外，成本控制必须在定期考核评价成本实绩的基础之上，与对责任中心的奖惩挂钩。

(5)成本控制必须以目标成本为依据。目标成本是企业成本控制的目标，但是，目标成本作为企业的整体目标，不便进行日常控制。按照目标管理理论，应该把企业的目标成本层层分解，落实到各成本责任中心，分级归口管理。由此，可以使责任单位明确责任范围，及时发现成本差异，分析成本超降的原因，并采取措施予以纠正。

(6)成本控制必须按例外管理原则，重点剖析例外差异。例外管理原则是西方国家在经营管理工作上进行日常控制的一种专门方法，特别是在成本指标控制方面采用得更多。因为在日常控制活动中，实际水平与预算数之间的差异，特别是那些数量小、影响不大的差异普遍存在，如果要一一查明，势必会影响成本控制工作的效率。因此，应把注意力集中于那些非正常的关键性差异上，对其追根溯源，查明原因，并采取有效措施予以纠正。

三、成本控制制度

成本控制制度是指通过在对产品设计、研制等阶段影响成本的有关因素分析和研究的基础上，制定一整套适合于本企业具体情况的成本控制方法和相应的规章制度。其关键是要通过企业内部设置的规章制度，针对不同的成本采用不同的成本控制方法，约束成本开支，预防偏差和杜绝浪费。成本控制制度是企业内部控制制度的重要组成部分。

从目前国外成本控制的实践看，其成本控制方法繁多，一般有目标成本控制法、预算控制法、标准成本控制法、相对成本控制法、责任成本控制法等。对于这些适应现代化大生产和市场经济创造出来的行之有效的成本控制方法，应结合我国企业的具体情况、成本控制对象和内容的不同而灵活加以运用。

企业内部的全部成本按成本习性可以分为变动成本和固定成本两类。变动成本主要是通过制定标准成本和编制弹性预算进行控制。直接材料和直接人工在制造业产品成本中一般占有较大的比重，数额易于分割，用标准成本控制比较简便易行；而变动性制造费用通常由变动性的成本项目组成，金额分散，通过编制弹性预算进行控制较为适宜。对于固定成本，首先要根据其开支项目的性质和轻重缓急区分为约束性固定成本和酌量性固定成本，然后分别控制。对于约束性固定成本，控制的关键在于作出长期投资决策之前的事前控制。因此，应根据相关的资本支出预算中的数据，分项目制定固定预算，作为事前控制的依据；而企业其他非约束性固定成本，则可以通过编制零基预算的方法来加强成本控制。另外，在企业产品设计阶段，则适合采取目标成本控制法来实施成本控制。

应该说明的是，标准成本控制与预算成本控制是兼容的，实质上等于预算控制，只是标准成本控制以标准成本为基础，按照成本项目反映单位产品的目标成本。而预算是企业总体规划的数量说明，无论对弹性预算或其他预算类型，以标准成本乘以业务量就可以得出预算总成本。采用标准成本可以使成本控制更加科学有效。

第二节　标准成本控制

一、标准成本概述

(一)标准成本含义

标准成本控制系统是指通过事前制定标准成本，在实际执行过程中将实际成本与标准成本进行比较分析，找出差异产生的原因，并据以加强成本控制和业绩评价的成本控制系统。一个完整的标准成本控制系统包括标准成本的制定、成本差异的计算和分析以及成本差异的处理。

所谓标准成本，实际上就是按成本项目反映的单位产品的目标成本。因为通过成本预测、确定的目标总成本，不便于日常的控制和考核，必须分别按成本项目逐一制定出各自的标准成本才能落实。标准成本概念有两种含义：

一是指单位产品的标准成本，它是根据单位产品的标准消耗量和标准单价计算出来的，也称成本标准。其计算公式为：

成本标准＝单位产品的标准成本＝单位产品标准消耗量×标准单价

二是指实际产量的标准成本，是根据实际产品的产量和单位产品的标准成本计算出来的。其计算公式为：

标准成本＝实际产量×单位产品的标准成本

(二)标准成本形式

1. 按其制定所根据的生产技术和经营管理水平，分为理想标准成本和正常标准成本

(1)理想标准成本是指在最优的生产条件下，利用现有的规模和设备能够达到的最低成本。制定理想标准成本的依据，是理论上的业绩标准、生产要素的理想价格和可能实现的最高生产经营能力的利用水平。因此，这种标准是完美的成本标准，很难成为现实，即使暂时出现也不可能持久。理想标准成本不能作为考核的依据。

(2)正常标准成本是指在效率良好的条件下，根据下期应该发生的生产要素消耗量、预计价格和预计生产能力的利用程度制定出来的标准成本。要达到这种标准不是没有困难，但却可能达到。它的数量大于理想标准成本，小于历史平均水平，实施以后实际成本更大的可能是逆差而不是顺差，是要经过努力才能达到的一种标准。实践中，广泛使用正常标准成本。其特点：它是用科学方法根据客观实践经充分研究后制定出来的，具有客观性和科学性；它排除了各种偶然性和意外情况，又保留了目前条件下难以避免的损失，代表正常情况下的消耗水平，具有现实性；它是应该发生的成本，可以作为评价业绩的尺度，是广大职工努力的目标，具有激励性；它可以在工艺技术水平和管理水平变化不大时使用，不需要经常修订，具有稳定性。

2. 按其适用期不同，分为现行标准成本和基本标准成本

(1)现行标准成本是指根据其适用期间应该发生的价格、效率和生产经营能力利用程度等预计的标准成本，它是评价实际成本的依据。

(2)而基本标准成本是指一经制定，只要生产的基本条件无重大变化，就不予变动的一种标准成本。由于基本标准成本不按各期的实际情况进行修订，不宜用来直接评价工作效率和成本控制的有效性。

二、标准成本的制定

标准成本应该分成本项目制定。一般制定的顺序是先确定直接材料和直接人工的标准成本，再确定制造费用的标准成本，最后确定单位产品的标准成本。在制定时，无论哪一个成本项目，都需要分别确定其用量标准和价格标准，两者相乘后得出成本标准。其中，用量标准包括单位产品材料消耗量、单位产品直接人工工时等，主要由生产技术部门主持制定；价格标准包括原材料单价、小时工资率、小时制造费用分配率等，由会计部门和其他有关部门共同研究确定。无论用量标准还是价格标准，都可以是在理想状态或正常状态下制定。下面主要讨论正常状态下的正常标准成本的制定。

(一)直接材料标准成本的制定

直接材料标准成本的制定需要确定直接材料的用量标准和价格标准。其中，用量标准即标准消耗量，是用统计方法、工业工程法和其他技术方法确定的，包括理想消耗和正常损失两部分；价格标准是预计下一年度实际需要支付的进料单位成本，包括发票价格、运费、检验费和正常损耗等成本。直接材料标准成本举例如表 9—1 所示。

表 9—1 产品甲直接材料标准成本

标　准	材料 A	材料 B
价格标准		
发票单价	1.10 元	5.20 元
运费	0.08 元	0.50 元
每千克标准价格	1.18 元	5.70 元
用量标准		
图纸用量	4.0 千克	2.0 千克
正常损耗量	0.2 千克	
单位产品标准用量	4.2 千克	2.0 千克
成本标准		
材料 A(1.18 元×4.2 千克)	4.96 元	
材料 B(5.70 元×2.00 千克)		11.40 元
单位产品标准成本	16.36 元	

(二)直接人工标准成本的制定

直接人工标准成本的制定需要确定直接人工的用量标准和价格标准。其中，用量标准是单位产品的标准工时，它是按产品的加工工序所需直接人工工时汇总而得的。其含义是指在现有生产技术条件下，生产单位产品所需要的时间，包括直接加工操作必不可少的时间和必要的间歇与停工两部分。而价格标准是指标准工资率。它可以是预定的工资率，也可以是正常的工资率。在计件工资制下，标准工资率是预定的每件产品支付的工资除以标准工时；在月工资制下，标准工资率则是按月工资总额和可用工时总量来计算的。直接人工标准成本如表 9—2所示。

表 9—2　　**产品甲直接人工标准成本**

项　目	第一工序	第二工序
小时工资率		
基本生产工人人数(人)	30	20
每人每月工时(8 小时/天×20.92 天)(小时)	167	167
出勤率	95%	95%
每人平均可用工时(小时)	159	159
每月总工时(小时)	4 770	3 180
每月工资总额(元)	5 247	3 816
每小时工资(元)	1.1	1.2
单位产品工时(小时)		
理想作业时间	1.5	1.2
设备调整时间	0.4	—
其他	0.1	0.1
单位产品工时合计	2.0	1.3
直接人工标准成本(元)	2.2	1.56
合计(元)	3.76	

(三)制造费用标准成本的制定

各部门的制造费用标准成本分为变动制造费用标准成本和固定制造费用标准成本两部分。它们都是按部门分别编制的,然后将同一产品涉及的各部门单位制造费用标准加以汇总,得出整个产品的制造费用标准成本。

1. 变动制造费用的标准成本

变动制造费用的数量标准通常采用单位产品直接人工工时标准(在直接人工标准成本制定时已经确定)、机器工时或其他用量标准。不管选择何种用量标准,应尽可能使该标准与变动制造费用保持较好的线性关系。

变动制造费用的价格标准是每一工时变动制造费用的标准分配率,它是根据变动制造费用预算和直接人工总工时计算求得的。其计算如表 9—3 所示。

各车间变动制造费用标准成本确定之后,可汇总出单位产品的变动制造费用标准成本。

表 9—3　　**产品甲变动制造费用标准成本**

项　目	第一车间	第二车间
变动制造费用预算		
运输	1 000	2 100
消耗材料	4 000	1 900
间接人工	2 000	3 800
动力	500	2 500

续表

项　目	第一车间	第二车间
合计	7 500	10 300
生产量标准(人工工时)	5 000	5 150
变动制造费用标准分配率	1.5	2
直接人工用量标准(人工工时)	2	1
变动制造费用标准成本	3	2
单位产品标准变动制造费用	5	

2. 固定制造费用的标准成本

采用完全成本法计算产品成本的企业,固定制造费用要计入产品成本,应确定其标准成本。固定制造费用的标准成本也包括用量标准和价格标准。其中,用量标准与变动制造费用的标准相同,包括直接人工工时、机器工时、其他用量标准等,并且两者要保持一致,以便进行差异分析(此标准的数量已在制定直接人工用量标准时确定);而其价格标准是其每小时的标准分配率,它是根据固定制造费用预算和直接人工标准总工时来计算的。其计算如表 9－4 所示。

表 9－4　　　　产品甲固定制造费用标准成本

项　目	第一车间	第二车间
固定制造费用预算		
折旧费	300	1 500
管理人员工资	600	1 200
间接人工	500	1 100
其他	300	250
合计	1 700	4 050
生产量标准(人工工时)	3 400	2 025
固定制造费用标准分配率	0.5	2
直接人工用量标准(人工工时)	2	1
部门固定制造费用标准成本	1	2
单位产品固定制造费用标准成本	3	

各单位的固定制造费用标准成本确定后,可汇总出单位产品的固定制造费用标准成本。

将以上确定的直接材料、直接人工和制造费用的标准成本按产品加以汇总,就可确定有关产品全部的标准成本。

三、成本差异的计算和分析

成本差异主要是指实际成本与标准成本之间的差额,又称标准成本差异,它反映实际成本脱离预定目标程度的信息。为消除此偏差,要进行成本差异分析,找出原因和对策,以便加以纠正。

（一）变动成本差异的分析

变动成本包括直接材料、直接人工和变动制造费用，它们的实际成本高低取决于实际用量和实际价格。标准成本的高低取决于标准用量和标准价格，因此其成本差异可以归结为价格脱离标准造成的“价格差异”和用量脱离标准造成的“数量差异”两类。

成本差异＝实际成本－标准成本

＝实际数量×实际价格－标准数量×标准价格

＝实际数量×实际价格－实际数量×标准价格＋实际数量×标准价格－标准数量×标准价格

＝实际数量×（实际价格－标准价格）＋（实际数量－标准数量）×标准价格

＝价格差异＋数量差异

1. 直接材料成本差异的计算和分析

直接材料成本差异是直接材料实际成本与标准成本之间的差额。其形成原因为：一是价格脱离标准；二是用量脱离标准。前者按实际用量计算，称为价格差异；后者按标准价格计算，称为数量差异。

材料价格差异＝实际数量×（实际价格－标准价格）

材料数量差异＝（实际数量－标准数量）×标准价格

【例 9－1】　某企业本月生产甲产品1 000件，耗用 A 材料2 000千克，材料单价为 1.2 元/千克；直接材料的单位产品标准成本为 3.8 元，即每件产品耗用 1.9 千克的直接材料，每千克材料的标准价格为 2 元。则：

直接材料价格差异＝2 000×（1.2－2）＝－1 600（元）

直接材料数量差异＝（2 000－1 000×1.9）×2＝200（元）

由上可得，直接材料成本差异等于价格差异与数量差异之和，即：－1 600＋200＝－1 400（元）。而直接材料成本差异又等于实际成本减标准成本，即：2 000×1.2－1 000×1.9×2＝－1 400（元）。因此，直接材料价格差异与数量差异之和，应当等于直接材料成本的总差异。

计算出价格差异和数量差异后，应对此进行分析。一般来说，材料价格差异是在采购过程中形成的，不应由耗用材料的生产部门负责，而应由采购部门作出解释。采购部门未能按标准价格进货的原因很多，如物价上涨、违反合同被罚款、采用了不必要的快速运输方式等。企业应针对各种原因确定合理的责任归属。而材料数量差异是在材料耗用过程中形成的，反映生产部门的成本控制业绩。材料数量差异形成的具体原因有许多，如操作失误造成废品和废料增加、机器不适用造成用料增加等。有时多用料也不一定是生产部门的责任，如购入的材料质量低劣、规格不符等，故应具体问题具体分析，合理确定责任归属。

2. 直接人工成本差异的计算和分析

直接人工成本差异是指直接人工实际成本与标准成本之间的差额，它可分为“价差”和“量差”两部分。价差是指实际工资率脱离标准工资率的差额，按实际工时计算确定，又称工资率差异；量差是指实际工时脱离标准工时的差额，按标准工资率计算确定，又称人工效率差异。

工资率差异＝实际工时×（实际工资率－标准工资率）

人工效率差异＝（实际工时－标准工时）×标准工资率

【例 9－2】　某企业本月生产甲产品 500 件，实际使用工时 1 000 小时，支付工资 2 000 元；直接人工的标准成本是 5 元/件，即每件产品标准工时为 2.5 小时，标准工资率为 2 元/小时。则：

工资率差异＝1 000×(2 000/1 000－2)＝0(元)

人工效率差异＝(1 000－500×2.5)×2＝－500(元)

由上可得，直接人工成本差异等于工资率差异与人工效率差异之和，即：0－500＝－500(元)。而直接人工成本差异又等于实际成本减标准成本，即：2 000－500×5＝－500(元)。因此，直接人工的工资率差异与人工效率差异之和，应当等于直接人工成本的总差异。

计算出工资率差异和人工效率差异之后，应对此进行分析。一般来说，工资率差异形成的原因包括直接生产工人升级或降级使用、奖励制度未产生实效、工资率调整、出勤率变化等因素，应归人事劳动部门管理，其差异的具体原因会涉及生产部门或其他部门；而直接人工效率差异形成的原因则包括工作环境不良、劳动情绪不佳、作业计划安排不当、产量太少无法发挥批量优势等因素，应主要由生产部门负责，但在实践中还需具体问题具体分析。

3. 变动制造费用差异的计算和分析

变动制造费用差异是指实际变动制造费用与标准变动制造费用之间的差额，它也可分解为“价差”和“量差”两部分。价差是指变动制造费用的实际小时分配率脱离标准，按实际计算的差额，它反映耗费水平的高低，故称为变动制造费用耗费差异；量差是指实际工时脱离标准工时，按标准小时费用率计算确定的差额，它反映工作效率变化引起的费用节约或超支，故称为变动制造费用效率差异。

变动制造费用耗费差异＝实际工时×变动制造费用效率差异

＝(实际工时－标准工时)×变动制造费用标准分配率

【例 9－3】 某企业本月生产甲产品的实际产量为 500 件，使用工时1 000小时，实际发生变动制造费用 600 元；变动制造费用标准成本为 1 元/件，即每件产品标准工时为 2.5 小时，标准的变动制造费用分配率为 0.4 元/小时。则：

变动制造费用耗费差异＝1 000×(600/1 000－0.4)＝200(元)

变动制造费用效率差异＝(1 000－500×2.5)×0.4＝－100(元)

由上可得，变动制造费用成本差异等于耗费差异加上效率差异，即：200＋(－100)＝100(元)，而变动制造费用成本差异又等于实际成本与标准成本的差额，即：600－500×1＝100(元)。因此，变动制造费用的耗费差异与效率差异之和，应当等于变动制造费用的总差异。

计算出变动制造费用耗费差异和效率差异之后，应对此差异进行分析。一般来说，变动制造费用的耗费是部门经理的责任。因为它是实际支出与按实际工时和标准费用率计算的预算数之间的差额，它反映耗费水平即每小时的业务量支出的变动制造费用脱离了标准。而变动制造费用效率差异是由于实际工时脱离了标准，多用工时导致的费用增加，因此其形成原因与人工效率差异相同。

(二)固定制造费用差异的计算和分析

固定制造费用差异的计算和分析与各项变动制造费用差异的分析不同，其方法有二因素分析法和三因素分析法两种。

1. 二因素分析法

二因素分析法是指将固定制造费用差异分为耗费差异和能量差异。耗费差异是指固定制造费用的实际金额与固定制造费用预算金额之间的差额。由于固定制造费用不随业务量的变动而变动，因而在考核时不考虑业务量的变动，而以原来的预算数作为标准，实际数超过预算数即视为耗费过多。其计算公式为：

固定制造费用耗费差异＝固定制造费用实际数－固定制造费用预算数

能量差异是指固定制造费用预算与固定制造费用标准成本的差额，即实际业务量的标准工时与生产能量的差额用标准分配率计算的金额。其计算公式如下：

固定制造费用能量差异＝固定制造费用预算数－固定制造费用标准成本

＝固定制造费用标准分配率×生产能量－固定制造费用标准分配率×实际产量标准工时

＝(生产能量－实际产量标准工时)×固定制造费用标准分配率

【例 9－4】 某企业本月生产甲产品，实际产量 400 件，发生固定制造费用1 424元，实际工时为 890 小时；企业生产能量为 500 件即1 000小时；每件产品固定制造费用标准成本为 3 元/件，即每件产品标准工时为 2 小时，标准分配率为 1.50 元/小时。则：

固定制造费用耗费差异＝1 424－1 000×1.5＝－76(元)

固定制造费用能量差异＝1 000×1.5－400×2×1.5＝300(元)

验算：

固定制造费用成本差异＝实际固定制造费用－标准固定制造费用

＝1 424－400×3＝224(元)

固定制造费用成本差异＝耗费差异＋能量差异

＝(－76)＋300＝224(元)

通过以上计算可以看出，该企业甲产品的固定制造费用超支 224 元主要是由于生产能力利用不足、实际产量小于计划产量所致。固定制造费用超支，不论是耗费差异还是能量差异，一般都应由有关管理部门负责。

二因素分析法比较简单。但从上述计算公式可见，二因素分析法没有反映和分析生产效率对固定制造费用成本差异的影响。计算能量差异时，使用的都是标准工时，其说明的是按标准工时反映的生产能力利用情况。如果实际产量标准工时和计划产量标准工时一致，则能量差异为零。但是，实际产量的实际工时可能与其标准工时存在差异，而生产能力的实际利用情况更取决于实际工时而非标准工时。实际工时与标准工时之间的差异，属于效率高低问题。因此，固定制造费用成本差异分析更多地采用将能量差异划分为闲置能量差异和效率差异的三因素分析法。

2. 三因素分析法

三因素分析法是将固定制造费用成本差异分为耗费差异、效率差异和闲置能量差异三部分。耗费差异的计算与二因素分析法相同。不同的是将二因素分析法中的“能量差异”进一步分为两部分：一是实际工时未达到标准能量而形成的闲置能量差异；二是实际工时脱离标准工时而形成的效率差异。其计算公式如下：

固定制造费用闲置能量差异＝固定制造费用预算－实际工时×固定制造费用标准分配率

＝(生产能量－实际工时)×固定制造费用标准分配率

固定制造费用效率差异＝实际工时×固定制造费用标准分配率－实际产量标准工时×固定制造费用标准分配率

＝(实际工时－实际产量标准工时)×固定制造费用标准分配率

仍依[例 9－4]的资料计算：

固定制造费用闲置能量差异＝(1 000－890)×1.5＝165(元)

固定制造费用效率差异＝(890－400×2)×1.5＝135(元)

三因素分析法的闲置能量差异(165 元)与效率差异(135 元)之和为 300 元，与二因素分析法中的“能量差异”数额相同。采用三因素分析法，能够更好地说明生产能力利用程度和生产效率高低所导致的成本差异情况，并且便于分清责任：闲置能量差异的责任一般在于管理部门，而效率差异的责任则往往在于生产部门。

四、成本差异的处理

在标准成本系统下，成本差异能够从成本上及时反映生产经营管理方面的有利和不利因素，有利于管理部门了解各项生产经营活动的效益，提高成本控制效果。因此，成本差异如何处理，不仅是一个关系会计原则贯彻、成本计算、存货估计、利润计量等的理论问题，而且是标准成本系统应用中亟待探讨的实践问题。

（一）西方国家的处理

从西方国家的理论与实践的角度来看，标准成本差异的处理方式主要有三种：

一是累计结转法。即对各种成本差异在每月月末不进行账务处理，而是在成本差异账户累计下来，直到年底才将累计下来的成本差异在销售成本、产成品和在产品之间按标准成本比例进行分配或直接转入销售成本中。这种方式主要是考虑成本效益原则。因为企业实行标准成本系统的前提之一是正确确定产品的标准成本，企业经过深入研究，制定的标准成本应该十分接近实际成本，否则就失去了标准成本控制、考核的作用，因此每月月末的各种成本差异数额不会很大。根据成本效益原则，可以不必在每月月末处理，而是累计到年末一次处理，以简化核算和账务处理工作。但是成本差异当期不处理，就不能从当期经营成果中反映出来，从而减弱了成本和利润指标的灵敏性。

二是逐月结转法。即每月月末将各种成本差异在销售成本、产成品和在产品之间按标准成本比例进行分配，计算产品的实际成本和损益。

三是即期处理法。即每月月末将各种成本差异全部直接转入销售成本或损益中。

第二种和第三种方式都涉及标准成本差异的性质问题。学术界有人认为：成本差异具有资产性质，根据公认的会计原则和税法的有关规定，企业应当以实际成本法反映产品销售成本和存货水平。因此，成本差异的流动必须与实物保持一致，只有销售的产品才应该将其应分摊的成本差异在利润中确认。第二种方式就是这种观点的产物，它既能以实际成本法反映销售成本和存货水平，又能满足企业纳税需要。但是这种做法将使成本核算的工作量大大增加，并且它没有把当期成本控制的成果在当期损益中体现出来，从而给成本和利润的分析造成了困难。

第三种方式则认为成本差异是当期已经发生的损失或收益，是损益而不是资产。人为地把超支作为资产价值追加势必会虚增资产、少计利润；把成本节约作为资产价值的抵减，也必将虚减资产、虚增盈利。另外，从控制角度看，成本差异恰好反映了本期供应部门、生产部门进行成本管理的结果，如果把成本差异直接计入销售成本或损益账户，将有利于分别计算标准成本和实际成本法下的营业利润，从而能够将利润同企业当期生产经营、成本控制的效益直接挂钩，正确反映当期各级管理部门、人员的工作业绩。同时，按照权责发生制的要求，把当期成本计入当期销售成本或损益中，也更有利于收入和费用的配比。

（二）我国的处理

在我国，处理成本差异的方法一般有以下两种：

一是直接处理法。直接处理法是将本期发生的各种成本差异全部转入“主营业务成本”账户，或者转入“本年利润”账户。也就是说，本期发生的成本差异由本期销售的成本负担，并全部从本期主营业务收入中扣减，不再分配给期末在产品和期末库存商品。这种方法的依据是承认标准成本是一种正常成本，产品差异是由不正常的低效率和浪费造成的，应当通过利润表中的利润来体现本期的经营业绩，而且这种处理方法的账务处理过程相对比较简便。但是，如果成本差异的数额较大或制定的标准成本不符合实际的正常水平，则不仅使存货成本严重脱离实际成本，而且还会歪曲本期的实际经营成果，不利于业绩的衡量和评价。因此，这种方法比较适用于成本计算业务量较多、成本差异数额不大、有比较准确的标准成本资料的企业。

二是递延法。递延法是指在会计期末将本期的各种成本差异，按标准成本比例分配给期末在产品、期末库存商品和本期已经销售的商品。分配后，期末的在产品和库存商品反映的都是实际成本，主营业务成本反映的也是本期已销商品的实际成本。本期发生的成本差异应由存货或销售成本共同负担。但是采用这种方法在期末分配成本差异非常复杂，不便于产品成本计算的简化，而且由于在这种方法下各种存货的计价都是实际成本，这就不便于本期成本差异的分析和控制。此外，有些费用计入存货成本不一定合理。例如，闲置能力是一种损失，但并不能换取收益，将其作为资产计入存货成本明显不合理，不如将其作为期间费用在当期参加损益汇总。

需要强调的是，虽然成本差异的处理方法可以针对企业的具体情况自行选择，但要保持一贯性，以便使成本的数据具有可比性。这样才有利于进行成本分析和预测，并能防止信息使用者的误解。

第三节　目标成本控制

一、目标成本控制的原理

目标成本是一种预计成本，是在生产经营活动开始以前依据一定的科学分析或方法制定出来的成本目标。这种预计成本与目标管理方法结合起来用于控制成本的发生和规模，就称为目标成本控制。目标成本控制是一种适用范围很广的控制成本的有效方法，它既可以用于对新产品开发与生产的成本控制，也可以用于标准产品的成本控制；既可以对企业成本的总体进行控制，也可以对某一部分的成本开支实施控制。对于已经投产的标准产品的目标成本控制，标准成本法是一种广泛应用的、比较成熟的方法。这在前文已作专门论述。这里，我们主要讨论新产品开发与生产过程中的目标成本控制，即指企业以市场为导向，在产品投产之前运用价值工程、市场研究等手段达成由产品的可能售价和目标利润决定的最优目标成本，并以目标成本作为主要依据实施成本控制。

目标成本控制体现了20世纪50年代目标管理的思想。目标管理方法强调管理以目标为开始，组织应有明确的总体目标，制定和设置目标由下到上逐级汇总，以确保分目标构成对总目标的支持和保证。在制定、汇总目标的过程中，注重上下级之间就目标设定的充分沟通，上级对下属给以建设性的指导，而目标管理的实施则以自我控制为基础。此外，目标管理要求一定程度的由上而下和由下而上的反复循环，即由上而下分派给下属人员目标，在循环过程中能够积极吸收下级人员的意见，并由下而上汇总，实现对目标的进一步完善和修订。目标管理的最大优点是明确的目标能够起到激励作用，激发广大员工参与目标制定与实施的积极性和自觉性。

目标成本控制是目标管理的一项重要内容,它要求必须以目标成本为依据,对企业的各项成本开支进行严格的限制、监督和指导,力求做到以最小的成本开支,获取最大的经济效益。作为成本开支依据的目标成本,是进行成本比较分析的有效尺度,使用目标成本可以查明生产经营过程中实际成本脱离目标成本的差异与原因,明确有关部门和人员的责任。推行目标成本管理首先应将企业总的目标成本由上而下层层分解,建立起分部门、分层次的目标成本管理体系。纵的方面可以由上而下按总厂、分厂、车间进行分解;横的方面按管理职能进行分解,可以按供销、设计、辅助生产部门、生产部门、行政管理部门进行分解。当然,企业可以根据自身生产工艺及其组织管理的特点选择其他目标分解方式,如:按产品结构分解为总装成本和零部件成本;按产品形成过程分解为产品设计、材料采购、生产制造、产品销售成本。不论怎样,目标成本实施的关键是立足于企业上下各级、横向各职能部门和环节之间的协调配合,使它们围绕一个目标积极努力地做好成本控制工作。

二、目标成本的确定程序

在市场经济条件下,目标成本的确定与传统的定价过程相反。传统的产品定价是先收集市场需求信息,确定产品的具体要求,并据此进行设计、制定制造工艺、确定所耗用原材料和零件的价格,从而估计出产品的成本,然后再加上一定的利润以确定产品的价格。而目标成本的确定则是要在产品设计阶段先根据市场调查制定出目标售价,再根据企业的中长期计划制定目标利润,最后以目标售价减去目标利润即为目标成本。有了目标成本,就可以开始进行设计、筹划和组织生产,并运用价值工程手段,通过产品整体及其零部件的设计和原材料的选择,确保目标成本的达成。

目标成本的确定程序因企业的不同而有所不同,但大体上可以分为四个阶段,即目标成本的初步确定、目标成本的可行性分析、实现目标成本、目标成本的追踪考核与修订目标成本。

第一阶段是初步确定目标成本。在这一过程中,首先根据企业经营目标确定目标销售收入;其次根据企业的经营决策确定目标利润,目标成本可以根据目标售价减去目标利润后的差额来确定。一种产品的总目标成本确定以后,可按成本项目或产品功能细分,以制定每一个成本要素和产品功能的目标成本。

第二阶段是进行目标成本的可行性分析,包括分析目标售价、目标利润和目标成本三个步骤。企业分析目标售价可以有三种方法,即:进行市场调查,调查消费者需要的产品功能和特色及产品的售价;对竞争者进行分析,掌握竞争者产品的功能、价格、产品品质及服务水平等有关资料,并与本公司的产品资料进行对比;公司甚至可以对竞争者的产品进行拆装和重置,了解竞争者的产品中各种零件的功能和特性,估计其生产流程和成本构成。公司在消费者需求研究、竞争者分析以及分析竞争者产品之后,可以通过比较确定自己的目标售价可行性。企业分析产品的目标利润应与企业的中长期目标及利润计划相配合,同时考虑销售、利润、投资回报、现金流量、产品的品质、成本结构、市场需求、销售政策等因素的影响。最后是公司根据本企业实际成本的变化趋势、同类企业的成本水平,充分考虑本企业成本节约的能力,分析目标成本的可行性。

第三阶段是实现目标成本。首先,通过公司目前的产品成本与目标成本相比较,计算出成本差距。然后,通过运用价值工程、成本分析等方法寻求最佳的产品设计,用最低的成本达成顾客需求的功能、安全性、品质等。如果此时计算出的最佳产品设计下的成本仍高于目标成本,则重复运用上述手段寻求最佳成本。

第四阶段是目标成本的追踪考核与目标成本的修订，包括对产品的财务目标和非财务目标完成状况的追踪考核、调查消费者的需求是否得到满足、市价的变化对目标成本有何影响等事项，并根据上述各阶段目标成本的实现情况对其进行修订。

三、目标成本控制：价值工程

当确定了一项新产品的目标成本后，企业需要组成由工程、技术、采购、生产、销售和会计等各方面人员的设计小组，承担产品的设计任务。目标成本控制给设计小组以巨大的压力，迫使他们必须实现目标成本的要求。其中，价值工程是评价设计方案的一种系统性、基础性的方法。

(一)价值工程的含义

构成产品成本的各项费用中，虽然大多数是在产品生产过程中实际发生的，但生产一件产品应该发生哪些费用、数量是多少，在很大程度上是由产品投产前的产品设计所决定的。因此，对产品生产成本的控制，可以在产品的设计阶段，通过对产品的价值工程分析，选择最佳方案并确定相应的最低目标成本。

价值工程是以功能分析为中心，使产品和作业能达到适当的价值，即用最低的成本来实现和创造产品应具备的必要功能的一项有组织的活动。它具有以下三个方面的含义：

第一，价值工程是以最低的成本去实现某产品或作业应具备的必要功能，以使产品和作业达到最佳价值。其中，功能是某项产品所负担的职能或所起的作用。功能首先以满足消费者的需求为前提条件。功能的提高是无限的，但它同时受客户需求和生产成本的制约。价值工程就是要确定产品的必要功能，避免功能过剩(产品功能多于或高于客户的要求)和功能不足(功能达不到客户的要求)现象的发生。成本则是指产品的生命周期成本，即为实现产品的必要功能在整个产品生产和使用过程中发生的成本。价值工程就是在保证产品必要功能的前提下，使其寿命成本最低。这里的价值要从功能和成本的关系上来理解，即产品的功能和成本的比值，它反映了产品物美价廉的程度。产品功能与成本之间的关系如下：

价值＝功能/成本，即 $V=F/C$

或 $V=(F_1+F_2+F_3+\cdots)/C$

其中，V 代表价值，C 代表成本，F 代表产品各组件的功能。

价值工程是根据产品成本和功能的内在联系，通过科学的比较分析，从中找出最佳价值。产品的功能受客户需求的限制，而客户的需求又受产品生命周期成本的制约。因此，开展价值工程既不能脱离客户成本的约束，片面追求高功能，也不能脱离客户的需求，片面追求低成本，造成产品的必要功能不足。价值工程的真正目的在于既实现产品的必要功能，又要降低产品的生命周期成本，追求产品的最佳价值。要实现这个目的，只能从提高功能和降低成本两个方面入手。

第二，价值工程的核心问题是对产品或作业进行功能分析。在产品设计和研制时，着重对产品功能的分析研究，确定实现必要功能最优方案的有效方法。通过功能分析，可以发现哪些功能是客户需要的，哪些功能是不必要的，哪些功能是过剩的，哪些功能是不足的，并在改进方案中提出新的解决方法，去掉不必要的功能，削减过剩的功能，补足不足的功能，从而使产品的功能更加合理，使其既能满足客户需求，保证必要的功能，又能降低产品的生命周期成本。

第三，价值工程作为一整套的科学方法，是运用集体智慧的一项有组织的活动。由于价值工程既要降低成本，又要提高功能，涉及企业经营活动的方方面面，因此，要有效地开展价值工程活动，就需要将各部门的专业人员组织起来，紧密配合，运用各方面的知识，充分发挥集体的力量。

(二)价值工程的程序

价值工程活动就是一个发现和解决问题的过程,它所研究的问题包括:价值工程的对象是什么?它的用途是什么?其成本是什么?其价值是多少?有无实现同样功能的其他方法?新方案的成本是什么?新方案能满足要求吗?通常,价值工程的具体开展包括以下几个阶段:

1. 正确选择对象

企业没有必要对所有的产品或作业都进行价值分析,也没有必要对一个产品的所有零件都进行价值分析,而应该有所选择。一般而言,在设计方面,要选择那些结构复杂、体积庞大、材料昂贵、性能差的产品;在生产方面,选择那些批量大、工艺复杂、原材料消耗高、能源消耗大、成品率低、废品率高的产品;在销售方面,要选择客户意见多、竞争力差的老产品;在成本方面,要选择成本高于同类或功能相近的产品以及成本结构中过高的构成部分。

2. 根据对象的性质、范围和要求,收集可靠的信息

这包括企业的基本情况,如经营方针、产品品种、产量、质量等;有关的技术和经济资料,如本企业或同类产品的结构、性能、加工工艺、材料成本、加工费;客户的有关意见,如客户对产品的要求、使用目的、使用条件以及在使用中的问题;等等。

3. 进行功能、成本和价值分析

首先,要把价值工程的对象所具有的功能细致地加以研究,了解它们的作用。即分析对象在生产过程中所采取的每一流程、每道工序、每种材料和零件对构成产品的最终价值起了什么作用,承担了什么职能,没有它们是否影响产品的使用价值,有无便宜的东西可以代替等。所有这些工作就是给每个分析对象的功能下定义的过程,实际上也是发现问题的过程。其次,就是对已下定义的功能进行分类和整理,即搞清哪些是基本功能,哪些是辅助功能,哪些功能是客户需要的,哪些功能是客户不需要的,哪些是功能过剩,哪些是功能不足,以及各功能之间的关系。通过功能整理可以具体把握需要改进的功能范围,为进一步提出功能改进方案提供依据。最后,要进行功能评价。即针对不同的分析对象进行评价,然后与现实成本相互比较,求出各分析对象的价值系数。功能评价有多种方法,比较常用的方法有评分法和FD法。

(1)评分法。即采用5分制、10分制和100分制按各零部件的重要性打分。例如,改进某部件的三种备选方案,从可靠性、生产复杂性、操作方便、保养难易、重量和安全等方面按10分制评分,如表9—5所示。

表9—5 功能评分

方案	可靠性	生产复杂性	操作方便	保养难易	重量	安全	总分
1	5	10	10	7	4	9	45
2	9	5	8	5	6	4	37
3	9	8	10	8	7	9	51

方案2总分最低,初选淘汰。然后,根据估计成本再作比较,如表9—6所示。

表9—6 估计成本比较 单位:元

方　案	一次摊销费用	直接材料人工费用	总成本
1	30	150	180
3	20	164	184

最后进行价值分析。设方案 1 的成本系数为 100，则方案 3 的成本系数为：

(184/180)×100=102.22

所以，方案 1 和方案 3 的价值系数分别为：

$V_1=45/100=0.45$

$V_3=51/102.22=0.498\,9$

对比后，选择方案 3。

(2)FD 法，即一对一比较法。这种方法是将产品生产的各项作业活动排列起来，一对一地对比，凡功能相对重要的作业得 1 分，次要的得 0 分。然后，将全部作业得分总数除以各项生产作业得分的总计数，即可求得各项作业的功能评价系数。假设某产品由 A、B、C、D、E、F 六种零部件组成，按 FD 法计算功能评价系数，如表 9—7 所示。

表 9—7 **功能比较表**

产品部件	一对一比较结果						得分合计	功能评价系数
	A	B	C	D	E	F		
A	×	1	1	0	1	0	3	3/15=0.2
B	0	×	1	0	1	1	3	3/15=0.2
C	0	0	×	0	1	1	2	2/15=0.13
D	1	1	1	×	1	1	5	5/15=0.33
E	0	0	0	0	×	1	1	1/15=0.07
F	1	0	0	0	0	×	1	1/15=0.07
合计							15	1.00

由上述计算结果可得：D、A、B 三种零部件的功能评价系数较大，说明其功能较为重要，而 E、F 零部件的功能评价系数较小，说明其功能较不重要。

在功能评价系数确定后，应计算各种零部件的成本系数和价值系数。其中：

某种零部件的成本系数=各项作业成本/总作业成本

某种零部件的功能价值系数=全部作业得分/各项生产作业得分总计数

上例中的价值系数和成本降低幅度的计算结果如表 9—8 所示。

表 9—8 **计算结果**

产品部件	现实成本	成本系数	功能价值系数	按功能评价系数分配目标成本	成本降低幅度
A	237	0.237	0.2	180	57
B	168	0.168	0.2	180	−12
C	105	0.105	0.13	117	−12
D	281	0.281	0.33	297	−16
E	76	0.076	0.07	63	13
F	133	0.133	0.07	63	70
合计	1 000	1.000	1.000	900	100

4. 确定最优方案

即根据上述计算和分析的结果，按客户的需求，提出若干具有改进价值的新方案，再把各种方案进行分析和评价后，选择功能不变并使成本更低或功能更高的最优方案。原则上应选择价值系数大于1或小于1的零部件作为改善对象。因为价值系数为1，说明该零部件的功能与成本平衡，不必作为改善对象；价值系数大于1，说明功能重要性大的零部件实际分配到的成本较少；价值系数小于1，说明功能重要性较小的零部件占用了过多的实际成本。因此，可将后两种情况列为提高或降低成本分配的对象。如上例中零部件A、E、F的价值系数都小于1，尤其是F偏低，有降低成本的潜力。

寻求最优的改善方案是价值工程分析的关键，这需要组织各部门集思广益，集中物流、生产、财务、采购部门的人员，一起讨论、评价各方案的可行性。如果测算出的最佳产品成本仍高于目标成本，则要继续重复上述活动。

5. 求出目标成本

即根据筛选出的最优方案进行目标成本的计算，也就是将产品的目标成本按功能评价系数分配给各有关的零部件，算出各作业环节的目标成本，作为对产品成本水平实行有效事前控制的依据。

第四节 成本控制的其他方法

一、作业成本控制

作业成本控制也称作业成本法，是以作业为基础计算和控制成本的方法。

从费用分配的准确性来讲，由于作业成本法采用多样化的分配标准，使成本的归属性得以提高，因此成本信息相对更为客观、真实和准确。从成本控制的角度讲，由于作业成本法的实质是以作业作为确定分配间接费用的基础，引导管理人员将注意力集中在成本发生的动因上，而不仅仅是关注成本计算结果本身，通过对作业成本的计算和有效控制，就可以较好地克服传统成本法中间接费用责任不清的缺点，并且使以往一些不可控的间接费用在作业成本法系统中变为可控，同时通过对作业活动的动态跟踪，可以更好地发挥决策、计划和控制的作用，以促进作业管理的成本控制水平不断提高。因此，作业成本法不仅是一种成本计算方法，更是一种成本控制和企业管理的手段。

二、质量成本控制

所谓质量成本，是指企业为保持或提高产品质量所支出的一切费用，以及因产品质量未达到规定水平所产生的一切损失。

（一）质量成本的构成

质量成本通常包括两方面的内容：一是预防和检验成本，二是损失成本。

预防和检验成本也是由两部分构成的：预防成本和检验成本。所谓预防成本，是指为保证产品质量达到一定水平而发生的各种费用，如质量计划工作费用、新产品评审费用、工序能力研究费用、质量审核费用、质量情报费用、人员培训费用和质量奖励费用等。所谓检验成本，是指为评估和检查产品制造质量而发生的费用，如进货检验费、工序检验费、产品检验费、破坏性试验的产品试验费用和检验设备的维护、保养费用。

损失成本包括内部质量损失和外部质量损失两部分。所谓内部质量损失，是指生产过程中因质量问题而发生的损失成本，包括产品在生产过程中出现的各类缺陷所造成的损失，以及为弥补这些缺陷而发生的各类费用支出，如报废损失、返修损失、复检费用、停工损失、事故分析处理费用和产品降级损失等。所谓外部质量损失，是指产品销售后因产品质量缺陷而引起的一切费用支出，如支付用户的索赔费用、退货损失、保修费用和折价损失等。

与质量有关的预防和检验成本以及损失成本是两类不同性质的成本。预防和检验成本属于不可避免成本，随着产品质量的不断提高，这部分成本将会不断增大；损失成本则属于可避免成本，随着产品质量的不断提高，这部分成本将逐渐降低，产品质量的高低通常以产品的合格率来表示。

（二）质量成本控制程序

(1)确定最优质量成本，并以此作为质量成本控制的总目标。最优质量既不在质量最高时，也不在质量最低时，而是在使质量成本所有四项内容之和最低时的质量水平上。

(2)建立健全质量成本管理的组织体系。有了质量成本的控制标准，还应建立健全质量成本管理的组织体系，以确保目标的实现。由于质量成本涉及企业的诸多部门，如供应、生产、销售、质检、财会等部门，因此必须划分责任，归口管理。

(3)应坚持预防为主的方针。在质量成本控制中，为保证一定的质量水平，应适当地增大预防检验成本占质量成本的比重，这样可减少事故成本的发生。

(4)计算和分析质量成本差异。企业应及时计算实际质量成本脱离预算的差异，并对此分项逐一进行分析，寻找原因，以采取相应措施加以控制。

（三）最佳质量成本模型

尽管现实中，在两类不同性质的质量成本（预防、检验成本和损失成本）之间找到最优的平衡点是相当困难的工作，但在理论上，最优质量成本水平确实是存在的。确定最佳质量成本的方法可参考合理比例法进行。

合理比例法是根据质量成本各项目之间的比例关系，确定一个合理的比例，从而找出质量水平的适宜区域，而不是确定最优质量成本点。因为达到某一点的合格品率不易保持，而使合格品率在某一范围内还是容易做到的。

此法将质量总成本曲线分为三个区域：改善区、适宜区和至善区，如图 9－1 所示。

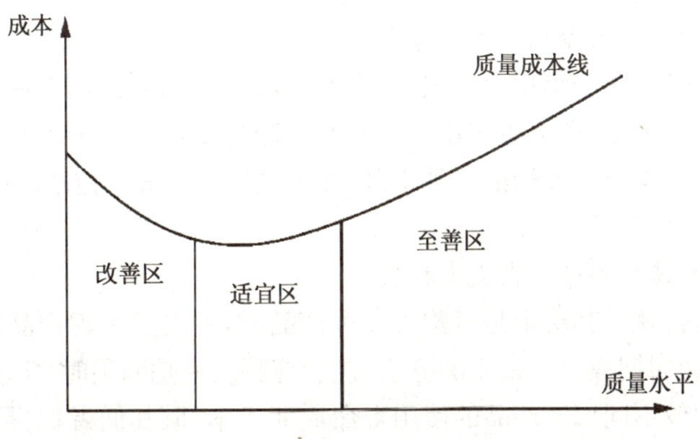

图 9－1　质量总成本曲线

如果产品质量处于改善区，说明产品质量水平较低，损失成本高，这为企业敲响了警钟，企业应尽快采取措施，追加预防和检验费用的支出，尽可能地提高产品质量；如果产品质量处于至善区，说明产品质量水平很高，甚至超过用户的需要，出现了不必要的质量成本损失，此时也是不可取的。理想的质量水平区域是适宜区，在这一区域内，质量适当，成本低，效益高。

成本质量诸项目间，客观地存在着一个合理的比例，当达到这一合理比例时，质量水平处于适宜区。有关研究者对制造企业平均水平的研究发现：一般而言，在质量成本中，预防成本占10%左右；检验成本占30%左右；损失成本占60%左右。我国一些企业的实践证明，这个比例基本上具有代表性。当然，我们不能对此作绝对化理解，还应根据企业自身的具体情况来确定。

三、使用寿命周期成本控制

(一)使用寿命周期成本的含义

当今社会，企业只关心产品成本的控制是不够的，还必须从用户的角度来研究和分析使用成本的影响，也就是要研究使用寿命周期成本的控制。所谓使用寿命周期成本，也称使用成本，是用户为取得并实现所需产品或劳务的功能所付出的代价。

目前，西方国家比较重视使用寿命周期成本的研究，因为客户要求生产厂商报价时，不仅要报原价，还要报使用寿命周期成本，提供产品的能源消耗、排污标准、保修期以及大修理周期等参数。另外，购买单位处理报价投标时，往往以寿命周期成本为准，而不是以售价为准。因此，企业要想在日趋激烈的竞争中站稳脚跟，求得发展，必须重视产品使用寿命周期成本的研究与控制。

(二)使用寿命周期成本的内容

使用寿命周期成本包括原始成本和运行维护成本两部分。原始成本是指设计成本、开发成本和生产成本；运行维护成本是指售后的与使用该产品有关的消耗成本及维修成本、保养成本等。可见，运行维护成本是生产成本的补充。一般来说，运行维护成本的高低，常常反映产品的功能或质量的好坏。凡是质量高、功能好的产品，其运行维护成本就低，而其使用寿命周期就长；反之，质量低、功能差的产品，其运行维护成本必然高，其使用寿命周期相对也短。因此，企业要在激烈的竞争中立于不败之地，不仅要考虑产品的物美价廉，而且还要研究运行维护成本的降低问题。运行维护成本的降低是一个综合性问题，它牵涉产品的许多方面，如产品的功能、产品的质量等。企业可以从生产者和使用者两个不同的角度对此加以控制。

(三)生产者角度的使用寿命周期成本控制

从生产者的角度，就是一切为用户着想，千方百计降低产品的使用寿命周期成本，减少用户的支出，从而达到扩大销量、争取更多用户、增加利润的目的。需要注意的是，对于生产者来讲，控制使用寿命周期成本只是促销的一种手段，而不是像产品成本控制那样纯粹为了控制成本。

(四)使用者角度的使用寿命周期成本控制

从使用者角度而言，就是其决定是否购买一种产品时，不仅要考虑产品的售价，而且还要考虑该商品的使用寿命周期成本。采用的分析方法有两种：一是购买时，要求厂家提供使用寿命周期成本的资料，比较不同厂家产品的使用寿命周期成本，取其低者；二是将发生在使用期内不同时点上的运行维护成本分别折现，计算出可供选择产品的现值成本，然后进行比较，择其低者。

四、利用ERP进行成本控制

ERP(Enterprise Resource Planning)又称企业资源计划系统，是指建立在信息技术基础上，结合系统化的管理思想，为企业决策层及员工提供决策手段的管理平台。

ERP系统集信息技术与先进的管理思想于一身，反映时代对企业合理调配资源、最大化地创造社会财富的要求，成为企业在信息时代生存、发展的基石。ERP是整合了企业管理理念、业务流程、基础数据、人力物力资源、计算机硬件、软件和网络资源于一体的企业资源管理系统。

ERP将企业内部所有资源整合在一起，对采购、生产、成本、库存、分销、运输、财务、人力资源等进行规划，以达到最佳资源组合，取得最佳效益。因此，利用ERP这个工具，可以帮助企业在生产运营的各个环节，如采购、生产、库存、销售和资金运作等方面控制成本。

(一)采购成本

利用ERP控制采购成本，就是要把整个采购过程公开化、透明化、制度化。利用计算机网络，把不同供应商的报价收集在一起，企业的领导者很容易地调出同一产品不同供应商的报价；同时，建立起对不同供应商的同一产品的质量统计分析，由企业的检验部门、技术部门、供应部门做质量检验。

(二)生产成本

利用ERP控制生产过程的成本，目前大多数ERP提供商所提供的软件主要是控制次品率和物料的消耗。首先，对于控制次品率，先要设定一个废品率，要有一个计划指标，如果实际废品率是计划成本控制之下的，就没有问题。而控制次品率的方式就是利用ERP明确哪一个人在哪段时间生产了哪批产品，以明确该生产者的责任，加强其责任心。其次，利用ERP控制物料耗用。有了物料需求计划，各个环节都有详细的物料清单，对于将要生产多少产品、需要多少原料很清楚，可以有效地避免生产环节的物料浪费。

(三)库存成本

利用ERP可以解决从原材料库存、半成品库存到产成品库存整个库存环节的成本控制问题。有了ERP,使得及时系统在生产环节和库存管理的应用成为可能。及时系统的核心思想就是企业所需物料或产品在恰恰需要的时间、地点和正好需要的数量及时到位。这里需要考虑安全库存和提前期两个因素。如果可以忽略这两个因素的话，就能够达到理想的零库存境界。ERP可以按照生产的节拍和节奏计算出来加工批量，并计算出前一个工序在什么时候该把一个批量给下一个工序。这样一来，整个库存结构将是非常合理的。

国外有一些大型的龙头企业把物料需求计划公布给其主要合作伙伴，让供应商按照其物料需求计划安排生产计划。在忽略安全库存的前提下，大买家的原材料库里是零库存，供应商的产成品库里也是零库存，这样大家的库存与资金占用都下降了。在整个供应链上，如果库存与资金占用都下降，终端产品的价格就可以下降，大型生产厂商的竞争力就会增强。这样，企业与企业之间的竞争，就会演变成供应链与供应链之间的竞争。供应链所得到的好处，是一个企业得不到的，几个企业形成供应链，才能做到将成本压到极限。

(四)销售成本

利用ERP进行销售成本控制也是遵循了计划和控制的思想。利用ERP不仅可以更有效地控制和管理应收账款，还可以对销售网络中各网点的库存结构进行动态管理。对于不能按照计划收回的应收账款，ERP系统马上产生一个信息，来控制管理过程，促使应收账款的收回。另外，很多行业都存在分销问题，也就是产品放在分销网点销售。如何把分销网点的库存结构控制好，是企业控制销售成本的关键。当网点多，产品系列、品种和规格很多时，仅仅依靠人工很难把握销售网点的库存结构，况且网点的销售和库存是动态的，必须有 ERP 系统帮助控制。

（五）生产环节的资金运作

生产环节的资金运作也可利用 ERP 进行管理。利用 ERP 可以计划在什么时间，将要购进什么原材料或产品，使得提前的时间正好够用，并且支付利息的时间尽量地短。有些 ERP 软件供应商提供的软件能够做到工序级的管理，使企业通过 ERP 很清楚地知道企业计划要支出的费用，可以使企业对资金的需求计算得更精确，减少企业在资金上不合理的占用，降低财务成本。

总之，企业根据自身的情况，分阶段、分级别地使用 ERP 工具，即使不能达到那种供应链零库存的境界，至少也能在不同程度上控制成本。

本章小结

成本控制既是企业预算控制的基础和关键，又是现代成本管理的核心；标准成本控制包括事前制定标准成本、事中进行预算控制、事后开展差异分析；目标成本控制主要是利用价值工程、市场研究等手段达成由产品的可能售价和目标利润决定的最优目标成本，并以目标成本作为主要依据实施成本控制。

关键概念

标准成本　理想标准成本　现实标准成本　正常标准成本　成本差异
目标成本　价值工程　质量成本控制　使用寿命周期成本控制

讨论及思考题

1. 标准成本控制的内容和程序是什么？

2. 如何进行标准成本的差异计算与分析？

3. 如何理解标准成本法既是一种成本计算方法，又是加强成本控制、评价企业经营业绩的一种成本控制制度？

4. 目标成本控制的内容和程序是什么？

5. 价值工程基本公式中的“成本”、“价值”、“功能”都有什么特定的含义？

第十章　责任会计

【本章要点提示】

- 掌握分权管理
- 掌握责任中心划分的依据和作用
- 掌握成本中心及其业绩评价
- 掌握利润中心及其业绩评价
- 掌握投资中心及其业绩评价
- 掌握内部转移价格

【本章内容引言】

国际经济的迅速发展和商业竞争的日益激烈，使得传统的集权管理模式无法满足迅速变化的市场需求，分权管理成为组织管理的发展趋势。然而分权管理模式中也存在着目标分化等缺陷，这就需要企业内部建立一套有效的控制制度来配合分权管理模式的实施。这就是责任会计制度。

责任会计制度是按授权范围的大小将企业内部划分为不同的责任单位，明确其权、责、利，以责任预算、责任控制和责任考核为内容的一整套内部控制系统。责任会计制度的实施有利于贯彻经济责任制，并对各责任单位进行有效的激励。

责任中心可以划分为成本中心、利润中心和投资中心等形式，不同的责任中心都具有自身的考核和评价方法。为了公正合理地对各责任中心进行业绩评价和考核，企业需制定合理的内部转移价格。

第一节　责任会计概述

一、分权管理与责任会计

(一)分权管理

第二次世界大战结束以来，世界经济迅速发展，商业竞争日益激烈，企业规模也越来越大，一大批集团型企业在世界各地相继出现。企业规模的扩大，一方面由于资源的整合与管理协同效应的发挥，提高了企业的核心竞争能力；但另一方面也使企业内部经营管理复杂化。在这种形势下，传统的集权管理模式由于其决策集中、应变能力差，无法满足迅速变化的市场需求，分权管理模式的出现在一定程度上修正了集权管理的缺陷。

所谓集权管理，是指企业将决策制定权高度集中，决策问题自下而上地传递给企业最高管理者，由其作出最优决策，并布置下级单位负责执行的一种企业组织管理模式。集权管理可以保证企业总体发展目标的顺利实施，可以防止资源的浪费；但其对市场变化的敏感性很差，权力过度集中致使无法调动各级单位的工作积极性。

所谓分权管理，是指企业将决策制定权在不同层次的管理人员之间进行适当划分，并将决策权随同相应的经济责任下放给不同层次的管理人员，使其对日常的生产经营活动进行及时决策，以适应市场变化需求的一种企业组织管理模式。

分权管理的主要优点是：

(1)有利于提高企业的市场竞争能力。分权管理，就是将企业整体划分为不同层次的管理部门，确定各部门的负责人，并明确其拥有的决策权，鼓励其进行决策的一种管理方法。这种做法将各个部门推向了竞争激烈的市场环境，使其可以直接对市场波动作出迅速有效的反应，及时制定应对措施、作出正确决策，其结果就是使企业发展与市场发展保持一致，提高了企业市场竞争能力，加强了对各个部门日常经营活动的控制力度。

(2)有利于高层管理者提高工作效率、从事战略决策。高层管理者是企业最有价值的人力资源，如果将他们的精力放在为下级部门进行日常经营管理决策的话，是对资源的最大浪费，也会对企业的战略发展造成不利影响。在分权管理模式下，高层管理者将日常管理工作下放给各级部门分别处理，可以将其从日常经营决策中解脱出来，把有限的精力集中在企业政策性和战略性的决策上来，为企业未来的发展作出长远规划。

(3)有利于发挥企业的激励机制。在分权管理模式下，通过赋予基层管理者一定的决策权，使他们在工作中充分发挥自己的才华，实现个人的价值，有利于激发这些人的工作积极性，创造出有效的激励机制。

(4)有利于人才培养。分权管理能为企业基层管理者提供大量的决策和管理机会，有利于基层管理人员提高管理能力和管理技能，积累管理经验；也有利于企业高层管理者有效考核基层管理者的管理水平，发现和培养人才，为企业创造良好的管理梯队。

分权管理一般被大型的企业所采纳，它有一定的优越性，却也存在缺陷：一是分权管理缺乏目标一致性。各个分权单位由于注重自身局部利益和短期利益，就会牺牲企业的整体利益或长期利益，从而削弱了各分权单位之间的整体协作观念，产生目标不一致的问题。二是分权管理增加了信息成本和代理成本。分权管理过程中，信息的反复传递会增加信息不对称所产生的信息成本，也会增加因委托代理关系而存在的代理成本，这些因素会干扰企业高层管理者作出正确的战略决策。

(二)责任会计

为了防止分权管理的缺陷，必须严格推行“经济责任制”，在责、权、利相结合的基础上，协调各方面的关系，以保证经营目标的一致性。20世纪60年代后，一些西方企业为顺应这种管理要求，一种有效的控制制度不断发展和完善起来，即责任会计。具体措施是：根据企业赋予各级单位的权利、责任以及对其业绩的范围和评价方式的不同，将企业划分为各种不同形式的责任中心；建立以各种责任中心为主体，以权、责、利相统一为特征，以责任预算、责任控制、责

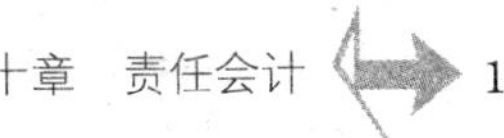

任考核为内容的系列结构，并通过信息的积累、加工和反馈形成一整套的企业内部控制系统，即为责任会计制度。

二、责任会计制度的作用及遵循原则

（一）责任会计制度的作用

1. 有利于贯彻企业经济责任制

企业经济责任制是在国家政策的指导下，以提高企业经济效益为目的，责、权、利相结合的，国家、企业、个人利益相统一的，职工劳动所得与劳动成果相联系的生产经营管理制度。责任会计要求把经济责任落实到各基层单位，划清各单位的责任，并通过会计资料的计量考核各单位的经营成果。无论责任会计的原则还是其内容，都体现了经济责任制的要求。同时，企业责任会计制度的建立，使各级经营机构不仅在业务上承担了一定的经济责任，而且使它们有了各自的预算或标准成本。这样就便于分析各级人员的实际工作成绩，把他们的工作成绩与预算的差异进行分析比较，分清经济责任的归属。这为进一步改变企业长期缺乏主动性和活力、职工缺乏积极性和责任感的被动局面创造了极为有利的条件。

2. 有利于实现企业总体目标

按责任会计制度的要求，企业必须定期编制责任报告，而责任报告的内容采用链条形式，即以企业最低管理层次为起点，逐级向上汇编，直至最高管理层次。这样，各种数据环环相扣、逐级汇总，形成一条“责任链条”，为企业完成总体目标创造了有利条件。

3. 有利于加强成本控制

责任会计制度的一项重要内容就是建立一套完整的记录、计算、积累有关责任成本的核算方法，加强对可控成本的控制。

4. 便于及时反馈经济信息

实行责任会计，可以使业务部门及有关责任者及时了解其责任履行情况，检查是否达到目标，及时进行信息反馈，总结经验，及时发现和解决生产经营过程中的问题，以达到或超过预期目标。

5. 有利于按例外管理原则进行管理

责任会计制度的实行，使各级管理人员明确了自己的责任区域。高层管理人员不必把精力分散在各个细小的部门和单位中的具体事项上，而是集中精力处理更重要的问题，特别是研究企业的未来发展，以保证企业在激烈的竞争中生存并发展下去。

6. 有利于充分发挥激励职能

责任会计的理论基础中包括了组织行为学，按照行为科学理论，责任会计制度的建立可以明确各责任单位和责任人员的经济责任及其享有的权利，从而激发员工内在的积极性和创造性，努力实现企业目标。

（二）责任会计遵循的原则

责任会计是一种管理活动，它以企业内部各责任单位为基础，以保证企业计划的顺利执行和不断提高经济效益为目的，主要利用价值形式对企业内部生产经营活动过程中的耗费、占用和成果进行核算和控制。尽管各企业实施责任会计制度的具体做法可能不尽相同，但都应遵循以下几项基本原则：

1. 目标一致性原则

责任者权责范围的确定，责任预算的编制和责任者成绩的评价、考核，可以促使责任者为企业总目标的实现而努力工作,保持各责任中心的目标同企业总目标一致,以及责任者的利益同企业整体利益一致,防止各责任者偏离企业总目标而各行其是,以致损害企业的整体利益。

企业在实行分权管理的情况下,往往会出现各职能部门、各车间的局部目标同整个企业总目标的差异性,这时就需要各个职能部门以各车间以及企业的总体目标为主,协调完成企业的总体目标,否则企业总目标将难以实现。要制定合适的考核标准,而标准的高低直接影响到总体目标的完成。为此,要选择综合性的考核标准,以避免由于实行单一标准而造成企业内部各责任实体只重视某一方面的情形。责任指标的综合性可以避免责任实体只顾眼前利益的做法,能够比较全面地反映责任实体所承担的经济责任。

2. 可控性原则

可控性原则是指上级对下级的考核应只限于下级所能控制的活动或因素。例如,在一个成本中心中,能为这个责任中心所控制、对其工作好坏产生影响的成本,属于可控成本,否则就是不可控成本。对于这个责任中心来说,其成绩的好坏应由其可控成本作为考核和评价的主要依据,不可控成本仅有参考意义。可控成本原则意味着,只要下级努力工作,他就能达到控制目标的要求,因为这些目标的完成情况完全受其行为的影响或控制。反之,如果在责任中心引入不可控指标时,被控对象完成指标的积极性就会受到影响。从这一意义上来看,可控性原则实际上隶属于下文提到的激励原则,但由于这一原则在责任会计中运用广泛,因而值得专门提出。

3. 激励原则

为责任中心确定了符合企业整体利益的目标以后,还要促使各责任中心以最大的努力来完成目标,也就是说对被控对象进行有效的激励。激励过程是一个非常复杂的行为过程,激励的大小取决于多种因素的综合作用,所以责任会计也就是通过对人的行为的激励来发挥作用的。

在责任会计中,控制目标的难度和达到目的后的奖励是影响激励的两个重要因素。一般来说,这两个因素对激励的影响是反方向的。随着目标难度的增加,被控对象的积极性可能会下降,当目标的难度超过一定限度时,被控对象也就没有积极性去完成目标;反之,随着完成目标后奖励的增加,被控对象的积极性就会提高。所以,在设计责任会计制度时,我们可以通过这两个因素的选择和组合来改善对各责任中心的激励。

4. 灵活性原则

责任会计制度要在瞬息万变的经营环境中保持其控制效能,必须具有灵活性。首先,责任范围要按经济业务的内在联系划分,把责任细分为几层具体的工作,而不能搞行政分割;否则,一旦环境变化,职责划分又不能及时调整,就会出现新工作或新问题无人负责的现象。其次,责任的考核应将价值指标与非价值指标、长期效益指标与短期效益指标、定性指标与定量指标等多种类型指标相结合,并把会计核算、统计核算和业务核算紧密结合进行责任核算,这样才能适应企业内部管理的需要。

5. 及时反馈原则

贯彻责任会计制度还需要有反馈执行情况的信息传递系统,应该有一个良好的记录和报告制度,使生产业务部门及责任者能及时了解各自的预算情况,并对责任预算进行对比分析。这样,一是可以使责任者正确了解经过自己努力所取得的成绩,以及存在的问题,使领导者不失时机地得到这类信息,恰当地使用权力,调整责任中心的经济活动。二是通过信息反馈,可以使责任者及时了解信息范围内到底出现了什么难题,依靠自身的力量,对环境变化所产生的影响及时地化解。三是通过准确、可靠、及时地反馈经济信息,使企业领导者能作出恰当的决策。信息反馈原则要求经济活动的报告要及时,间隔期尽量短一些,数据要可靠,但不要求过分精确,以减少工作量。

6. 例外管理原则

例外管理也是一项重要的管理原则。企业生产经营活动的多样性和复杂性,以及外部环境的经常变化、管理基础的强弱不同、管理人员的素质高低不一,都不可避免地使责任单位的执行结果与企业的责任预算发生差异。作为企业最高层次的领导者,就要根据差异的不同情况区别对待。如果产生的差异对企业的目标有很大影响,这就要求高层领导者进行仔细的分析和评价,找出问题的症结所在,以保证企业在竞争的条件下生存和发展。因此,实行例外管理是必要的。这是因为,首先,作为一个规模日益扩大、管理日益复杂的企业,其最高层管理者没有必要也不可能对一些日常的事务性工作样样都抓,都放在重要的位置上;其次,现行的会计制度还不能明显地指出和控制某种例外差异的产生,会计资料只是反映执行结果与预算目标的差异,这种情况就需要企业实行例外管理,并能为之建立与其相适应的会计制度。

实行例外管理,要避免混淆计划制定差异和计划执行差异,因为造成这两种差异的原因不同,即前者由计划部门造成,后者由执行单位造成。企业高层管理者要根据不同差异采取不同的方法来处理。

三、实施责任会计制度的基本程序

(一)划分责任中心,确定责权范围

企业实行分权管理,逐级下放权责,所属各部门就成为许多责任中心。所谓责任中心,是指由一个主管人员承担责任并具有相当权力的内部单位。这里所说的责任,是指责任中心的管理人员对其职务范围内所发生的管理费用和工作成果应负的经济责任。实行责任会计,要合理划分责任中心。要按照管理可以明确分工、责任可以辨认、成果可以单独考核的原则,把整个企业划分为若干责任中心。虽然企业的生产经营活动是一个有机整体,一个管理人员的成绩往往受到其他人员工作状况的影响,不易完全划分清楚,但为了贯彻责任制度,对每个人的权责应尽可能地明确规定。

(二)编制责任预算,确定各责任中心的业绩考核标准

企业通常都编有预算,以财务形式来表示一定时间的计划和目标。通常,预算是分别按销售、生产、采购、人工、财务等职能以及资本支出等来编制的。通过上述各种预算来确定预期的本期经营成果(利润)和期末财务状况。实行责任会计时,要求按照各责任中心编制预算,将企业的全面预算所确定的目标和任务进行层层分解,为每一责任中心确定相应的责任预算,其目的是使各责任中心的管理人员明确应负的任务和应控制的事项,这种预算称为责任预算。责任预算和一般预算可以并行实施,因为它们只是从不同的角度来计划企业的经济活动,最后达到同样的目标,即预期的经营成果和财务状况。事实上,并不要求编制两套预算,而是在同一套预算中既按产品和生产经营过程规定目标,也同时按责任中心来规定目标,各自发挥不同的作用。

责任预算规定各责任中心的目标后,应在经营活动开始前将目标下达给各责任中心的负责人,使他们按预算来控制本部门的经营活动。在责任中心体制下,对实际发生业务的记录,要按责任中心来汇集和分类,即对收益和成本费用按责任中心设置明细账。此外,为了明确责

任起见，应尽量避免收益和费用的分配计算。在必须分配共同费用时，要根据责任归属采用合理的分配方法，拟定适当的结算价格，以防转嫁责任。

(三)编制责任报告，反映各责任中心预算的完成和执行情况

一个良好的报告制度，应具有相关性、适时性和准确性。

相关性，是指报告的内容要适合各级主管人员的不同需要，只列示他本人控制范围内的有关数据，即既要照顾资料的完整性，也要明显区分可控部分和不可控部分。

适时性，是指报告的时间要适合报告使用人的需要。一般来说，下级管理人员要求的报告要及时，并且有较高的报告频率，高级管理人员则与此相反。总之，既要满足控制的要求，又要保持合理的成本。

准确性，是指报告的信息要有足够的准确性，保证评价和考核的正确性，而不是要求绝对精确。影响报告准确性的主要因素，不是计算的精度，而是原始资料的真实可靠性以及计算方法的科学性。

责任中心及其责任预算一经确定，各责任中心就要相应地建立完整地记录与计算相关责任执行情况的信息系统，并定期编制业绩报告。各责任中心所编制的责任报告要完整、客观、及时地反映本中心责任的完成情况和执行情况。

(四)进行业绩评价与考核

通过对各责任中心责任报告中的实际数与预算数进行对比和差异分析，可以对各责任单位的工作业绩和经营效果进行客观的评价和考核。再根据制定的奖惩制度对各责任单位进行有效的优奖劣罚，以保证经济责任制的贯彻执行。这套奖惩制度要客观、公正，最大程度地调动每个责任人的积极性，充分发挥责任会计制度的激励职能。

四、责任中心的特征及应具备的条件

责任中心是具有一定管理权限，并承担一定经济责任的企业内部独立核算的特定部门，其基本特征是权、责、利的结合。具体地说，责任中心具有如下特征：

(1)拥有与企业管理目标相协调且与其管理职能相适应的经营决策权，使各责任中心能在最恰当的时刻对企业遇到的问题作出最恰当的决策。

(2)承担与其经营决策权相适应的经济责任。

(3)建立与责任相配套的利益机制。这是激励管理人员和所有职工工作热情和积极负责态度的有效手段。

(4)各责任中心的目标要与企业整体目标协调一致。企业将经营决策权授予各级管理人员时，实际上就是将企业的整体目标分解成各责任中心的具体目标。

责任中心应具备如下四个条件：

一是有承担经济责任的主体——责任者。

二是有确定经济责任的客观对象——资金运动。

三是有考核经济责任的基本标准——经济绩效。

四是具备承担经济责任的基本条件——职责、权限。

以上四个条件缺一不可。不具备这些条件的单位或个人，不能构成责任中心，不能作为责任会计的基本单位。

根据责任中心的权责范围以及业务活动的特点的不同，可将企业生产经营上的责任中心分为成本中心、利润中心、投资中心三大类。每一类中心都具有各自的特点，据此确定相应的

业绩评价、考核重点。

第二节　不同类型责任中心的责任会计及其特点

一、成本中心

(一)成本中心的含义

成本中心是指那些只发生成本而无收入来源的责任中心。这类责任中心不对外销售产品,无销售收入产生;只有成本和费用发生;只能对成本和费用实施控制;只需对成本负责,不需对收入、收益或投资负责。

成本中心的目标是在保质、保量地完成生产任务或搞好管理工作的前提下控制和降低成本。

成本中心是责任中心中层次划分最具体的一种责任中心,成本中心应用范围最广,是实行责任会计应设置的最基层的责任单位。任何对成本负有责任的部门都是成本中心,一个企业的车间、工段、班组、个人等都可以成为一个成本中心。

按照投入—产出关系,成本中心可以划分为标准成本中心和费用中心。

标准成本中心又称技术性成本中心,是指生产产品或提供劳务的责任中心。标准成本是指成本发生的数额可以通过技术分析相对可靠地估计、测算出来的成本,如直接材料、直接人工等成本。标准成本中心的主要形式是企业的生产车间或部门。

费用中心又称酌量性成本中心,是指投入产出关系不密切的责任中心。如企业的行政管理部门和研究开发部门,这些部门的费用如广告费、管理费、咨询费等一般通过预算的编制加以确定。

(二)成本中心的特点

责任会计是围绕责任中心来组织、以各个责任中心为对象进行有关资料的收集、整理和分析对比的会计制度,所以,成本中心的成本具有自己的特点,与一般所说的完全成本计算法下的产品成本有所不同。具体体现为两个方面:

1. 成本中心所计算考核的是可控成本

可控成本是指能为责任中心所控制,受其工作好坏所影响的成本。一般来讲,可控成本应同时符合以下三个条件:

(1)责任中心能够通过一定的方式了解将要发生的成本;

(2)责任中心能够对成本进行计量;

(3)责任中心能够通过自己的行为对成本加以调节和控制。

凡不符合上述三个条件的,即为不可控成本,其一般不在成本中心的责任范围之内。

实践表明,区分成本是否可控并不容易。成本的可控性是相对的,它与责任中心所处管理层次的高低和控制范围的大小是直接相关的。成本划分为可控成本与不可控成本必须以特定的责任中心、特定的期间和特定的权限为前提。具体表现在以下方面:

(1)某项成本从某一个责任中心看是不可控的,而对于另一个责任中心则是可控的。例如,材料单位变动成本形成的成本差异,对于负责材料采购的责任中心来说是可控成本,而对于耗用材料的责任中心而言,则是不可控成本;又如,新产品的试制费用,对于生产部门来说往往是不可控成本，而对于开发设计部门来说则是可控成本。

(2)某些费用从较短期间看属于不可控成本，如直线法下的固定资产折旧、长期租赁费等；从较长的期间看，又成为可控成本。

(3)成本的可控性也因不同级别决定问题的权力大小而不同。例如，生产车间发生的折旧费用对于生产车间这个成本中心而言属于可控成本，但对于其下属的班组这一层次的成本中心来说，则属于不可控成本。又如，广告费、研究试验费是由最高层决策的，对于有关高层管理部门来说属于可控成本；而各基层单位只能在规定的限额内具体掌握使用，这些费用不能由具体使用单位自行增减，所以对基层单位来说属于不可控成本。

2. 成本中心所计算考核的成本是责任成本

责任成本是以某一特定的责任中心为对象，所归集的属于该责任中心的所有可控成本。对一个成本中心进行业绩考核时，其内容并非是所有成本，而是以可控成本为依据的责任成本。

责任成本与产品成本的区别主要表现在以下方面：

(1)核算的目的不同。责任成本的核算目的是对责任中心实行管理控制；产品成本的核算目的是按照会计准则确定期间损益和存货成本。

(2)成本核算对象不同。责任成本以特定的责任单位为成本核算对象；而产品成本以特定的产品为核算对象。

(3)核算的范围不同。责任成本核算的范围是各责任中心的可控成本；而在完全成本计算法下，产品成本的核算范围是生产产品所发生的全部费用。

(4)成本归集的原则不同。责任成本法是按可控性原则将成本归集于不同的责任中心，是“谁负责，谁承担”；而产品成本是按收益原则归集和分摊费用，是“谁受益，谁承担”。

(三)成本中心的业绩考核

由上述成本中心的特点可见，成本中心控制考核的内容是责任成本。对成本中心进行业绩评价时，应以其可控成本作为评价和考核的主要依据，不可控成本仅作参考。

成本中心的业绩报告通常是按成本中心中可控成本的各明细项目列示其预算数、实际数及两者的成本差异数。成本中心中发生的不可控成本有时也可列示作为参考资料，让成本中心负责人全面了解与其有关的成本。

根据成本中心的业绩报告，可以进一步对成本形成的原因和责任进行剖析，充分发挥信息的反馈作用，有助于各成本中心积极有效地采取措施、巩固成绩、消除缺点，促使其可控成本不断降低。对于各成本中心发生的不可控成本，一般有两种处理方式：一是全部省略，不予列示，以便突出重点；二是作为业绩报告的参考资料，以便管理者了解各成本中心在一定期间消耗的全貌。

成本中心进行业绩评价时，也可以使用专门的评价考核指标。成本中心的主要考核指标包括：

成本降低额＝预算成本(目标成本)－实际成本

成本降低率＝成本降低额/实际成本×100%

成本中心业绩报告的基本形式见表10－1。

表 10—1　**成本中心的业绩报告**　单位:元

项　目	预算数	实际数	成本差异
本中心可控成本:			
直接材料	30 000	30 900	900(不利)
直接人工	14 000	14 300	300(不利)
管理人员工资	12 000	12 500	500(不利)
设备维修费	8 600	8 000	600(有利)
其他	1 000	500	500(有利)
小计	65 600	66 200	600(不利)
本中心不可控成本:	—		
设备租金	—	51 700	
厂房折旧	—	88 000	
其他	—	2 000	
小计	—	141 700	
合计	65 600	207 900	—

通过观察成本业绩报告(表 10—1),也可对成本中心业绩评价的相关指标进行计算。

二、利润中心

(一)利润中心的含义

利润中心是指对利润负责的责任中心。由于利润是收入扣除成本以后的差额,所以利润中心既对利润负责,也对收入和成本负责。利润中心是比成本中心和收入中心更高一级的责任中心。这类责任中心一般是指拥有产品或劳务生产经营决策权的企业内部部门,如分公司、分厂等。这些部门的管理人员对于生产和销售负责,有权进行各种短期经营决策。例如,如何利用现有生产能力选择产品品种、如何进行生产组织、如何定价等。与成本中心相比,利润中心的权力更大,同时责任也更重大。

利润中心按其产品或劳务是否直接对外销售分为自然利润中心和人为利润中心两种。

自然利润中心是指该中心的产品和劳务可以直接在外界市场上进行销售,取得实际收入,形成实际利润的利润中心。自然利润中心的生产经营活动具有较大的独立自主性,这类利润中心本身直接面向市场,具有产品销售权、价格制定权、材料采购权和生产决策权。它虽然是企业内部的一个部门,但其功能同独立企业相近。例如,公司内部的事业部,每个事业部均有销售、生产、采购的功能,具有很大的独立性,能独立控制成本、取得收入。

人为利润中心是指该中心的产品或劳务不能直接对外销售,只能对企业内部各责任中心销售,取得的收入为“内部销售收入”的利润中心。人为利润中心的设立应具备两个条件:(1)该中心可以向企业内部的其他责任中心提供产品和劳务;(2)能合理制定产品转移时的内部转移价格,以公平交易、等价交换的原则进行内部结算,进而确定其内部利润,评价经营业绩。

人为利润中心一般应具备独立的经营权,即能自主决定本利润中心的产品品种(含劳务)、产品质量、作业方法、人员调配、资金使用等。实际上,工业企业的许多成本中心,如果对它们的半成品(如零部件)能制定出合适的内部转移价格,都可以转变成人为利润中心。

(二)利润中心的业绩考核

利润中心的业绩考核主要是将其实际的利润与该中心的预算利润相比较,衡量利润的完成情况,并对形成的差异进行分析,对差异形成的原因和责任进行剖析,进而对经营管理中的经营效果和有关责任人的业绩作出客观、公正的评价。

利用利润指标对利润中心的业绩进行考核时,成本和收入也成为考核和计算的内容。由于成本有可控成本和不可控成本之分,利润中心的成本,尤其是固定成本也需按照可控性原则进行严格的区分。

为此,利润中心的业绩评价指标主要有:

1. 边际贡献

边际贡献的计算公式为:

边际贡献=销售收入-变动成本

一般来说,变动成本是利润中心的负责人可以控制的成本,属于可控成本。

2. 可控边际贡献

可控边际贡献的计算公式为:

可控边际贡献=销售收入-变动成本-可控专属固定成本

=边际贡献-可控专属固定成本

可控边际贡献也称部门经理边际贡献或经理人员业绩毛益。该指标反映利润中心负责人在其权限范围内有效使用资源的能力,可以合理地评价利润中心负责人的经营业绩。

正确使用该指标的关键是合理识别可控专属固定成本和不可控专属固定成本。若责任中心的负责人对该项固定成本有控制权和处理权,则该固定成本为可控专属固定成本;反之,为不可控专属成本。专属固定成本的划分,其目的主要是对经理人员的可控成本进行考核,以评价部门经理对可控资源的利用程度。所以,这样计算出的可控边际贡献不等同于利润指标,需要经过调整,才是企业的利润。它一般适用于人为利润中心。

3. 部门边际贡献

部门边际贡献的计算公式为:

部门边际贡献=可控边际贡献-不可控专属固定成本

部门边际贡献又称部门毛益或分部毛益。其中的不可控专属固定成本,是指责任中心负责人不能控制的专属固定成本。这一指标主要用作对利润中心所属部门的业绩进行评价。该指标中包括了部门经理不可控制的固定成本,不适于作为部门负责人的考评依据进行使用,否则会挫伤他们的工作积极性,影响责任会计制度激励职能的发挥。

4. 部门营业利润

部门营业利润的计算公式为:

部门营业利润=部门边际贡献-上级分配的共同固定成本

部门营业利润从总体角度对本利润中心的利润实现程度进行反映,体现了该利润中心对企业利润所作的贡献,所以该指标适用于对利润中心的业绩进行评价和考核。各利润中心的部门营业利润之和就是企业的总利润。它一般适用于自然利润中心。

利润中心的业绩报告应自下而上编制,业绩报告中的主要内容包括销售收入、变动成本、边际贡献、可控边际贡献、部门边际贡献、部门营业利润等,并将各个项目的预算数、实际数及两者之间的差异分栏列示。上级分配的共同成本可以列入其中,作为参考。

利润中心业绩报告的基本形式见表10－2。

【例10－1】 某公司甲利润中心的有关数据如下：部门销售收入40 000元，已销产品变动成本25 000元，部门可控专属固定成本5 000元，部门不可控专属固定成本2 000元，上级分配来的共同成本（公司管理费用）1 000元。

要求：编制该利润中心的业绩报告。

甲利润中心业绩考核的相关指标计算如下：

(1)边际贡献＝40 000－25 000＝15 000(元)

(2)可控边际贡献＝15 000－5 000＝10 000(元)

(3)部门边际贡献＝10 000－2 000＝8 000(元)

(4)部门营业利润＝8 000－1 000＝7 000(元)

依据上述资料，编制的业绩报告见表10－2。

表10－2 甲利润中心业绩报告 单位：元

项 目	预算数	实际数	差 异
销售收入	38 000	40 000	2 000(有利)
减：变动成本			
变动生产成本	19 000	20 000	1 000(不利)
变动销售及管理费用	5 500	5 000	500(有利)
边际贡献	13 500	15 000	1 500(有利)
减：部门经理可控专属成本	4 500	5 000	500(不利)
可控边际贡献	9 000	10 000	1 000(有利)
减：部门经理不可控专属成本	2 000	2 000	0
部门边际贡献	7 000	8 000	1 000(有利)
减：上级分配的共同成本	1 000	1 000	0
部门营业利润	6 000	7 000	1 000(有利)

三、投资中心

(一)投资中心的含义

投资中心是既对收入、成本、利润负责，又对企业资金运用及其效果负责的责任中心。投资中心是最高层次的责任中心，既能控制成本和收益，又能对投入资金进行控制。

投资中心是对投资负责的责任中心，由于投资的目的是为获得利润，所以投资中心同时也是利润中心。它与利润中心的主要区别是，投资中心具有投资决策权，在组织形式上，利润中心可以是也可以不是独立的法人，而投资中心一般都是具有经营权与投资决策权的独立经营的法人。

投资中心是分权管理模式的最突出表现。当今世界各国的大型集团公司下面的分公司、子公司往往都是投资中心，在跨国集团公司中尤其如此。投资中心的适用范围限于规模和经营管理权力较大的部门，一般是企业的最高层次，如各事业部、分公司、分厂等。

为了对投资中心的资产运用效果进行评价，准确地计算各投资中心的经济效益，就必须对各投资中心共同使用的资产进行划分，对共同发生的成本应按适当的标准进行分配，对各投资中心之间相互调剂使用的现金、存货、固定资产等，均应计息清偿，实行“有偿使用”。只有这样，才符合责任会计的要求，才能正确计算、评价与考核各投资中心的经济效益和工作实绩。

(二)投资中心的业绩考核

对投资中心的考核包括对投资项目本身效果的评价和投资中心的经营业绩评价两方面。对于一些新投资项目或新投资中心，通常需要首先对投资项目本身的投资效果进行评价分析，以反映投资决策的正确程度。对投资效果的评价指标一般有投资回收期、投资报酬率、内含报酬率和净现值率等指标。对这些评价方法前文已作介绍，这里不再赘述。

投资中心业绩评价的指标，主要是投资利润率和剩余收益。

1. 投资利润率

投资利润率也称投资报酬率，是投资中心所获得的利润与投资额之间的比率，其计算公式为：

投资利润率＝营业利润/投资额×100％

由于不同的企业对利润和投资额的理解不同，投资利润率可以表现为不同的形式，主要有：

(1)资产利润率。这是指投资中心所获得的息税前利润与资产总额的比率。资产利润率能反映投资中心全部资产的利用效率，其计算公式是：

资产利润率＝息税前利润/资产总额×100％

这一指标以资产总额作为投资额来计算投资利润率，目的是评价和考核由投资中心掌握和使用的全部资产整体的盈利能力。所以，在确定利润时不能扣除利息和所得税，应以息税前利润为标准。公式中的资产总额，可以为本期的平均资产总额。

【例 10－2】 某企业有一个投资中心，全部资产年初数为200 000元，年末数为240 000元，年末负债为80 000元，年税后利润为 10 050 元，所得税率为 33％，本年利息费用为 5 000 元。

要求：计算资产利润率。

解：

息税前利润＝10 050/(1－33％)＋5000＝20 000(元)

平均资产总额＝(200 000＋240 000)/2＝220 000(元)

资产利润率＝20 000/220 000×100％＝9.1％

(2)所有者权益利润率。所有者权益利润率是指投资中心所获得的净利润与所有者权益的比率，其计算公式为：

所有者权益利润率＝净利润/所有者权益×100％

这一指标以所有者权益作为投资额来计算投资利润率，目的是评价和考核投资中心运用“公司产权”中的每 1 元资金对企业整体利润作出的贡献水平。所以，在确定利润时需扣除利息和所得税，以税后净利润为标准。

所有者权益利润率可以反映投资中心的实际投资收益情况以及投资者的投资报酬率。

【例 10－3】 仍以[例 10－2]的资料为依据，计算所有者权益利润率。

解：

所有者权益＝240 000－80 000＝160 000(元)

所有者权益利润率＝10 050/160 000×100％＝6.3％

(3)投资利润率指标的分解。投资利润率反映了投资中心的综合盈利能力，该指标在所有

者权益稳定的情况下,可以分解为资产周转率和销售利润率的乘积,其计算公式如下:

投资利润率=资产周转率×销售利润率

=资产周转率×销售成本率×成本费用利润率

由上式可见,企业只有增加销售、降低成本,同时有效地利用现有资产,努力提高资产的利用效率,才能提高投资利润率。对投资利润率的分解分析,有助于了解投资利润率形成及其程度不同的原因,寻找提高投资报酬率的正确途径。

投资利润率综合反映了投资中心的经营业绩,是目前许多公司十分偏爱的评价投资中心业绩的指标。其优点是:

(1)投资利润率能反映投资中心的综合盈利能力。提高投资利润率既可以通过增收节支(增加收入,降低成本),也可以通过减少投资资本来实现。

(2)投资利润率具有横向可比性。投资利润率属于相对数指标,它剔除了因投资额不同而导致的利润差异的不可比因素,充分体现了资本的获利能力,有利于各投资中心的横向对比。

(3)投资利润率可以作为选择投资机会的依据,有利于调整资本流量和存量,优化资源配置。

(4)有利于正确引导投资中心的管理行为,避免短期行为。

但投资利润率也有一定的局限性,主要表现在以下方面:

一是分子与分母的计量方法难以统一。由于通货膨胀等因素的影响,资产账面价值、负债、所有者权益等指标失实,计算结果不具有代表性。例如,每年少计折旧、虚增利润,使投资利润率升高。

二是注重短期、局部的利益而轻视长期、整体的利益。投资利润率重视对短期业绩的评价,而忽视对企业的长期盈利能力的评价。为保护当期的投资利润率水平,一些投资中心不愿意从事投资利润率较低但对整体企业有利的投资项目,从而导致决策失误。

三是不利于对部门责任人的业绩作出评价。由于约束性固定成本这一不可控因素的存在,使投资利润率难以为分部经理所控制,从而为区分经理人员的业绩与分部本身的业绩带来困难。例如,某公司平均投资利润率为12%,其所属的A投资公司的实际利润率为18%。现A投资中心有一投资机会,投资利润率为15%。若以投资利润率来衡量,投资中心显然不会选择这一投资机会,导致投资中心的目标与总公司的目标不一致。

而克服这一系列不利因素的方法是采用剩余收益作为评价指标。

2. 剩余收益

剩余收益是一个绝对额指标,它是指投资中心实现的利润减去其经营资产按预期投资报酬率计算的投资报酬后的余额,其计算公式:

剩余收益=利润-投资额×预期投资报酬率

=利润-资产总额×预期投资报酬率

其中,预期投资报酬率一般按整个企业各投资中心的加权平均的投资报酬率计算,也可以资金成本作为最低报酬率进行计算。

以剩余收益作为投资中心经营业绩评价指标的基本要求是,只要投资报酬率大于预期的最低收益率,该项投资便是可行的。它可以克服片面采用投资报酬率来考核、评价投资中心的工作绩效可能出现的本位主义,使之乐意接受比较有利的投资,从而使各个投资中心的局部目标同企业整体目标保持一致。

剩余收益作为评价投资中心业绩的指标相对投资利润率而言,主要的优点是:

(1)避免在投资决策中,投资中心拒绝接受投资利润率低于其目前的收益水平但高于企业整体收益水平的方案,保证了企业整体利益和部门利益的一致性。

(2)与企业经营管理目标——追求利润最大化相一致。

(3)对于不同的资产可以采用不同的资金成本进行分析评价。例如,流动资产资金成本小于固定资产资金成本,所对应的风险必然不同。

【例 10—4】 某公司下设投资中心 A 和投资中心 B,该公司加权平均最低投资利润率为 10%,现准备追加投资。有关资料如表 10—3 所示。

表 10—3 **投资中心指标计算表** 单位:万元

项目		投资额	利润	投资利润率	剩余收益
追加投资前	A	20	1	5%	1—20×10%=—1
	B	30	4.5	15%	4.5—30×10%=+1.5
	Σ	50	5.5	11%	5.5—50×10%=+0.5
A 中心追加投资 10 万元	A	30	1.8	6%	1.8—30×10%=—1.2
	B	30	4.5	15%	4.5—30×10%=+1.5
	Σ	60	6.3	10.5%	6.3—60×10%=+0.3
B 中心追加投资 20 万元	A	20	1	5%	1—20×10%=—1
	B	50	7.4	14.8%	7.4—50×10%=+2.4
	Σ	70	8.4	12%	8.4—70×10%=+1.4

根据表 10—3 评价 A、B 两个投资中心的经营业绩,可知:如以投资利润率作为考核指标,追加投资后 A 中心的利润率由 5%提高到 6%,B 中心的利润率由 15%下降到了 14.8%,按此指标向 A 中心投资比向 B 中心投资好。但如果以剩余收益作为考核指标,A 中心的剩余收益由原来的—1 万元变成了—1.2 万元,B 中心的剩余收益由原来的 1.5 万元增加到 2.4 万元,由此应当向 B 中心投资。

如果从整个公司进行评价,就会发现向 A 中心追加投资时,全公司的总体投资利润率由 11%下降到 10.5%,剩余收益由 0.5 万元下降到 0.3 万元;而向 B 中心追加投资时,全公司的总体投资利润率由 11%上升到 12%,剩余收益由 0.5 万元上升到 1.4 万元,这与以剩余收益指标评价各投资中心的业绩的结果一致。所以,以剩余收益作为评价指标可以保持各投资中心的获利目标与公司的获利目标达成一致。

目前,大多数投资中心的业绩考核以投资利润率为评价指标。但是,投资利润率和剩余收益都属于财务性指标,仅仅以此衡量责任中心的业绩,似乎不够全面。因此,除财务指标外,可以用非财务指标来评价利润中心业绩,如盈利指标、顾客满意程度指标、市场占有率指标、效率指标等。只有综合考虑各方面的相关因素之后,才能客观地对投资中心的业绩作出全面的评价。

还需说明的是,随着市场竞争日趋激烈,市场销售工作也日趋重要。为了强化销售功能,加强收入管理,及时收回账款、控制坏账,不少企业还设置以营销产品为主要职能的责任中心——收入中心。这种责任中心只对产品或劳务的销售收入负责,如公司所属的销售分公司或销售部。尽管这些从事销售的机构也发生销售费用,但由于其主要职能是进行销售,因此,

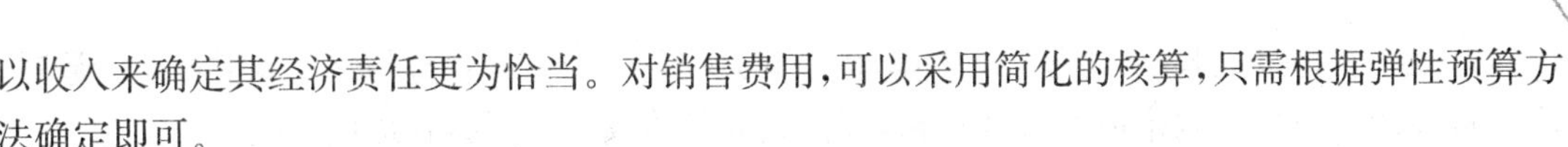

以收入来确定其经济责任更为恰当。对销售费用，可以采用简化的核算，只需根据弹性预算方法确定即可。

综上所述，责任中心根据其控制区域和权责范围的大小，分为成本中心、利润中心和投资中心三种类型。它们各自不是孤立存在的，每个责任中心承担各自的经营管理责任。最基层的成本中心应就其经营的可控成本向其上层成本中心负责；上层的成本中心应就其自身的可控成本和下层转来的责任成本一并向利润中心负责；利润中心应就其本身的收入、成本（含下层转来的成本）和利润（或边际贡献）向投资中心负责；投资中心最终就其经营管理的投资利润率和剩余收益向总经理和董事会负责。所以，企业各种类型和层次的责任中心形成一个"连锁责任"网络，这就促使每个责任中心为保证企业总体的经营目标一致而协调运转。

第三节　内部转移价格

一、内部转移价格的含义

内部转移价格又称内部结算价格，是指企业各责任中心相互提供产品或劳务，或相互结转责任成本时，所使用的一种内部结算价格。合理制定内部转移价格是实行责任会计的重要前提。

合理的内部转移价格，必须满足以下三个条件：

（1）合理的内部转移价格能明确划分各责任中心的经济责任。内部转移价格可以为经营业绩的评价提供合理的基准，使责任中心的业绩考核建立在客观、可比的基础上。

（2）合理的内部转移价格能最大程度地起到激励作用。合理的内部转移价格可以为各责任单位的利益提供保障，调动企业内部各部门的积极性。

（3）合理的内部转移价格能有利于企业总体目标的实现，促进各分权单位与企业整体目标保持一致。

现实经济生活中，内部转移价格的制定涉及相关主体之间的利益分配问题，往往会存在这样或那样的矛盾。例如，一组适合于评价某责任单位业绩的转移价格可能会使其违反企业整体利益，也可能一组使某责任单位长期对整个企业有重大贡献的正确激励转移价格，却令该责任单位的业绩报告出现赤字。所以应特别注意，不同的价格制定方法适用于不同的情况和条件，没有一种适合各种使用目的的、最佳的内部转移价格。即使在同一企业内，对不同的责任单位之间也可能要用不同的内部转移价格。

二、内部转移价格的制定

（一）内部转移价格制定的原则

内部转移价格的制定是一项较为复杂的工作。不同企业其做法各有不同。各责任中心可以根据各自不同的特点分别采用不同的计价标准，但应共同遵守以下原则。

1. 目标一致性原则

制定内部转移价格应强调企业的整体利益高于责任中心的局部利益。各责任中心在分权经营的条件下实行单独核算后，不可避免地会追求自身局部利益的最大化，由此也会选择和制定对自己有利的内部转移价格。该原则要求企业在制定内部转移价格时，要从全局出发，力争使转让双方获得最大收益，也使企业整体获得最大收益。当分部利益与整体利益产生矛盾时，应该从整体利益出发制定内部转移价格，保证企业整体收益水平达到最优。

2. 激励原则

内部转移价格的制定应有利于调动各责任中心的积极性，要对各个责任中心都起到激励作用，且对应的激励程度也应公平合理、大致相同。例如，内部转让价格能激励转入部门的责任人降低成本，同时也可激励转出部门的责任人增加收入，从而实现企业整体利益的最大化。

3. 公平性原则

内部转移价格的制定应建立在等价交换的基础之上，公平合理的内部转移价格有利于企业客观地对各责任单位进行业绩评价，也有利于责任会计制度的真正实施。

（二）内部转移价格的类型

1.以市场价格作为内部转移价格

以市场价格作为内部转移价格是指，假定中间产品有完全竞争的市场，转让双方可以自主决定向外部市场销售或购买中间产品。

以市场价格作为内部转移价格的责任中心，应该是独立经营核算的利润中心，它们有权决定生产产品的数量、出售或购买的产品对象及其相应的价格。同时，其产品有市场竞争，这些产品之间的差别极小且有一个客观的市场价格可供利用。它基于对独立的单位进行评价，看它们在市场上买卖的获利能力。

以正常市价作为内部转移价格具有以下显著优点：一是供需双方部门都能按市价买卖它们的供需产品，内部转移交易时跟外部交易相同。二是一家企业的两个责任单位相互交易，不管市场上是否存在同样货物，内部交易都能控制交易的货物质量、数量、交货时间等，也可以节省谈判成本，提高资金的使用效率。因此，企业管理者为了公司的整体利益，会鼓励进行内部交易，除非责任单位有充分理由说明外部交易更为有利，否则各责任单位之间都应进行内部交易。

以市场价格作为内部转移价格，能正确评价各个责任单位的经营成果，并能更好地发挥生产经营活动的主动性和积极性。但以市场价格作为内部转移价格时，应注意以下两个问题：一是在中间产品有外部市场，可向外部单位销售，或从外部单位购买时，以市场价格作为内部转移价格，并不等于直接将市场价格用作结算，而应在此基础上，对外部销售价格作一些必要的调整。外部销售价格一般包括销售费、广告费以及运输费等，这些费用在产品内部转移时，一般可避免发生。若企业各责任中心不是独立核算的分厂，而是车间或部门时，产品的内部转移还不必支付销售税金，这些税金一般也是外部销售价格的组成部分。直接用外部销售价格作为内部转移价格时，这两方面的好处都将为制造方所得，而使用者一无所获。为使利益分配更公平，这些可避免的费用应从市场价格中扣除，即市场价格减去对外的销售费、广告费等才是目前尚未销售的中间产品价格。二是以市场价格作为内部转移价格时，通常假设：中间产品处于完全竞争市场，中间产品提供部门无闲置的生产能力。

尽管以市价为内部转移价格还有这样或那样的缺点，但它有利于利润中心和投资中心组织自己的利润核算，且较有利于每个责任单位的业绩评价，所以产品有外界市场时，在购、销双方可自由对内外购销的情况下，以市场价格作为内部转移价格仍不失为一种有效的方法。

2.以协商价格作为内部转移价格

为解决直接以市场价格作为内部转移价格所存在的缺点，一些企业提出了协商价格。协商价格即协议价格，是企业内部各责任中心以正常的市场价格为基础，通过定期、共同协商所确定的为双方所接受的价格。

采用协商价格的前提是，责任中心的转移产品存在在非竞争性市场买卖的可能性，在这种市场内买卖双方有权自行决定是否购买这种产品。如果买卖双方不能自行决定，或当价格协商的双方发生矛盾而不能自行解决，或协商定价不能导致企业最优决策时，企业高一级的管理层要进行必要的干预。这种干预应以有限、得体为原则，不能使整个谈判变成上级领导完全决定一切。

协商价格的上限是市价，下限是单位变动成本，具体价格应由各相关责任中心在这一范围内协商决定。当产品或劳务没有适当的市价时，也只能采用议价方式来确定。通过各相关责任中心讨价还价，形成企业内部的模拟“公允市价”，以此作为计价基础。

协商价格存在一定的缺陷：一是协商定价过程要花费人力、物力和时间；二是协商定价各方往往会相持不下，需企业高层领导裁定，这样弱化了分权管理的作用。

3. 双重的内部转移价格

双重的内部转移价格，是指转让中间产品时，不同责任中心分别以不同的内部转移价格作为计价基础进行结算。例如产品的供应方，可按协商的市场价格计价；产品的使用方则按供应方的产品的单位变动成本来计价，其差额由会计部门最终调整。采用双重价格是因为内部转移价格主要是用于对企业内部各责任中心的业绩进行评价、考核，故各相关责任中心采用的价格不需要完全一致，可分别选用对责任中心最有利的价格为计价依据。双重价格有两种形式：

(1)双重市场价格，就是当某种产品或劳务在市场上出现不同的价格时，供应方采用最高市价，使用方采用最低市价。

(2)双重转移价格，就是供应方按市场价格或议价作为定价的基础，而使用方按供应方的单位变动成本作为计价的基础。

双重价格的优点是，既可以较好地满足供应方和使用方的不同需要，又能激励双方在经营上充分发挥其主动性和积极性。

采用双重内部转移价格的条件是：内部转移的产品或劳务有外部市场，供应方有剩余生产能力，而且其单位变动成本要低于市价。特别是仅在任何单一的内部转移价格均无法达到“目标一致性”及“激励”目的时，采用双重价格是一种行之有效的方法。

4. 以成本作为内部转移价格

以成本作为内部转移价格，是指以产品或劳务的成本为基础制定内部转移价格。由于成本的概念不同，成本转移价格也有多种不同形式：

(1)标准成本法。以劳务或中间产品的标准成本作为其内部转移价格，即为标准成本法。这种方法适用于成本中心的产品(半成品)转移。标准成本法的最大优点是将管理和核算工作结合起来，可以避免功过转嫁之患而收到责任分明之效，能提高双方降低成本的积极性。

(2)标准成本加成法。如果产品(半成品)的转移涉及利润中心或投资中心时，可将标准成本加利润作为转移价格，以分清双方责任。但是，确定利润的高低，仍需管理者慎重斟酌。

(3)变动成本法。变动成本法是指以单位变动成本作为内部转移价格的方法。它适用于采用变动成本法计算产品成本的成本中心之间的往来结算。这种方法的优点是，符合成本习性，能够明确揭示成本与产量的关系，便于考核各责任中心的工作业绩，有利于企业和各责任中心进行生产经营决策。但是这种方法也存在一定的不足，由于产品成本中不包含固定成本，不能反映劳动生产率的变化对单位固定成本的影响，从而割裂了固定成本与产量之间的关系，也不利于调动各责任中心增加产量的积极性。

三、内部转移价格的应用

各企业生产条件不同，内部转移价格应当适应特定的生产条件和环境条件的要求。事实上不存在最优的内部转移价格，只是企业在制定内部转移价格时应努力做到能够促使各责任中心最大限度地达到整个企业的目标。

【例 10－5】 某企业有甲、乙两个生产部门，均为利润中心。甲部门生产的 A 部件既可以直接在市场上出售，也可以作为乙部门生产 B 产品的一种配件；乙部门生产的 B 产品作为最终产品向外部市场销售。A 部件与 B 产品的投入产出比为 1∶1。甲、乙两个生产部门的有关单价和部分成本资料如表 10－4 所示。

表 10－4　　甲、乙两个生产部门的有关单价和部分成本

甲部门	乙部门
单位变动成本(元/件)160	单位加工费用(不含 A 部件成本，元/件)164
单位销售费用(元/件)20	单位销售费用(元/件)52
	预计市场销售量(件)1 000

要求：针对以下不相关情况进行如何确定内部转移价格的分析。

情况一：甲部门生产的 A 部件最大产量为1 000件，全部可以在外部市场上找到销路，且该部门没有剩余的生产能力。乙部门要求按甲部门的单位变动成本作为内部转移价格，即甲部门按 160 元的价格将所生产的全部1 000件产品销售给乙部门；否则，乙部门将不予购买。B 产品 400 元/件。

在第一种情况下，可编制比较边际贡献表，如表 10－5 所示。

表 10－5　　第一种情况下的边际贡献　　单位：元

项　目	甲部门销售全部1 000件 A 部件		乙部门销售 B 产品	
	以 160 元单价对内销售	以 200 元单价对外销售	以 160 元价内部采购 A 部件	以 200 元单价外部采购 A 部件
销售收入	160×1 000＝160 000	200×1 000＝200 000	400×1 000＝400 000	400×1 000＝400 000
变动成本	160×1 000＝160 000	180×1 000＝180 000	376×1 000＝376 000	416×1 000＝416 000
边际贡献	0	20 000	24 000	－16 000

从表 10－5 可以看出，从整个企业的角度看，如果按 A 部件的单位变动成本作为内部转移价格，可获得24 000元的边际贡献，与乙部门从外部市场购买 A 部件而甲部门直接对外销售 A 部件相比，企业可增加边际贡献20 000元，但甲部门将会因此而减少边际贡献20 000元。若甲部门从自身的利益出发，就不会将全部 A 部件卖给乙部门，而会优先考虑将其以 200 元的单价对外销售，从而使乙部门被迫从外部采购 A 部件，企业整体的最大利益最终不能实现。

因此，在第一种情况下，无论从甲部门的角度还是整个企业的角度，都不应按照 A 部件的单位变动成本作为内部转移价格，而应考虑按其外销价格作为内部转移价格。

情况二：甲部门生产的 A 部件最大产量为1 000件，全部可以在外部市场上找到销路，且该部门没有剩余的生产能力。甲部门要求以A部件的外销单价扣除销售费用作为内部转移价格，即乙部门必须按180元的单价从甲部门购买1 000件A部件；否则，甲部门将不予对内销售。

在第二种情况下，可编制比较边际贡献表，如表10—6所示。

表10—6　　第二种情况下的边际贡献　　单位：元

项　目	甲部门销售全部1 000件A部件		乙部门销售B产品	
	以180元单价 对内销售	以200元单价 对外销售	以180元单价 内部采购A部件	以200元单价 外部采购A部件
销售收入	180×1 000=180 000	200×1 000=200 000	400×1 000=400 000	400×1 000=400 000
变动成本	160×1 000=160 000	180×1 000=180 000	396×1 000=396 000	416×1 000=416 000
边际贡献	20 000	20 000	4 000	—16 000

从表10—6可以看出，在第二种情况下，如果甲、乙双方按A部件的扣除销售费用的外销价格180元成交，企业可获得24 000元的边际贡献。与乙部门从外部市场购买A部件而甲部门直接对外销售A部件相比，企业可增加边际贡献20 000元。同时，在甲部门自身利益不受损害的情况下，乙部门的边际贡献有所增加，双方均愿意接受。

综上，可以得出以下结论：在供应部门生产能力可以充分利用、市场销路不受限制的情况下，如果以市场价格为基础进行内部产品的转移，并不会对该部门的边际贡献产生影响，但会对需求部门的成本和边际贡献产生影响。因为不论需求部门是否愿意购买，供应部门生产的半成品都可以实现对外销售，所以不应当以半成品的单位变动成本作为内部转移价格，而应以其外销的市场价格作为转移价格。

情况三：甲部门生产的A部件的最大产量超过2 000件，但外部市场已经无法容纳这些产品，所以尚有剩余生产能力可以为乙部门额外生产1 000件A部件。乙部门要求按甲部门的单位变动成本作为内部转移价格，即甲部门按160元的价格将所生产的1 000件产品销售给乙部门；否则，乙部门将不予购买。

在第三种情况下，可编制比较边际贡献表，如表10—7所示。

表10—7　　第三种情况下的边际贡献　　单位：元

项　目	甲部门销售A部件		乙部门销售B产品	
	对外销售1 000件 内部转移1 000件	对外销售1 000件	以160元单价 内部采购A部件	以200元单价 外部采购A部件
销售收入	200×1 000+160×1 000 =360 000	200×1 000=200 000	400×1 000=400 000	400×1 000=400 000
变动成本	180×1 000+160×1 000 =340 000	180×1 000=180 000	376×1 000=376 000	416×1 000=416 000
边际贡献	20 000	20 000	24 000	—16 000

从表10—7可以看出，如果甲、乙双方按A部件的单位变动成本作为内部转移价格成交，企业可获得44 000元的边际贡献。与乙部门从外部市场购买A部件而甲部门不进行追加生产并内部转移A部件相比，企业可增加边际贡献20 000元，同时乙部门的边际贡献也有所增加。但在第三种情况下，甲部门无论是否追加生产内部转移的A部件，对其边际贡献未产生

影响;若甲部门从其自身利益出发,会拒绝向乙部门出售追加生产的1 000件 A 部件,从而导致甲部门生产能力闲置,企业最大利益也未能实现。

根据第三种情况的分析,可以得出以下结论:在供应部门的生产能力有剩余、追加生产的半成品的市场销路有一定限制的情况下,设法实现"销售"就成为当务之急。为了刺激供应部门的"销售"欲望和需求部门的"购买"欲望,就不应当以半成品的市场价格或单位变动成本作为内部转移价格,而应由双方协商确定。

情况四:为了鼓励甲部门充分利用闲置的生产能力和乙部门积极从企业内部"采购",甲、乙双方协商,按照利益均衡原则,决定以 170 元作为内部转移价格。

在第四种情况下,可编制比较边际贡献表,如表 10—8 所示。

表 10—8　　第四种情况下的边际贡献　　单位:元

项　目	甲部门销售 A 部件		乙部门销售 B 产品	
	对外销售 1 000 件 内部转移 1 000 件	对外销售 1 000 件	以 170 元单价 内部采购 A 部件	以 200 元单价 外部采购 A 部件
销售收入	200×1 000+170×1 000=370 000	200×1 000=200 000	400×1 000=400 000	400×1 000=400 000
变动成本	180×1 000+160×1 000=340 000	180×1 000=180 000	386×1 000=386 000	416×1 000=416 000
边际贡献	30 000	20 000	14 000	−16 000

通过以上计算可以看出,内部转移价格的制定过程,实际上是企业内部各责任中心的利益分配的过程。为充分调动各责任中心的积极性,保证企业整体利益的最大化,各企业应具体问题具体分析,根据不同情况选择适当的内部转移价格。

四、共同成本的分配

共同成本也称服务成本,它是由成本中心的服务部门产生的,如动力部门、维修部门等服务性部门为生产部门提供服务而发生的成本。因为这些成本使各生产部门共同受益,需由各受益部门共同承担,故称共同成本。

(一)共同成本分配的必要性

对于服务部门所发生的变动成本分配给服务使用部门这一问题,学术界已达成共识,但对服务部门所发生的间接固定成本的分配问题则颇有争议。反对者主要从行为结果角度反对分配。其主要观点为:一是服务部门所发生的间接性固定成本对于使用服务的部门来说是不可控成本,根据可控性原则,不应由生产部门负担;二是由于间接性固定成本是各使用者的共同成本,它们对于使用者来说是毫无差异的,而一些重要的决策则依据差别收入和差别成本数据作出。如果在用于控制和业绩评价的报告中包括了服务部门所发生的间接性固定成本,将导致经理人员作出错误决策。而支持共同成本分配的一方认为:一方面,服务部门作为成本中心向生产部门提供服务,属于责任单位之间提供劳务,自然要求按某一转移价格进行评价和结算。共同成本的分配,可以看作内部转移价格的一种转换形式,是一种"广义的转移价格";另一方面,生产部门从服务部门提供的服务中受益,就应负担这些受益的成本。事实上,这些服务若由外界提供,生产部门也必须支付这些费用。共同成本的分配在管理上具有以下优点:首先,可促使使用者对服务部门进行监督。把服务成本分配给使用者,将促使使用者对服务部门进行监督，并与服务部门共同寻求可行方案。其次，有助于资源的有效利用和合理分配。分配服务成本，将促使使用者认真选择使用何种服务及使用多少，也激励服务部门加强对成本的控制。

（二）共同成本分配基础的选择

在共同成本的分配中，选择分配基础极为重要。间接成本分配的任何价值都源于对成本分配赖以进行的各种活动的变量计算，而没有任何价值来自成本分配本身。在分配的基础上存在特定的偏差（选择的分配基础不合理），就会引起有关方面的行为不满，而产生严重影响，其结果往往会导致“目标一致性”的实现。

共同成本的分配作为内部转移价格的一种具体表现形式，是责任会计中最复杂的问题之一。基于责任会计中的一些行为问题考虑，使其难以作出一般性的结论。某一分配基础在某种情况下可能导致所期望的行为，而在另一种情况下则可能会引起行为上相反的结果。因此，试图找出一种适合任何情况的最佳分配基础是不现实的。

在实际工作中，共同成本的分配基础种类很多，这里只介绍常用的两种。

1. 单一使用量比率分配实际成本

以使用部门的实际使用量和服务的实际单位成本为基础，对实际发生的共同成本进行分配，是最常用的分配方式。这一分配基础的优点是有利于使用部门对服务部门的工作效率进行监督，但同时也存在以下不足：一是服务成本全部分配给各使用部门，实际上是将服务部门的低效率转嫁给使用部门，难以对服务部门的业绩进行考核，也不利于调动使用部门控制成本的积极性；二是按实际使用量分配固定成本，使某一使用部门负担的服务成本受其他使用部门的实际使用量多少的影响，从而易使使用部门采取不利于实现企业整体目标的不良行为。

【例 10－6】 假定某企业的维修部门为甲、乙两个生产部门服务，本期甲、乙部门使用维修服务的小时数分别为7 000小时和3 000小时，维修部门当期成本为90 000元。维修成本分配情况如表 10－9 所示。

表 10－9　　**服务成本分配表**

使用部门	维修小时	分配率	维修成本(元)
甲	7 000	9	63 000
乙	3 000	9	27 000
合　计	10 000	9	90 000

现假定下一期乙部门仍使用了3 000小时，而甲部门使用的维修小时数变为3 000小时。维修部门发生的维修成本与上期相同，则维修成本的分配情况如表 10－10 所示。

表 10－10　　**服务成本分配表**

使用部门	维修小时	分配率	维修成本(元)
甲	3 000	15	45 000
乙	3 000	15	45 000
合　计	6 000	15	90 000

由表 10－10 可见，虽然乙部门所使用的维修小时数与上期相同，但它所分担的维修成本

却比上期多了18 000元。这说明,这一分配基础会使一个部门的业绩受另一个部门使用服务量多少的影响,即部门经理可采用减少使用服务项目的办法,来将服务成本转移给其他使用部门负担。然而,一些必要劳务耗用不足,如机器设备延缓维修,使机器设备带病运转等,都会损害企业的长远利益。

2. 双重比率分配预算成本

双重比率是指按固定比例分配服务固定成本的预算数,按使用部门实际使用量和预定分配率分配服务变动成本的预算数。运用这一分配方法,应将共同成本按成本性态划分为变动成本和固定成本两部分,并编制成本费用预算,其中变动成本应编制弹性预算。共同成本的分配额通常是预算成本,而不是实际成本,实际成本与预算成本的差异保留在服务部门,以反映其工作效率的高低,并据以评价和考核其工作成果。这一分配基础的优点是:由于只分配预算成本,所以能避免将服务部门的低效率转移给使用部门,并符合可控性原则。但同时也存在以下不足:分配预算固定成本的比例有一定的主观随意性,会使某些使用部门通过低估其将利用的服务量,以达到少负担固定成本的目的。为了避免将不可控的预算服务固定成本分配给使用部门,可采取由上级负担全部预算服务固定成本,只按使用部门实际使用量和预算单位变动成本分配服务变动成本的方法,使各使用部门负担的完全是可控成本,这样能更好地体现可控原则。

【例 10-7】 假定[例 10-6]中维修部门的费用预算为:月固定成本18 000元,月正常维修工作量9 000小时,变动成本63 000元,变动成本预定分配率 7 元/小时。设甲、乙两个生产部门对维修服务的正常需要量分别为 5 000 小时和 4 000 小时,则分配固定成本的比例为 5∶4。甲、乙生产部门当月实际耗用维修小时数分别为 7 000 小时和 4 500 小时。当月维修成本分配如表 10-11 所示。

表 10-11 服务成本分配表

部 门	固定成本		变动成本			合 计(元)
	固定比例	维修成本(元)	实际维修小时	预定分配率	维修成本(元)	
甲	5/9	10 000	7 000	7	49 000	59 000
乙	4/9	8 000	4 500	7	31 500	39 500
合计		18 000	11 500	7	80 500	98 500

本章小结

本章主要介绍了责任会计制度建立的前提、制定的原则及主要内容。分权化管理是现代大型企业采用的主要组织管理模式,也是责任会计制度建立的前提。责任会计制度将经济责任与会计的管理职能结合在一起,成为现代管理会计的重要组成部分。责任会计按权责范围的大小不同将责任中心划分为成本中心、利润中心、投资中心等,通过内部转移价格的制定等有效的激励方式对各责任中心进行有效的评价和考核。

关键概念

分权管理 经济责任制 成本中心 利润中心 投资中心 内部转移价格 激励机制 业绩考核

讨论及思考题

1. 分权管理模式有哪些优缺点?
2. 什么是责任会计制度?
3. 建立责任会计制度的原则有哪些?
4. 企业内部的责任重心有哪些? 各有什么特点?
5. 如何对利润中心进行业绩评价?
6. 什么是内部转移价格?
7. 内部转移价格制定的原则是什么?
8. 什么是双重价格? 其优缺点是什么?

第十一章　战略管理会计

【本章要点提示】

- 掌握战略管理会计的形成
- 掌握战略管理会计的基本内容
- 掌握战略管理会计的方法

【本章内容引言】

战略管理会计是为适应战略管理的需要而逐渐形成的，它服从于企业的战略选择，通过报告战略的成功与否来对战略产生影响。战略管理会计分析和提供与企业战略相关的信息，特别是反映实际成本、业务量、价格、市场占有率、现金流量和企业资源总需求等方面的相对水平和趋势的信息。主要掌握战略管理会计的概念、特征，战略管理会计的研究内容和研究方法。

第一节　战略管理会计概述

一、战略管理会计的含义及特点

(一)战略管理会计的含义

战略管理会计(Strategic Management Accounting，SMA)是20世纪末兴起的一种新的会计学分支。战略一词原属军事术语，是指对战争进行分析判断之后做出的全局性筹划和指导。将其引入企业管理，是指在市场经济条件下，企业为谋求长期生存和发展，在预测和把握企业外部环境和内部条件变化的基础上，结合企业的专长，高瞻远瞩地作出的总体谋划。

关于战略管理会计，最早是由英国学者Simmonds于1981年在《战略管理会计》一文中提出，他将战略管理会计定义为："用于构建与监督企业战略的有关企业及其竞争对手的管理会计数据的提供与分析。"之后，他又在一系列的论文中，强调了管理会计与企业战略结合的重要性，特别是企业相对竞争者的成本竞争地位。他认为，管理会计应多注重外在环境，并协助企业衡量其竞争地位。他首次强调学习曲线与长期成本性态在衡量竞争优势中的重要性，了解竞争者成本结构的重要性。从此以后，人们沿用了这一名称，但对其定义却未达成统一的共识。Wilson 等人在《战略管理会计》一书中，更加明确地将其定义为："战略管理会计是明确强调战略问题和所关切重点的一种管理会计方法。它通过运用财务信息来发展卓越的战略，以取得持久的竞争优势，从而更加拓展了管理会计的范围。"换句话说，战略管理会计提供有关企业产品劳务市场、竞争者成本资源与成本结构等财务信息，并进行深入分析，以便监视各个期间企业及其竞争者的战略。

（二）战略管理会计的特点

战略管理会计的发展事实上并没有改变管理会计的性质和职能，其基本特征具体表现为：

1. 战略管理会计重视企业与市场的关系，具有开放系统的特征

传统的管理会计主要针对企业内部环境，如提供的决策分析信息主要依据企业内部的生产经营条件、业绩评价主要考虑本身的业绩水平等，因此构成一个封闭的内部系统。而战略管理会计要考虑市场的顾客需求及竞争者实力，这种市场观念一方面表现为管理会计信息收集与加工涉及面的扩大及控制视角的扩展，如：战略决策分析要考虑顾客需求和竞争者信息；成本控制要扩展到产品的整个生命周期；而且在标准制定、业绩评价中也要考虑同行业的平均或先进水平；等等。从这方面说，市场观念使管理会计的视角由企业内部拓展到企业外部。另一方面，战略管理所倡导的市场观念的核心是以变应变，在确定的战略目标要求下，企业的经营和管理都要适应动态市场的需要及时进行调整。这种"权变"管理的思想对于管理会计的方法体系同样产生了深远的影响，它要求管理会计必须改变传统分析中诸多的静态假设，在变动的外部环境条件下进行各项决策分析。例如，上述战略成本分析中的价值链分析要讨论企业与供应商及顾客之间的关系，考虑上、下游相关企业的兼并问题，而不是以企业现有的经营格局为前提；产品定价决策要面向市场，首先考虑的不是生产成本，而是市场（顾客）为特定产品的功能所愿意支付的价格；等等。战略管理会计所具有的开放性，缩小了管理会计模型和实际环境之间的差距，增强了管理会计信息的相关性和准确性。

2. 战略管理会计将视角扩大到企业整体，具有结果控制与过程控制相结合的特征

战略管理强调战略目标的合理确定，并从企业管理的各个环节和各个方面来保证其最终实现。这种整体观念有利于增强企业内部的协调运作，增强内部组织间的目标一致，减少内部职能失调。这就要求管理会计的控制不能仅仅停留于对结果的分析，而且要通过过程的控制将企业生产经营的各个环节都和企业整体目标相联系，以过程的控制实现对结果的影响和保证预期结果的实现。近年来发展起来的作业成本法、生命周期成本法将分析的视角由结果追溯到与产品价值相关的各个环节，撬开了在传统的管理会计分析中视为"黑箱"的生产经营过程，充分体现了战略管理会计将结果控制与过程控制相结合的特征。这一发展趋势使管理会计系统更多地融入企业的生产经营活动全过程，具有更多的非财务性质。因此，不仅要求管理会计人员和技术、生产、管理各领域人员密切配合，而且对管理会计人员的知识结构有了更高的要求。

3. 战略管理会计重视企业组织及其发展，具有动态系统特征

企业战略目标的确定是与特定的内外部环境相适应的，在环境发生变化时还要相应地作出调整，所以，战略管理是一种动态管理。处于初创期、发展期、成熟期或衰落期等不同发展阶段的企业，必然要采取不同的企业组织方式和不同的战略方针，并且要根据市场环境及企业本身实力的变化相应地作出调整。例如，比较处于发展期和处于成熟期的企业，前者可能注重营销战略，以迅速占领扩大中的市场，企业组织相应较为简单，内部控制较为松散；后者一般规模

较大，组织结构复杂，面对的是成熟的市场，因此必须通过加强内部控制来降低成本、增强竞争优势，同时注重新产品的开发。这种与企业组织发展阶段相对应的战略定位又必然随着企业由发展期向成熟期过渡而作出调整。与企业组织发展阶段相对应的战略定位及其动态调整，必然要求管理会计系统不仅能够适应特定阶段的战略管理要求，而且能及时作出调整。这种动态系统的特征在满足战略管理会计对于管理会计系统的要求的同时，也对管理会计人员的环境认知能力及系统设计能力提出了更高的要求。

4. 战略管理会计重视企业文化，具有个性特征

战略目标的确定、实施和实现过程，实际上是企业文化的发现、创造过程。企业战略目标、实施方案等的确定及其确定方式，不仅要考虑现有的企业文化，而且要主动地创造企业文化。例如，企业战略目标的确定可以采用“自上而下”或“自下而上”方式，这两种方式的选择首先受到现有企业文化的制约：较多地讲究民主管理的企业可能选择后者，而长官意志起主要作用的企业可能选择前者。企业也可能在这一过程中并未确立明显和强烈的文化特征，但后来改变了原有的文化氛围，创造了全新的企业文化。战略管理中这种企业文化的确立和创造必然对管理会计控制系统的设计带来重要影响，促使管理会计的系统设计更多地考虑人的因素，以适应本企业战略管理所需要的文化氛围，有效地实现其过程控制。例如，企业预算编制程序的选择，不仅要考虑企业战略管理中所形成的企业文化，而且在此过程中要进一步加强这种特征，由此形成的管理会计系统必然带有更强的个性特征。

5. 收集、处理和应用信息必须遵循合法性、科学性和艺术性相结合的原则

与战略有相关性的信息，是以外向型为主体的多样化信息。这种类型的信息，可从企业外部多种渠道获得，如公开的财务报告、竞争对手广告、行业分析报告、贸易金融报道、政府统计公告、银行金融市场、商品市场、产品技术分析、竞争对手的前雇员、行业协会、竞争对手团体中的其他成员、实地考察、本企业雇员、行业专家顾问、共同的顾客、共同的供应商等，实际上相关的多样化信息来源是不胜枚举的。即使在日常公开出版的报纸、杂志和其他的公开出版物中，也包含了大量相关信息资源的原始材料，必须把它们视为极为重要的信息宝藏。

多样化的信息收集，可以由企业的信息机构及其人员去做，也可以委托企业外部专职化管理咨询机构去做。同时，也应注重第一手材料的掌握，以增强对有关信息源的洞察与感悟能力，这对提高相关信息的决策有用性是非常重要的。

此外，还可直接运用当代先进的科学技术，为采集多样化的信息服务。例如，请相关的技术专家拆解竞争对手的产品，借以较详细、深入地了解其结构和功能及其整体上独特之处；又如，请冶金专家研究竞争对手主要运货铁道的生锈程度，借以判断其生产经营的盛衰情况，以便据以采取相应的对策；等等，都可为企业提供大量战略相关性的信息。

通过多样化的方法和手段，所取得的多样化的信息资料，还只是属于原始性的材料，并不直接具有战略的相关性与有用性。这是因为：它们表现为既数量庞大、形式多样，又杂乱无章，只有以科学的态度、灵活的技巧，对它们作进一步的筛选、加工、分类和整理，通过去粗取精、去伪存真，形成既反映社会的物质层面又反映社会的精神层面的系统信息。这一过程可简称为信息的处理过程。它所取得的成果是信息处理人员科学精神和艺术修养相结合的产物。

二、战略管理会计的形成

第二次世界大战以后，尤其是进入 20 世纪 80 年代以后，企业的竞争日趋激烈，在经济全球化的进程中，企业面临着来自国内外的竞争压力，市场环境瞬息万变，经营条件日益复杂。

所有企业都面临着同一个问题：如何在激烈的竞争中立于不败之地？如果企业仍将眼光局限在企业内部，只关注企业内部效率的提高，显然是行不通的。在双方市场的情况下，企业的内部效率如果不能通过市场外化为效益，企业必然会在竞争中一败涂地。企业只有关注外部市场，关注竞争对手，知己知彼，努力获取并保持竞争优势，才能谋求生存和发展的机会。而传统的管理体制在新形势下，逐渐显示出滞后的一面，主要表现为：

(1)观念陈旧，不能适应高新技术的挑战。高级制造技术(Advanced Manufacturing Technologies，AMT)和适时生产技术(Just In Time，JIT)的发展改变了许多企业的生产工艺。这种制造技术的革命引发了许多问题，比如，由于适时制生产系统下的单元式生产、零缺陷的特点，使其可以将所有物料消耗、人工费用分别归入直接成本，基本防止间接成本的出现；零库存使产品生产成本与期间成本保持一致；大量自动化设备、电脑的出现必然会加大固定性制造费用，从而改变了成本性态的类型，而现有的成本系统不仅没能帮助管理者适应这种变化，还限制了对这种变化的适应。因此，管理会计也必须有一场革命。

(2)缺乏重视外部环境的战略观念。外部环境是企业生存的基础，既为企业的生存和发展提供了机会，又可能对企业经营造成某种威胁。所以，管理会计应该指明企业所处的相对竞争地位，其提供的信息应便于企业进行竞争战略调整，应提供预警信息。但传统的管理会计却无法提供这种信息。例如，从市场份额变化中可以看出企业竞争地位的相对变化，这种市场份额信息无疑会提高管理会计的相关性。但遗憾的是，很少有公司将这种有用的战略信息定期纳入其内部管理报告；而且，传统的管理会计不能真正联系竞争对手来分析企业所处的竞争地位。

(3)管理会计的运用不能独立于财务会计。企业财务报告应符合会计准则的要求，这些准则要求人们采取“客观的、可验证的”程序，将成本分配到产品中，不必精确计量已消耗的资源，就单个产品消耗的资源来说，每种产品的成本可能是不准确的，但就报表的准确性而言，却必须是财务会计准则和公众所能接受的。从这一方面来说，就应保持管理会计和财务会计两个相互独立的系统，但是保持这两个相互独立的系统就要付出很高的成本。于是，企业管理者在进行内部管理时通常依据与外部财务报告来源相同的信息，这样管理会计已变得完全依赖于财务会计。由此引发出一场管理上的变革即战略管理。战略管理的产生无疑为传统的管理活动注入了新鲜的血液。这种管理上的变革也导致了会计上尤其是管理会计上的不适应。因此，传统的管理会计如何与之配合以适应新的形势，就成为人们研究的课题。战略管理会计也正是在这种背景下产生的。

三、现代管理会计与战略管理会计的区别与联系

第一，从管理会计研究对象的范围上看，现代管理会计是内向型的财务信息系统，而战略管理会计是外向型的综合信息系统。

现代管理会计是建立在传统的企业管理体制的基础上的，注重本企业内部的决策、计划及控制执行，只对本企业的成本管理、决策及责任会计负责。在市场竞争不是很激烈的情况下，企业只需在其内部加强成本管理，提高劳动生产率，便可生存。但是在科技迅猛发展的时代，竞争日趋激烈，仅从本企业考虑，忽视外部环境所带来的影响，只知己而不知彼，已不能满足企业在竞争环境下的信息需求，它所提供的信息与企业的战略决策缺乏相关性。

战略管理会计是站在战略的高度，关注企业外部环境的变化，面对竞争对手，分析企业自身所处地位，以企业取得竞争优势作为主要目标。外向型的战略管理会计不仅要收集、分析企

业内部的数据信息，更要走出去为本企业提供外部市场环境及竞争者的信息，做到知己知彼。战略管理会计通过收集、分析、比较竞争对手具有战略相关性的信息，了解本企业在市场竞争中的地位，从而保持和增强企业的竞争力。

可见，战略管理会计克服了现代管理会计的一个重要缺陷，它拓展了管理会计对象的范围，由内向型向外向型发展，以适应战略管理的需要。

第二，从管理会计的主体及目标上看，现代管理会计注重本企业短期利益的最大化，而战略管理会计注重企业的长远目标及整体利益的最大化。

现代管理会计所注重的只是单个企业在有限期间内的发展，它提供的信息主要是对企业内部经营决策及经营管理发挥作用。现代管理会计注重营运资本的控制，它对投资方案的评价仅限于从财务效益的角度展开；企业经营业绩也只表现在当期的利润上，只注重追求企业短期利润的最大化。实际上，当企业间的竞争上升为全局性的战略竞争时，追求长远目标、抢占市场份额已成为企业刻不容缓的奋斗目标。

战略管理会计注重企业长远发展，重视市场开发、新产品开发及新产品定位等。它主要服务于企业的长期战略计划，追求企业长久的竞争优势，立足长远目标，不断扩大市场份额，从长远利益角度来分析、评价企业资本投资。站在战略的高度，企业投资开始倾向于以智力投资为主，在人力资源、科技开发、新产品开发等方面多投入资金，以求保持企业长久的竞争力。这样，在战略管理会计中，对企业投资方案的评价不再仅局限于财务效益指标，而必须同时考虑非财务效益方面的指标，如引进人才的未来效益、引进高新技术的未来效益及新产品的市场份额等；投资决策不仅要采用定量分析法，还要辅之以定性分析法。战略管理会计应用于企业集团作战，则注重全局利益，它的信息分析完全基于整体利益考虑。为了长远利益，它会考虑放弃短期利益；为了顾全整体利益，它甚至会放弃某个成员企业的利益。企业的经营成果不仅要反映在利润指标上，还要反映在企业价值的增加上。相比之下，战略管理会计注重长远性、整体利益的最大化以及具有超前性等特征。

第三，从管理会计的研究对象上看，现代管理会计研究的是单一的财务信息，而战略管理会计研究的则是与战略管理相关的多样化信息。

现代管理会计研究的是财务信息，而忽视了非财务信息对企业的影响。然而，外界环境及企业内部管理体系的变化会带来对管理会计信息需求的变化。首先，企业外界环境的变化如市场竞争、经营战略、信息加工技术变化等，会引发企业组织机构的变化。而这又必然导致管理会计研究对象及内容发生相应变化。这种变化表现在：一方面，财务信息的种类将发生变化；另一方面，非财务信息的需求也将大幅上升，如产品更新换代信息、知识产权、市场竞争信息及市场战略规划等。

战略管理会计根据外界环境及企业战略管理的需要，从企业内外广泛收集、加工、运用各种相关信息，将信息范围扩展到与企业战略决策相关的所有信息，其中包括财务的与非财务的、数量的与质量的、经济的与非经济的、物质层面的与非物质层面的，甚至有关天时、地利、人和等方面的信息。这些信息有的来源于企业内部的财务、市场、技术、人事等部门，有的则来自企业以外的政府机关、金融机构及大众媒体等。

现代管理会计由于其研究的只是财务信息，而忽视其他信息，故它是不完整的、不充分的。尤其在竞争日趋激烈的大市场中，现代管理会计所运用的信息很容易使企业在决策中失误，丧失竞争力。战略管理会计充分收集、分析、运用了与企业战略管理相关的所有信息，而不再局限于财务信息，从而使得企业能充分做到知己知彼，最终作出正确的战略决策，对保持甚至增强市场竞争力大有益处。

第四，从管理会计应用的方法来看，现代管理会计的方法是非常有限的，仅限于对财务指标的计算，而战略管理会计则是在此基础上从多方位、多角度来进行综合分析和研究，其应用方法是多元化的。

现代管理会计是建立在传统的经济管理体制基础上的，其目的是满足企业经营管理的需要，其内向型的管理及信息来源、种类的单一性又决定了现代管理会计应用方法的单一。现代管理会计的应用方法主要是对财务指标的计算，具体应用更多地体现在它的基本职能中，如预测分析、决策分析、预算编制、控制、业绩评价及考核方法等。

战略管理会计是企业经营战略的产物。为适应外界环境及企业组织机构的变化，其应用方法较现代管理会计有很大变化。一是由于科技信息时代无形资产占企业资产的比重较高，企业资产的核算开始逐步将重点转移到无形资产；二是随着制造业比重的下降，开始对原有成本计算方法及成本管理方法进行改进，引进作业成本法，并实行作业管理；三是为比较、分析与同行业竞争对手的竞争优势，采用价值链分析法，或其他的分析方法，如对手分析法、矩阵定位分析法、环境分析法等；四是为更好地适应企业分权管理模式，实行目标成本管理、非财务指标的业绩评价及分层激励机制等；五是战略管理会计还要结合生命周期分析法、成本动因分析法、产品组合矩阵法等多种方法，为企业战略管理提供全面、充分的信息。

战略管理会计在处理信息方法上的多元化，有助于企业管理层在更广泛、更深刻的层面上掌握信息，从而可以综合研究、全面分析，做出正确的战略性决策。

第二节　战略管理会计的基本内容和方法

一、战略管理会计的目标

正确的目标是系统良性循环的前提条件。战略管理会计的目标对战略管理会计系统的运行也具有同样意义。战略管理会计的目标可以分为最终目标和具体目标两个层次。

战略管理会计的最终目标应与企业的总目标具有一致性。传统管理会计的最终目标是利润最大化。利润最大化虽然能够使企业讲求核算和加强管理，但是，它不仅没有考虑企业的远景规划，而且忽略了市场经济条件下最重要的一个因素——风险。为了克服利润最大化的短期性和不顾风险的缺陷，战略管理会计的目标应立足于企业的长远发展，权衡风险与报酬之间的关系。自20世纪中期以来，多数企业把价值最大化作为自己的总目标，因为它克服了利润最大化的缺点，考虑了货币时间价值和风险因素，有利于社会财富的稳定增长。企业价值是企业现实与未来收益、有形与无形资产等的综合表现。因此，企业价值最大化也就是战略管理会计的最终目标。

战略管理会计的具体目标主要包括以下四个方面：(1)协助管理当局确定战略目标；(2)协助管理当局编制战略规划；(3)协助管理当局实施战略规划；(4)协助管理当局评价战略管理业绩。

二、战略管理会计的主要内容

战略管理会计究竟包括哪些内容，目前还没有统一的说法。作者认为，目前战略管理会计的主要内容应包括以下五个方面。

(一)战略目标的制定

战略管理会计首先要协助高层管理者制定战略目标。企业的战略目标可以分为三个层次,即公司战略目标、竞争战略目标、职能战略目标。公司战略目标主要是确定经营方向和业务范围方面的目标。竞争战略目标主要研究的是产品和服务在市场上竞争的目标问题,需要回答以下几个基本问题:企业应在哪些市场竞争?要与哪些产品竞争?如何实现可持续的竞争优势?其竞争目标是成本领先还是差异化?是保持较高的竞争地位还是可持续的竞争优势?职能战略目标所要明确的是,在实施竞争战略过程中,公司各个部门或各种职能应该发挥什么作用?达到什么目标?战略管理会计要从企业外部与内部收集各种信息,提出各种可行的战略目标,供高层管理者选择。

(二)战略成本管理

成本管理是管理会计的重要内容之一。它是一个对投资立项、研究开发与设计、生产、销售进行全方位监控的过程。战略成本管理主要是从战略的角度研究影响成本的各个环节,从而进一步找出降低成本的途径。作业影响动因,动因影响成本。成本动因可以分为两大类:一类是与企业生产作业有关的成本动因,如存货搬运次数;另一类是与企业战略有关的成本动因,如规模、技术、经营多元化、全面质量管理以及人力资本的投入。相对于作业成本动因而言,战略成本动因对成本的影响更大。因此,从战略成本动因来进行成本管理,可以避免企业日后经营中可能出现的大量成本浪费问题。一般来说,企业可以通过采取适度的投资规模、市场调研、合理的研究开发策略等途径来降低战略成本。

(三)经营投资决策

战略管理会计是为企业战略管理提供各种相关、可靠信息的。因此,它在提供与经营投资决策有关的信息的过程中,应克服传统管理会计所存在的短期性和简单化的缺陷。它应以战略的眼光提供全局性和长远性的与决策相关的有用信息。为此,战略管理会计在经营决策方面应摒弃建立在划分变动成本和固定成本基础上的本量利分析模式,采用长期本量利分析模式。长期本量利分析是在企业的产品成本、收入与销售量呈非线性关系,固定成本变动及产销量不平衡等客观条件下,来研究成本、业务量与利润之间的关系。其关键是应用高等数学、逻辑学建立成本、业务量与利润之间的数学模型与关系图,从而确定保本点、安全边际等相关指标,进行利润敏感性分析。在长期投资决策方面,应突破传统的长期投资决策模型中的两个假定:一是资本性投资集中在建设期内,项目经营期间不再追加投资;二是流动资金在期初一次垫付,期末一次收回。把资本性投资与流动资金在项目经营期间随着产品销量的变化而变动的部分也考虑在内,此时的现金流量与传统的现金流量有所不同,其计算公式为:

第 t 年的现金流量=第 $t-1$ 年销售收入×(1+第 t 年销售增长率)×第 t 年销售利润率×(1-第 t 年所得税率)+第 t 年折旧额-(第 t 年销售收入-第 $t-1$ 年销售收入)×(第 t 年边际固定资产投资率+第 t 年流动资金投资率)

将上述现金流量折现,就可得出企业长期投资的预期净现值。战略管理会计以现实的现金流量为基础,更能反映企业投资的实际业绩,为企业注重持续发展提供有用信息。

(四)人力资源管理

人力资源管理是企业战略管理的重要组成部分,也是战略管理会计的重要内容。它包括为提高企业和个人绩效而进行的人事战略规划、日常人事管理以及一年一度的员工绩效评价。

前者主要是人员招聘和员工培训方面的规划。战略管理会计的核心是以人为本，通过一定的方法和技能来激励员工，以获取最大的人力资源价值，并采用一定的方法来确认和计量人力资源的价值与成本，进行人力资源的投资分析。

（五）风险管理

企业的任何一项行为都含有一定的风险。企业可能因冒风险而获取超额利润，也可能会招致巨额损失。一般而言，报酬与风险是共存的，报酬越大，风险也越大。风险增加到一定程度，就会威胁企业的生存。由于战略管理会计着重研究全局的、长远的战略性问题，因此，它必须经常考虑风险因素。其对风险的管理主要是在经营与投资管理中采用一定的方法，如投资组合、资产重组、并购与联营等方式分散风险。

三、战略管理会计的主要方法

为了使战略管理会计理论在企业会计实践中得到成功的应用，还需有一定的方法加以保证。战略管理会计的基本方法主要有以下几种。

（一）作业成本法

20 世纪 80 年代以来，为了适应制造环境的变化，作业成本法应运而生。它是一个以作业为基础的信息加工系统，着眼于成本动因，依据资源耗费的因果关系进行成本分析。即先按作业对资源的耗费情况将成本分配到成本对象，这就克服了传统成本计算系统下间接费用责任不清的缺陷，使以前的许多不可控间接费用在作业成本系统中变成可控。同时，作业成本法大大拓展了成本核算范围，改进了成本分摊方法，及时提供了相对准确的成本信息，优化了业绩评价标准。

（二）产品生命周期法

产品生命周期理论认为，任何产品从最初投放市场到最终退出市场都是一个有限的生命过程。这一过程可由几个明显的阶段加以区分，分别为产品投放期、增长期、成熟期和衰退期。追踪某一产品的销售历史可以看出，产品的生命周期可用 S 形曲线描述出来。随着产品沿着生命周期曲线的移动，单位利润也随之变化。在产品投放前期，因其尚未被人所接受，单位利润为负数；随着对产品接受程度的提高，单位利润迅速上升；而过了成长期，随着竞争的加剧，单位利润开始逐渐下降，直至退出市场。

在不同的阶段，企业会面临不同的机会和挑战，因而需采取相应的战略。产品生命周期可以很好地指导企业的战略成本管理。例如，在投放期和成长期，应以创业为使命，努力提高市场占有率；在成熟期，应以维持为使命，以保持企业现有的市场份额和竞争地位；在衰退期，则应以收获为使命，力争短期利润和现金流入的最大化，甚至牺牲部分市场份额。

（三）增长率份额矩阵

与上述方法类似的另一分析工具是增长率份额矩阵，又称产品组合矩阵。它最早由波士顿顾问公司（BCG）采用。该矩阵是按产品的市场份额和市场增长情况，将企业的各种产品分成四个单元，如表 11－1 所示。

表 11－1　　增长率份额矩阵

相对市场份额 / 市场增长	高	低
高	明星（现金生成者或现金吸收者）	野猫（现金吸收者）
低	现金牛（大量现金生成者）	落水狗（少量现金生成者或吸收者）

其中,市场增长代表了公司的现金需求,而相对市场份额则代表了企业的盈利水平和生成现金的能力。因为要保持较高的市场增长率,就需要大量的流动资产和固定资产投资,从而产生大量的现金需求。同时根据经验曲线效应,较高的市场占有率意味着企业具有较强的成本优势,从而会产生大量的现金流入。

根据产品组合矩阵,应对不同单元的产品,采取不同的战略。简言之,对于野猫产品,应加大投资,使其迅速占领市场,成为明星产品;对于明星产品,则应以保持市场份额为主要目标;对于现金牛产品,应不失时机地抓紧收获,并尽量延长收获时间,而不宜再进一步增加市场份额;对于落水狗产品,应采取撤退战略,尽早将其撤出企业的经营范围。

应当注意,在运用上述战略时,不应孤立地进行,而要联系各种产品同时进行,即采取产品组合战略。如将现金牛产品生成的现金扶持野猫产品,使其成为明星产品,进而成为现金牛产品,以产生持久竞争优势,支持其后的战略计划。

(四)价值链分析

价值链分析是美国学者波特首先提出来的,分为横向价值链和纵向价值链两种。

从横向角度看,波特将企业行为分成9种相关的活动,包括一般管理、人力资源管理、技术发展、采购、内勤、经营、外勤、营销和服务。价值链上的每项活动都有自身的经营成本和资产,因此,每项活动的成本要受到所分配的资产数量和使用效率的影响。为分别考察每种活动的成本效益状况,应将资产和成本分配到这些活动中去,并确定每项活动的成本动因,将其影响予以数量化,以揭示各种成本动因的相对重要程度。同时,为了衡量企业的成本竞争地位,还应将上述分析运用到竞争对手身上。如果企业在价值链上所有活动的累计总成本小于竞争对手的成本时,就具有了成本优势。而这种优势若能得以保持,使得竞争对手无法轻易模仿,才具有战略上的意义。

从纵向角度看,是将整个行业的价值活动分解成一系列相关的战略活动。这往往会超越任何一个企业的经营范围。例如,可以将造纸行业分成木材种植、砍伐、纸浆生产、造纸、加工、销售等多个价值活动。通过这一分析,可以使我们深入理解成本性态以及各个阶段产生差异的原因,从而确定企业由目前的位置沿着价值链向前或向后延伸是否有利可图,以提高整体的盈利水平。

(五)竞争对手分析

当今企业之间的竞争已成为全球性经济发展的动力,当代竞争战略是建立在与竞争对手对比的基础上,不能准确地判断竞争对手就无法制定可行的竞争战略。企业要取得竞争优势,必须了解竞争对手,分析竞争对手。

分析竞争对手,首先应明确谁是竞争对手。企业实际的和潜在的竞争对手包括向目标市场提供相似产品或服务的企业、经营具有相互替代性的产品或服务的企业、在市场上试图改变或影响消费者的消费习惯和消费倾向的企业等。对于第一类竞争对手,由于产品的性能相同而且基本稳定,可以将其作为主要竞争对手进行分析,其中又以最具竞争力的对手为主。

分析竞争对手的价值链是确定竞争对手在竞争中相对地位的基本工具。在明确所要分析的竞争对手之后,分析的重要步骤是识别竞争对手的价值链,判断竞争对手是怎样进行价值活动的。对竞争对手的价值链分析过程与对自己价值链的分析过程相同。在实践中,由于没有竞争对手的直接信息,要估计竞争对手的价值链和成本通常极为困难,因此就需要采用一定的方法取得竞争对手的直接信息。具体做法有:评估竞争对手在公开市场购买中间产品的相对成本差异;根据汇率的相对变动判断海外竞争对手的成本变动趋势;根据竞争对手生产场所的地理位置和销售渠道计算其在特定市场的销售成本;根据竞争对手的技术装备判断竞争对手的生产效率；根据竞争对手的生产能力和市场份额判断竞争对手的生产能力利用率；通过与竞争对手的分销商、供应商以及其他人士交谈来评估竞争对手某些价值活动的成本；根据竞争对手公开的财务报告、行业分析报告、内部刊物等资料提供的数据对竞争者的成本和价值链情况作出判断；也可以委托专门的咨询服务公司调查评估竞争对手；等等。

（六）预警分析

预警分析是一种事先预测可能影响企业竞争地位和财务状况的潜在因素，以提醒管理者注意的分析方法。它通过对行业特点和竞争状况进行分析，使管理者在不利情况来临之前就采取防御措施，解决潜在的问题。预警分析可分为外部分析和内部分析。外部分析主要分析企业面临的市场状况、市场占有率等；内部分析主要分析劳动生产率、机制运转效率、职工队伍稳定性等。显然，能熟练预测内外部环境变化的企业具有较强的竞争优势。

（七）质量成本分析

战略管理会计关注更多的有关竞争能力的非财务信息，其中之一便是质量。许多企业为此采取了全面质量管理。而质量成本分析是指从产品的研制、开发、设计、制造，一直到售后服务整个寿命周期内的质量成本分析的方法。它主要分析质量成本的四个部分，即预防成本、鉴定成本、内部质量损失和外部质量损失。只有全面掌握与质量有关的成本信息，管理者才能进行正确的质量成本管理与控制，借以转变传统管理会计“重产量轻质量”的观念。

应当指出，战略管理会计的方法远不止以上几种，并且始终处于不断的发展完善之中，同时它也并非完全独立于常规管理会计之外。实际上，许多战略管理会计方法都是常规管理会计方法在战略环境下的延伸，如本量利分析、差异分析等，但其实施结果却可能与常规管理会计大相径庭。

本章小结

本章重点在于从总体上对战略管理会计有一个基本认识并掌握其初步应用，即从现代企业面临的挑战与传统管理会计的局限出发，掌握战略管理会计的基本内容、企业竞争对战略管理会计的影响、战略管理会计对传统管理会计的突破及应用条件。在此基础上，根据企业的实际情况制定适当的企业战略并进行正确的战略决策。

关键概念

战略管理　　战略管理会计　　战略成本管理　　价值链分析

讨论及思考题

1. 简要说明战略管理会计的含义和特点。
2. 战略管理会计形成的背景是什么？
3. 试述战略管理会计与传统管理会计的区别与联系。
4. 战略管理会计的基本内容包括哪些方面？
5. 战略管理会计的研究方法有哪些？

附 录

附表一　　1 元的复利终值表 $=(1+i)^n$

年	1%	2%	3%	4%	5%	6%	7%	8%	9%	10%	12%
1	1.010	1.020	1.030	1.040	1.050	1.060	1.070	1.080	1.090	1.100	1.120
2	1.020	1.040	1.061	1.082	1.102	1.124	1.145	1.166	1.188	1.210	1.254
3	1.030	1.061	1.093	1.125	1.158	1.191	1.225	1.260	1.295	1.331	1.405
4	1.041	1.082	1.126	1.170	1.216	1.262	1.311	1.360	1.412	1.464	1.573
5	1.051	1.104	1.159	1.217	1.276	1.338	1.403	1.469	1.539	1.611	1.762
6	1.062	1.126	1.194	1.265	1.340	1.419	1.501	1.587	1.677	1.772	1.974
7	1.072	1.149	1.230	1.316	1.407	1.504	1.606	1.714	1.828	1.949	2.211
8	1.083	1.172	1.267	1.369	1.478	1.594	1.718	1.851	1.993	2.144	2.476
9	1.094	1.195	1.305	1.423	1.551	1.689	1.838	1.999	2.172	2.358	2.773
10	1.105	1.219	1.344	1.480	1.629	1.791	1.967	2.159	2.367	2.594	3.106
11	1.116	1.243	1.384	1.539	1.710	1.898	2.105	2.332	2.580	2.853	3.478
12	1.127	1.268	1.426	1.601	1.796	2.012	2.252	2.518	2.813	3.138	3.896
13	1.138	1.294	1.469	1.665	1.886	2.133	2.410	2.720	3.066	3.452	4.363
14	1.149	1.319	1.513	1.732	1.980	2.261	2.579	2.937	3.342	3.797	4.887
15	1.161	1.346	1.558	1.801	2.079	2.397	2.759	3.172	3.642	4.177	5.474
16	1.173	1.373	1.605	1.873	2.183	2.540	2.952	3.426	3.970	4.595	6.130
17	1.184	1.400	1.653	1.948	2.292	2.693	3.159	3.700	4.328	5.054	6.866
18	1.196	1.428	1.702	2.026	2.407	2.854	3.380	3.996	4.717	5.560	7.690
19	1.208	1.457	1.754	2.107	2.527	3.026	3.617	4.316	5.142	6.116	6.613
20	1.220	1.486	1.806	2.191	2.653	3.207	3.870	4.661	5.604	6.728	9.646
25	1.282	1.641	2.094	2.666	3.386	4.292	5.427	6.848	8.623	10.835	17.000
30	1.348	1.811	2.427	3.243	4.322	5.743	7.612	10.063	13.268	17.449	29.960

续表

年	14%	15%	16%	18%	20%	25%	32%	40%	50%	60%	80%
1	1.140	1.150	1.160	1.180	1.200	1.250	1.320	1.400	1.500	1.600	1.800
2	1.300	1.323	1.346	1.392	1.440	1.563	1.742	1.960	2.250	2.560	3.240
3	1.482	1.521	1.561	1.643	1.728	1.953	2.300	2.711	3.375	4.096	5.832
4	1.689	1.749	1.811	1.939	2.074	2.441	3.036	3.842	5.063	6.554	10.498
5	1.925	2.011	2.100	2.288	2.488	3.052	4.007	5.378	7.594	10.486	18.896
6	2.195	2.313	2.436	2.700	2.986	3.815	5.290	7.530	11.391	16.777	34.012
7	2.502	2.660	2.826	3.185	3.583	4.768	6.983	10.541	17.086	26.844	61.222
8	2.853	3.059	3.278	3.759	4.300	5.960	9.217	14.758	25.629	42.950	110.200
9	3.252	3.518	3.803	4.435	5.160	7.451	12.166	20.661	38.443	68.720	198.359
10	3.707	4.046	4.411	5.234	6.192	9.313	16.060	28.925	57.665	109.950	357.047
11	4.226	4.652	5.117	6.176	7.430	11.642	21.199	40.496	86.493	175.922	642.684
12	4.818	5.350	5.936	7.288	8.891	14.552	27.983	56.694	129.746	281.475	1 156.831
13	5.492	6.153	6.886	8.499	10.699	18.190	36.937	79.372	194.619	450.360	2 082.296
14	6.261	7.076	7.988	10.147	12.839	22.737	48.757	111.120	291.929	720.576	3 748.133
15	7.138	8.137	9.266	11.974	15.407	28.422	64.359	155.568	437.894	1 152.921	6 746.641
16	8.137	9.358	10.748	14.129	18.486	35.527	84.954	217.795	656.84	1 844.7	12 144.0
17	9.276	10.761	12.468	16.672	22.186	44.409	112.139	304.913	985.26	2 851.5	21 359.1
18	10.575	12.375	14.463	19.673	26.623	55.511	148.024	426.879	1477.9	4 722.4	39 346.4
19	12.056	14.232	16.777	23.214	31.948	69.386	195.391	597.630	2 216.8	7 555.8	70 823.5
20	13.743	16.367	19.461	27.393	38.338	86.736	257.916	836.683	3 325.3	12 089.3	127 482.4
25	26.462	32.919	40.874	62.669	95.396	264.693	1 033.59	4 497.880	2 5251.0	126 765.1	2 408 865.9
30	50.950	66.212	85.850	143.371	237.376	807.794	4 142.075	24 201.432	19 175.1	1 329 228.0	45 517 159.6

附表二 **1元的复利现值表＝$(1+i)^{-n}$**

年	1%	2%	3%	4%	5%	6%	7%	8%	9%	10%	12%	14%
1	0.990	0.980	0.971	0.962	0.952	0.943	0.935	0.926	0.917	0.909	0.893	0.877
2	0.980	0.961	0.943	0.925	0.907	0.890	0.873	0.857	0.842	0.826	0.797	0.769
3	0.971	0.942	0.915	0.889	0.864	0.840	0.816	0.794	0.772	0.751	0.712	0.675
4	0.961	0.924	0.888	0.855	0.823	0.792	0.763	0.735	0.708	0.683	0.636	0.592
5	0.951	0.906	0.863	0.822	0.784	0.747	0.713	0.681	0.650	0.621	0.567	0.519
6	0.942	0.888	0.837	0.790	0.746	0.705	0.666	0.630	0.596	0.564	0.507	0.456
7	0.933	0.871	0.813	0.760	0.711	0.665	0.623	0.583	0.547	0.513	0.452	0.400
8	0.923	0.853	0.789	0.731	0.677	0.627	0.582	0.540	0.502	0.467	0.404	0.351
9	0.914	0.837	0.766	0.703	0.645	0.592	0.544	0.500	0.460	0.424	0.361	0.308
10	0.905	0.820	0.744	0.676	0.614	0.558	0.508	0.463	0.422	0.386	0.322	0.270
11	0.896	0.804	0.722	0.650	0.585	0.527	0.475	0.429	0.388	0.350	0.287	0.237
12	0.887	0.788	0.701	0.625	0.557	0.497	0.444	0.397	0.356	0.319	0.257	0.208
13	0.879	0.773	0.681	0.601	0.530	0.469	0.415	0.368	0.326	0.290	0.229	0.182
14	0.870	0.758	0.661	0.577	0.505	0.442	0.388	0.340	0.299	0.263	0.205	0.160
15	0.861	0.743	0.642	0.555	0.481	0.417	0.362	0.315	0.275	0.239	0.183	0.140
16	0.853	0.728	0.623	0.534	0.458	0.394	0.339	0.292	0.252	0.218	0.163	0.123
17	0.844	0.714	0.605	0.513	0.436	0.371	0.317	0.270	0.231	0.198	0.146	0.108
18	0.836	0.700	0.587	0.494	0.416	0.350	0.296	0.250	0.212	0.180	0.130	0.095
19	0.828	0.686	0.570	0.475	0.396	0.331	0.276	0.232	0.194	0.164	0.116	0.083
20	0.820	0.673	0.554	0.456	0.377	0.312	0.258	0.215	0.178	0.149	0.104	0.073
25	0.780	0.610	0.478	0.375	0.295	0.233	0.184	0.146	0.116	0.092	0.059	0.038
30	0.742	0.552	0.412	0.308	0.231	0.174	0.131	0.099	0.075	0.057	0.033	0.020

续表

年	15%	16%	18%	20%	25%	30%	35%	40%	45%	50%	60%	80%
1	0.870	0.862	0.847	0.833	0.800	0.769	0.741	0.714	0.690	0.667	0.625	0.556
2	0.756	0.743	0.718	0.694	0.640	0.592	0.549	0.510	0.476	0.444	0.391	0.309
3	0.658	0.641	0.609	0.579	0.512	0.455	0.406	0.364	0.328	0.296	0.244	0.171
4	0.572	0.552	0.516	0.482	0.410	0.350	0.301	0.260	0.226	0.198	0.153	0.095
5	0.497	0.476	0.437	0.402	0.328	0.269	0.223	0.186	0.156	0.132	0.095	0.053
6	0.432	0.410	0.370	0.335	0.262	0.207	0.165	0.133	0.108	0.088	0.060	0.029
7	0.376	0.354	0.314	0.279	0.210	0.159	0.122	0.095	0.074	0.059	0.037	0.016
8	0.327	0.305	0.266	0.233	0.168	0.123	0.091	0.068	0.051	0.039	0.023	0.009
9	0.284	0.263	0.225	0.194	0.134	0.094	0.067	0.048	0.035	0.026	0.015	0.005
10	0.247	0.227	0.191	0.162	0.107	0.073	0.050	0.035	0.024	0.017	0.009	0.003
11	0.215	0.195	0.162	0.135	0.086	0.056	0.037	0.025	0.017	0.012	0.006	0.002
12	0.187	0.168	0.137	0.112	0.069	0.043	0.027	0.018	0.012	0.008	0.004	0.001
13	0.163	0.145	0.116	0.093	0.055	0.033	0.020	0.013	0.008	0.005	0.002	0.001
14	0.141	0.125	0.099	0.078	0.044	0.025	0.015	0.009	0.006	0.003	0.001	
15	0.123	0.108	0.084	0.065	0.035	0.020	0.011	0.006	0.004	0.002	0.001	
16	0.107	0.093	0.071	0.054	0.028	0.015	0.008	0.005	0.003	0.002		
17	0.093	0.080	0.060	0.045	0.023	0.012	0.006	0.003	0.002	0.001		
18	0.081	0.069	0.051	0.038	0.018	0.009	0.005	0.002	0.001			
19	0.070	0.060	0.043	0.031	0.014	0.007	0.003	0.002	0.001			
20	0.061	0.051	0.037	0.026	0.012	0.005	0.002	0.001	0.001			
25	0.030	0.024	0.016	0.010	0.004	0.001	0.001					
30	0.015	0.012	0.007	0.004	0.001							

附表三 **1元的普通年金终值表=$[(1+i)^n-1]/i$**

年	1%	2%	3%	4%	5%	6%	7%	8%	9%	10%	12%
1	1.000	1.000	1.000	1.000	1.000	1.000	1.000	1.000	1.000	1.000	1.000
2	2.010	2.020	2.030	2.040	2.050	2.060	2.070	2.080	2.090	2.100	2.120
3	3.030	3.060	3.091	3.122	3.152	3.184	3.215	3.246	3.278	3.310	3.374
4	4.060	4.122	4.184	4.262	4.310	4.375	4.440	4.506	4.573	4.641	4.779
5	5.101	5.204	5.309	5.416	5.526	5.637	5.751	5.867	5.985	6.105	6.353
6	6.152	6.308	6.468	6.633	6.802	6.975	7.153	7.336	7.523	7.716	8.115
7	7.214	7.434	7.662	7.898	8.142	8.394	8.654	8.923	9.200	9.487	10.089
8	8.286	8.583	8.892	9.214	9.549	9.897	10.260	10.637	11.028	11.436	12.300
9	9.369	9.755	10.159	10.583	11.027	11.491	11.978	12.488	13.021	13.579	14.776
10	10.462	10.950	11.464	12.006	12.578	13.181	13.816	14.487	15.193	15.937	17.549
11	11.567	12.169	12.808	13.486	14.207	14.972	15.784	16.645	17.560	18.531	20.655
12	12.683	13.412	14.192	15.026	15.917	16.870	17.888	18.977	20.141	21.384	24.133
13	13.809	14.680	15.618	16.627	17.713	18.882	20.141	21.495	22.953	24.523	28.029
14	14.947	15.974	17.086	18.292	19.599	21.051	22.550	24.215	26.019	27.975	32.393
15	16.097	17.293	18.599	20.024	21.579	23.276	25.129	27.152	29.361	31.772	37.280
16	17.258	18.639	20.157	21.825	23.657	25.673	27.888	30.324	33.003	35.950	42.753
17	18.430	20.012	21.762	23.698	25.840	28.213	30.840	33.750	36.974	40.545	48.884
18	19.615	21.412	23.414	25.645	28.132	30.906	33.999	37.450	41.301	45.599	55.750
19	20.811	22.841	25.117	27.671	30.539	33.760	37.379	41.446	46.010	51.159	63.440
20	22.019	24.297	26.870	29.778	33.066	36.786	40.995	45.762	51.160	57.275	72.052
25	28.243	32.030	36.459	41.646	47.727	54.865	63.249	73.016	84.701	98.347	133.334
30	34.785	40.568	47.575	56.085	66.439	79.058	94.461	113.283	136.308	164.494	241.333

续表

年	14%	15%	16%	18%	20%	25%	32%	40%	50%	60%	80%
1	1.000	1.000	1.000	1.000	1.000	1.000	1.000	1.000	1.000	1.000	1.000
2	2.140	2.150	2.160	2.180	2.200	2.250	2.320	2.400	2.500	2.600	2.800
3	3.440	3.472	3.506	3.572	3.640	3.812	4.062	4.360	4.750	5.160	6.040
4	4.921	4.993	5.066	5.215	5.368	5.765	6.362	7.104	8.125	9.256	11.872
5	6.610	6.742	6.877	7.154	7.442	8.207	9.398	10.946	13.188	15.810	22.370
6	8.536	8.754	8.977	9.442	9.930	11.258	13.406	16.324	20.781	26.295	41.265
7	10.730	11.067	11.414	12.142	12.916	15.073	18.696	23.853	32.172	43.073	75.278
8	13.233	13.727	14.240	15.327	16.499	19.841	25.678	34.395	49.258	69.916	136.500
9	16.085	16.786	17.518	19.082	20.799	25.802	34.895	49.153	74.887	112.866	246.699
10	19.337	20.304	21.321	23.521	25.959	33.252	47.062	69.814	113.330	181.585	445.058
11	23.045	24.349	25.733	28.755	32.150	42.566	63.122	98.739	170.995	291.536	802.105
12	27.271	29.002	30.850	34.931	39.581	54.207	84.320	139.235	257.493	467.458	1 444.788
13	32.089	34.352	36.786	42.219	48.497	68.759	112.303	195.929	387.239	748.933	2 601.619
14	37.581	40.505	43.672	50.818	59.196	86.949	149.240	275.300	581.859	1 199.293	1 683.914
15	43.842	47.580	51.660	60.965	72.035	109.686	197.997	386.400	873.788	1 919.869	8 432.045
16	50.980	55.717	60.925	72.939	87.442	138.108	262.36	541.99	1 311.7	3 072.8	15 179.0
17	59.118	65.075	71.673	87.068	105.931	173.635	347.31	759.78	1 968.6	4 917.5	27 323.0
18	68.394	75.836	84.141	103.740	128.117	218.044	459.45	1064.7	2953.8	7 868.9	49 182.0
19	78.969	88.212	98.603	123.414	154.740	273.555	607.47	1491.6	4 431.7	12 591.0	88 528.0
20	91.025	102.443	115.380	146.628	186.688	342.944	802.86	2 083.2	6 648.5	20 147.0	159 350.0
25	181.871	212.793	249.215	342.603	471.981	1 054.791	2 322.68	11 247.0	50 500.0	211 270.0	3 011 100.0
30	356.787	434.745	530.312	790.942	1 181.882	3 227.174	11 294.10	60 501.0	583 501.0	2 215 400.0	56 886 000.0

附表四 **1元的普通年金现值表 $=[1-(1+i)^{-n}]/i$**

年	1%	2%	3%	4%	5%	6%	7%	8%	9%	10%	12%	14%
1	0.990	0.980	0.971	0.962	0.952	0.943	0.935	0.926	0.917	0.909	0.893	0.877
2	1.970	1.942	1.913	1.886	1.859	1.833	1.808	1.783	1.759	1.736	1.690	1.647
3	2.941	2.884	2.829	2.775	2.723	2.673	2.624	2.577	2.531	2.487	2.402	2.322
4	3.902	3.808	3.717	3.630	3.546	3.465	3.387	3.312	3.240	3.170	3.037	2.914
5	4.853	4.713	4.580	4.452	4.329	4.212	4.100	3.993	3.890	3.791	3.605	3.433
6	5.795	5.601	5.417	5.242	5.076	4.917	4.766	4.623	4.486	4.355	4.111	3.889
7	6.728	6.472	6.230	6.002	5.786	5.582	5.389	5.206	5.033	4.868	4.564	4.288
8	7.652	7.325	7.020	6.733	6.463	6.210	5.971	5.747	5.535	5.335	4.968	4.639
9	8.566	8.162	7.786	7.435	7.108	6.802	6.515	6.247	5.985	5.759	5.328	4.946
10	9.471	8.983	8.530	8.111	7.722	7.360	7.024	6.710	6.418	6.145	5.650	5.216
11	10.368	9.787	9.253	8.760	8.306	7.887	7.499	7.139	6.805	6.495	5.938	5.453
12	11.255	10.575	9.954	9.385	8.863	8.384	7.943	7.536	7.161	6.814	6.194	5.660
13	12.134	11.348	10.635	9.986	9.394	8.853	8.358	7.904	7.487	7.103	6.424	5.842
14	13.004	12.106	11.296	10.563	9.899	9.295	8.745	8.244	7.786	7.367	6.628	6.002
15	13.865	12.849	11.938	11.118	10.380	9.712	9.108	8.559	8.061	7.606	6.811	6.142
16	14.718	13.578	12.561	11.652	10.838	10.106	9.447	8.851	8.312	7.824	6.974	6.265
17	15.562	14.292	13.166	12.166	11.274	10.477	9.763	9.122	8.544	8.022	7.120	6.373
18	16.398	14.992	13.754	12.659	11.690	10.828	10.059	9.372	8.756	8.201	7.250	6.467
19	17.226	15.678	14.324	13.134	12.085	11.158	10.336	9.604	8.950	8.365	7.366	6.550
20	18.046	16.351	14.877	13.590	12.462	11.470	10.594	9.818	9.128	8.514	7.469	6.623
25	22.023	19.523	17.413	15.622	14.094	12.783	11.654	10.675	9.823	9.077	7.843	6.873
30	25.807	22.397	19.600	17.292	15.373	13.765	12.409	11.258	10.274	9.427	8.055	7.003

续表

年	15%	16%	18%	20%	25%	30%	35%	40%	45%	50%
1	0.870	0.862	0.847	0.833	0.800	0.769	0.741	0.714	0.690	0.667
2	1.626	1.605	1.566	1.528	1.440	1.361	1.289	1.224	1.165	1.111
3	2.283	2.246	2.174	2.106	1.950	1.816	1.696	1.589	1.493	1.407
4	2.855	2.798	2.690	2.589	2.362	2.166	1.997	1.849	1.720	1.605
5	3.352	3.274	3.127	2.991	2.689	2.436	2.220	2.035	1.876	1.737
6	3.784	3.685	3.498	3.326	2.951	2.643	2.385	2.168	1.983	1.824
7	4.160	4.039	3.812	3.605	3.161	2.802	2.508	2.263	2.057	1.883
8	4.487	4.344	4.078	3.837	3.329	2.925	2.598	2.331	2.108	1.922
9	4.772	4.607	4.303	4.031	3.463	3.019	2.665	2.379	2.144	1.948
10	5.019	4.833	4.494	4.193	3.571	3.092	2.715	2.414	2.168	1.965
11	5.234	5.029	4.656	4.327	3.656	3.147	2.752	2.438	2.185	1.977
12	5.421	5.197	4.793	4.439	3.725	3.190	2.779	2.456	2.196	1.985
13	5.583	5.342	4.910	4.533	3.780	3.223	2.799	2.468	2.204	1.990
14	5.724	5.468	5.008	4.611	3.824	3.249	2.814	2.477	2.210	1.993
15	5.847	5.575	5.092	4.675	3.859	3.268	2.825	2.484	2.214	1.995
16	5.954	5.669	5.162	4.730	3.887	3.286	2.834	2.489	2.216	1.997
17	6.047	5.749	5.222	4.775	3.910	3.295	2.840	2.492	2.218	1.998
18	6.128	5.818	5.273	4.812	3.920	3.304	2.844	2.494	2.219	1.999
19	6.198	5.877	5.316	4.844	3.942	3.311	3.848	2.496	2.220	1.999
20	6.259	5.929	5.353	4.870	3.954	3.316	2.850	2.497	2.221	1.999
25	6.464	6.097	5.467	4.948	3.985	3.329	2.856	2.499	2.222	2.000
30	6.566	6.177	5.517	4.979	3.995	3.332	2.857	2.500	2.222	2.080

参考文献

1. 张一贞主编:《管理会计学》,中国物价出版社 2001 年版。
2. 侯本领著:《管理会计》,东北财经大学出版社 2005 年版。
3. 余绪缨主编:《管理会计学》,中国人民大学出版社 1999 年版。
4. 陈振婷主编:《管理会计》,清华大学出版社 2005 年版。
5. 吴大军等著:《管理会计》,东北财经大学出版社 2004 年版。
6. 王福胜著:《管理会计学》,机械工业出版社 2004 年版。
7. 栾庆伟、迟国泰主编:《财务管理》,大连理工大学出版社 1998 年版。
8. 王琳著:《管理会计》,东北财经大学出版社 2002 年版。
9. 周宝源主编:《管理会计学》,南开大学出版社 2004 年版。